高职高专财经类职业实践型系列规划教材

基础会计

Basic Accounting

阳葵兰　谭璇臻　主编

暨南大學出版社
JINAN UNIVERSITY PRESS

中国·广州

图书在版编目（CIP）数据

基础会计/阳葵兰，谭璇瑧主编．—广州：暨南大学出版社，2011.8（2014.9 重印）
（高职高专财经类职业实践型系列规划教材）
ISBN 978－7－81135－948－0

Ⅰ.①基… Ⅱ.①阳…②谭… Ⅲ.①会计学—高等职业教育—教材 Ⅳ.①F230

中国版本图书馆 CIP 数据核字(2011)第 160785 号

出版发行：暨南大学出版社

地　址：中国广州暨南大学
电　话：总编室（8620）85221601
　　　　营销部（8620）85225284　85228291　85228292（邮购）
传　真：（8620）85221583（办公室）　85223774（营销部）
邮　编：510630
网　址：http：//www.jnupress.com　http：//press.jnu.edu.cn

排　版：广州市天河星辰文化发展部照排中心
印　刷：湛江日报社印刷厂

开　本：787mm×1092mm　1/16
印　张：16
字　数：390 千
版　次：2011 年 8 月第 1 版
印　次：2014 年 9 月第 2 次
印　数：3001—4000 册

定　价：30.00 元

总　序

《国家中长期教育改革和发展规划纲要（2010—2020年）》指出："职业教育要面向人人、面向社会，着力培养学生的职业道德、职业技能和就业创业能力。"作为职业教育重要组成部分的高职高专教育，其培养目标也应符合这一根本要求。要适应上述高职高专教育人才培养的要求，教材的建设是个关键。目前，有些高职高专教材基本上是普通本科教材的"简化版"或"缩小版"，在一定程度上影响了高职高专教育目标的实现。因此，教材改革势在必行。

为适应高职高专教育教学改革与发展的要求，广州大学纺织服装学院、广州工程技术职业学院、广州城建学院、广州工商职业技术学院、广州现代信息工程职业技术学院、私立华联学院等相关院校的教师们，在深入实际充分调查研究的基础上，结合高职高专教育的规律和特点，共同编写了"高职高专财经类职业实践型系列规划教材"，并由暨南大学出版社出版。这一系列教科书包括《经济学基础》、《基础会计》、《市场营销》、《国际金融》和《国际贸易实务》等。这套教材具有以下特点：

1. 理论与实践紧密结合

本系列教材之所以称为"职业实践型教材"，是因为该教材充分体现了高职高专教育的基本特点和教育规律，打破了传统的教材构建逻辑和方式。教材以培养学生能力为基本目标，在简述"必需、够用"基本理论知识的同时，充实和强化实务性强、与现实经济生活联系密切及可操作性强的内容。同时，参加本教材编写的人员均为长期从事高职高专教育的第一线教师，其中不乏"双师型"教师，他们除了具有较深的理论修养之外，也具有丰富的实际工作经验。教材中不少内容本身就是他们实际工作的体会与经验总结，具有很强的实践性。

2. 体例结构的实用性

高等职业教育属于大众化教育，学生毕业后绝大多数要直接进入工作岗位就业或自主创业。同时，高职高专学生的一般逻辑思维能力相对较差，而形象思维能力相对较强，所以，教材的编写应符合高职高专学生的特点。为此，编者对教材体例结构进行了认真的设计，在各章内容中设置了能力目标、导入案例、习题和职业训练等。通过这种体例结构，学生能够很快地将理论知识与实务知识相结合，较快掌握教材内容，提高学习效率，并增强分析问题和解决问题的能力。同时，在系列教材中，各书根据其自身内容的特点，采取更加适合学生学习的体例结构，不强求各书体例上的完全一致。

3. 内容的新颖性与前沿性

进入21世纪，国际国内经济环境发生了非常重大的变化，特别是2008年全球金融危机以来，企业面临的生存与发展环境更加复杂、多变，面对这些变化，企业的经营方针、经营策略、理财策略等必定要做出重大调整。本套教材在讲述基本原理的基础上，将理论方面的前沿信息、最新成果和企业实务中的先进理念、方法等引入其中，使其内容更加贴近经济生活、贴近现实，从而能够不断地激发学生的学习兴趣，培养学生的学习能力和创新能力。

建设适合新形势下高职高专教育教学特点的教材，对我们来说是一个不断探索、创新的过程。为此，我们付出了大量的时间、精力和心血。呈现在读者面前的这套教材，既是我们辛勤劳动的结晶，也是我们对高职高专教育教学改革探索的初步成果。由于我们编写水平有限，研究、探索尚不够深入，本系列教材可能存在不足甚至错误，诚恳希望同行和读者批评指正。

郭银华

2011 年 1 月

前　言

经济越发展，会计越重要，随着经济的发展和管理水平的不断提高，会计逐渐成为经济管理的重要组成部分，会计所提供的信息也已成为决策者作出相关决策时必不可少的依据。基础会计是会计初学者的入门课程，是高职高专学校经济管理类相关专业的一门主干课程。因此，学好基础会计这门课程具有非常重要的意义。

本书依据《会计法》、《企业会计准则》、《会计基础工作规范》以及《企业会计制度》等法规制度编写，比较系统地阐述了会计的基本理论、基本方法和基本操作技术，突出强调提高学生的动手能力。本书每章前指出了本章的知识目标和技能目标，每章后安排了三大模块的习题，力图使学生通过对本书的学习，提高在经济活动中运用会计方法分析问题和解决问题的能力；做到能够运用会计理论知识探讨经济活动中大量存在的资产、负债和所有者权益的相关问题，增强好奇心、求知欲、创造性、责任感；增强实际动手能力，为今后专业会计的学习和实际工作打下扎实的基础。

本书从结构到内容都力求有所突破、有所创新，主要体现在以下几点：

（1）注重知识更新，内容具有新颖性。本书以近年来的各项会计法规、制度及具体会计准则的要求为依据，并考虑了会计发展的趋势。

（2）内容深入浅出，对高职高专院校学生的学习更具有针对性。

（3）每章都附有配套的知识理解题、技能训练题和思维拓展题，有利于提高学生的学习效果和扩展学生的知识面。

（4）注重理论联系实际，内容具有可操作性。本书本着理论上讲清楚、突出实用的原则，根据会计工作对学生的要求，突出强调提高学生的动手能力。

（5）配有电子教案，方便教师教学使用，提高教学效果。

全书共分为十章，包括总论，会计要素，会计科目与账户，复式记账，工业企业主要经营过程核算，会计凭证，会计账簿，财产清查，会计账务处理程序，财务报表和会计工作的组织。

本书由阳葵兰、谭璇臻任主编；牛军强、王慧任副主编。编写人员及具体分工如下：第一章、第三章、第六章由阳葵兰编写；第二章由谢清华编写；第四章由牛军强编写；第五章、第八章、第十章由谭璇臻编写；第七章、第九章由王慧编写。由阳葵兰负责拟订大纲、统稿、定稿和组织与协调全书的写作工作。

本书在编写过程中参考了大量文献资料，在此向有关单位及作者表示感谢。本书在编写过程中得到各位编写人员所在学院的领导、同事的大力支持，在此表示真诚的感谢。

由于编者水平有限，书中难免有缺点乃至错误，恳请读者不吝指正，以使本书渐臻完善。

阳葵兰

2011 年 7 月 10 日

目　录

第一章　总　论

☞ **学习目标**

（一）知识目标

1. 了解会计的产生和发展；
2. 了解会计的目标和作用；
3. 熟悉会计的基本概念；
4. 熟悉会计的对象和特点；
5. 掌握会计核算的基本前提和一般原则；
6. 掌握会计的职能、任务和方法体系。

（二）技能目标

1. 能够准确把握会计的基本职能和对象；
2. 能够充分理解和应用会计核算的基本前提；
3. 能够初步掌握会计核算中确认和计量的一般原则。

☞ **引导案例**

吉利公司融资租入一台进口设备，租赁合同中规定的租期为10年，接近该资产的使用寿命，租赁期结束时吉利公司还可能有优先购买该资产的选择权，在租赁期内吉利公司有权支配该资产并从中受益。该进口设备的使用期限为10年。

◈ **问题：**

（1）该进口设备在租赁期内从法律形式上看其所有权可否属于吉利公司？
（2）该进口设备在租赁期内从经济实质上看能否为吉利公司控制和使用？
（3）该进口设备按什么原则可以作为吉利公司的自有资产进行核算？

第一节　会计的产生和发展

一、会计的产生和发展

会计作为经济管理的重要组成部分，是人们对生产活动进行管理的客观需要。它是为了适应社会生产实践和经济管理的客观需要而产生的，并随着社会生产的发展而发展。它的产生和发展经历了很长的历史时期。

（一）会计的产生

物质资料的生产是人类社会赖以存在和发展的基础，因而生产活动是人类社会最基本的实践活动。人类要生存，社会要发展，就必须进行物质资料的生产。人类生产活动的目的是创造社会产品，而创造社会产品的同时必然会发生人力、物力的耗费。人们总是力求以尽可能少的耗费，获得尽可能多的物质财富。为了达到上述目的，就需要对生产过程中发生的人力、物力的耗费和劳动产品进行记录和计算，以获得经济管理所需的数据资料，将耗费与成果进行对比和分析，以便掌握整个生产过程和结果，用于指导和管理生产，促进生产的发展。因此，会计是适应社会生产和经济管理的需要而产生的。

（二）会计的发展

会计作为一种经济管理活动，同世界上其他事物一样，处于不断变化发展之中。纵观会计发展历史，它经历了一个从低级到高级、从简单到复杂、从不科学到科学、从不完善到完善的发展过程，会计的发展大致经历了以下三个阶段：

1. 古代会计阶段

在古代，由于生产力较低，商品经济不发达，会计发展也十分缓慢。最初，会计只是作为“生产职能的附带部分”，在“生产活动之外附带地把收支等记载下来”。随着生产力的发展，出现了剩余产品和社会化生产，会计逐渐地从生产职能中分离出来，作为一项单独的管理职能由专人担负。当时的会计多数以实物、少数以货币为计量单位，计量单位尚未完全固定为货币；需要会计的单位以官厅为主。这一时期的会计方法称为单式记账法，即对经济活动过程中的收入和支出只作单方面记录的简单会计方法。古代会计阶段在我国大约是从旧石器时代的中、晚期到封建社会末期。

2. 近代会计阶段

15 世纪末，意大利数学家卢卡·帕乔利所著《算术、几何及比例概要》一书在威尼斯出版，书中专设“簿记论”篇。“簿记论”的问世，标志着近代会计的开始，卢卡·帕乔利被称为“现代会计之父”。

近代会计阶段大约是从 15 世纪末到 20 世纪 40 年代末。这一时期，资本主义生产方式得到广泛应用，商品经济有了相当发展，社会经济活动变得日益复杂而频繁，以往的单式记账法已经适应不了经济发展的需要，于是，同复杂的商品生产过程相适应的科学的会计核算方法——复式记账法便应运而生。大多数的会计单位开始以货币作为主要计量单位，会计作为独立的管理职能从生产职能中分离了出来，需要会计的单位逐渐以企业为主，会计核算方法以复式记账法为主，开始形成一套完整的财务会计核算体系。复式记账法在理论上的总结和在实践中的应用和推广，标志着会计从古代会计阶段迈进了近代会计阶段。

3. 现代会计阶段

20 世纪 50 年代以后，资本主义经济发展更为迅速，市场竞争日益复杂、激烈。经济的发展对企业会计提出了更高的要求，不仅要求企业会计对外提供真实、准确的财务报告，而且为了满足加强企业内部管理、降低成本、增加竞争能力以获得最大限度利润的需要，要求企业会计必须加强成本管理和预算管理，为企业经营者及时提供可靠的会计信息。这样，管理会计就从企业会计中分离出来了，形成了一个与财务会计相独立的领域。现代管理会计的出现是近代会计发展成为现代会计的重要标志。在这一阶段，会计成为了一门应用型学科，形成了财务会计和管理会计两大分支，会计标准和会计规范逐渐形成并不断完善，且向国际化发展。会计作为一种商业语言，其重要性为世人认可，这充分说明经济越发展，会计越重要。

（三）我国会计发展的历史沿革

会计在我国有着悠久的历史。中国是世界上的文明古国之一，经济发达程度曾经处于世界领先地位。

早在西周时代我国就设有专门核算官方钱粮收支的政府官职——司会，并对钱粮收支进行“月计岁会”（零星算之为计，总合算之为会）。

唐宋时期，我国封建社会发展到了顶峰。宋代已设有草账（即备忘录）、流水账（即序时账）和总账，并且分会计科目记账。出现了“四柱清册”（即“旧管 + 新收 = 开除 + 实在”），与今天的“期初余额 + 本期增加发生额 = 本期减少发生额 + 期末余额”的结账方法已基本接近。“四柱清册”为中国收付记账法奠定了理论基础，也是中国人引以为豪的、让世界为之赞誉的中式簿记的早期形态。

明末清初，随着手工业和商业的发展，出现了中国最早的复式记账法——“龙门账”。这对中国会计由单式记账法向复式记账法转变起了重要的推动作用。清代，会计记账法得到进一步发展，出现了“三脚账”和“四脚账”等按复式记账原理登记的账簿。“四柱清册”、“龙门账”、“三脚账”和“四脚账”显示了我国不同历史时期传统中式簿记的特色。

20 世纪初期，借贷记账法传入我国，随后英美的会计制度也被引进，这对改革中式会计，促进我国会计的发展起到了一定的作用。从 19 世纪到 20 世纪，由于全球经济的发展，会计的内容、方法、技术及会计的理论都有突飞猛进的发展和变化，逐步形成了现代会计。

二、会计的基本概念

什么是会计？对于这一问题，近一百年来众说纷纭。目前学术界和实务界对会计的含义主要有两种观点：一种是“管理活动论”，以国内部分学者为代表；一种是“信息系统论”，以欧美学者为代表。

（一）“管理活动论”观点

“管理活动论”认为会计是一种管理活动。这种观点认为，会计是经济管理活动的重要组成部分，是采用专门方法对经济活动进行反映和监督，并参与计划、组织、控制等活动的一种管理活动。

（二）“信息系统论”观点

“信息系统论”认为会计是一个主要提供财务信息的信息系统。这种观点认为，会计是计量经济活动，处理加工经济信息，并将结果提供给信息使用者的经济信息系统，即会计是将经济信息转换为会计信息的系统，强调会计为决策者提供决策所需的财务信息。

上述两种观点是从不同的角度理解会计的含义。但从会计产生发展的历史动因和会计在经济管理中所起的实际作用来看，会计是一项经济管理活动。但会计不是一般的经济管理活动，它是以货币为主要计量单位，通过运用一系列专门的方法和程序，对企业等经济组织的经济活动进行连续、系统、全面的反映和监督，为相关方面作出正确决策提供财务信息的一种经济管理工作。

三、会计的特点

从会计的含义中，我们可以看到会计具有以下特点：

(1) 会计以货币作为主要计量尺度。会计要运用多种计量尺度来核算和监督经济活动，包括实物尺度（如公斤、吨、米、件、台等），劳动尺度（如工时、工作日等），货币尺度（如元、角、分等）三种计量尺度，但以货币尺度为主。只有借助货币这个一般等价物，才能取得经济管理所必需的连续、系统、综合的会计资料，才能比较所得与所耗，并计算出最终财务成果。所以，在会计核算过程中即使已经运用了实物尺度和劳动尺度进行记录，还必须以货币尺度综合地加以反映。

(2) 会计核算具有完整性、连续性、系统性、综合性。会计进行核算时，面对大量的经济业务，必须做到全面、完整，并且要按照经济业务发生的时间逐日逐笔地进行记录，使其具有连续性。同时，还要按照业务性质的不同进行科学的分类，在相应的账户、账簿中登记，使反映的经济信息具有系统性、综合性。

(3) 会计核算要以合法的原始凭证作为依据。根据《会计基础工作规范》的规定，每个单位办理会计事项时，一定要有完备的手续，必须取得或者填制原始凭证，并及时送交会计机构。原始凭证是证明经济业务发生或完成的原始记录，记录了经济业务的过程和结果，能够明确经济责任，使会计记录有凭有据，进而确保会计信息的使用者能得到真实可靠的会计信息。

(4) 会计核算要运用一系列科学的专门方法。会计经过长期的实践发展，核算方法不断改革创新，逐渐形成了一系列相互联系、相互配合的科学、严密的专门方法。运用这些专门方法进行会计核算，能为经济管理提供必要的会计信息。

第二节　会计的目标和作用

一、会计的目标

会计目标是指会计工作所应实现的预期目的。由于会计是经济管理活动的重要组成部分，因而会计目标是从属于经济管理总目标的。在社会主义市场经济条件下，经济管理的总目标是提高工作效率、增加经济效益，即在投入一定价值量的情况下，尽量争取收回更多的价值量，或者是在收回一定价值量的情况下，尽量减少投入的价值量。

会计作为管理活动的特点是价值管理。会计最初的目的就是通过对经济活动原始信息的确认、记录、核算和分析，总结其劳动成果，力求以较少的劳动耗费获取尽可能多的劳动成果。这种管理活动所起到的效果是为生产实践活动提供了必要的决策信息。由于受客观条件的影响与制约，在不同的时空范围内会计目标也往往不一样。从宏观经济角度来看，会计目标是提高全社会的经济效益和社会效益；从微观经济角度来看，会计目标反映为国民经济基层单位的会计目标，具体可划分为行政单位会计目标、事业单位会计目标和企业会计目标。

（一）行政单位会计目标

行政单位的目标是维护社会机器的正常运转。其资金来源于政府，其会计目标是反映单位管理层受托责任的履行情况，使资金运动合理、有效，既能满足行政单位提供社会公共产品的需要，又不浪费，充分发挥财政拨付资金的效能，实现资金收支平衡、略有结余。

（二）事业单位会计目标

事业单位的目标是向社会提供公益服务，以及一定的产品与劳务。其业务活动虽然有少部分是以获取经济利益为目的的，但从总体上看，事业单位开展业务活动是以社会效益为直接目的的。因此，事业单位的会计目标是反映单位管理层受托责任的履行情况，规范本单位的财务行为，核算和监督预算资金的使用，提高预算资金的使用效率和效益。

（三）企业会计目标

企业是自主经营、自负盈亏的经济实体，是以盈利为目的的经济组织。其会计目标是合理有效地筹集资金和对外投资，真实客观地核算和反映经济活动中发生的成本和费用以及取得的收入和利润，向财务会计报告使用者（包括投资者、债权人、政府及其有关部门和社会公众等）提供与企业财务状况、经营成果和现金流量等有关的会计信息，反映企业管理层受托责任的履行情况，为财务会计报告使用者作出经济决策提供依据。

二、会计的作用

会计主要是通过向信息使用者提供信息发挥作用。信息使用者可以分为内部使用者和外部使用者两大类，内部信息使用者主要指企业内部的管理者，外部信息使用者主要指股东、潜在的投资者、债权人、供应商和销售商以及政府。他们的职责和目的不同，在利用会计信息方面也各有侧重。

（1）会计信息是股东了解企业经济状况，评价企业经营业绩的重要依据。

（2）会计信息是潜在的投资者了解企业发展状况，作出投资决策的重要依据。

（3）会计信息是债权人评价其债权的安全程度，作出持有或收回债权决策的重要依据。

（4）会计信息是供应商和销售商评价企业经营风险，作出相应决策的重要依据。

（5）会计信息是政府有关部门指导和监管企业，调控宏观经济的重要依据。

（6）会计信息是企业内部管理者作出经营决策的重要依据。

第三节　会计的基本职能和对象

一、会计的基本职能

会计是一种经济管理活动，是通过发挥会计的职能作用来实现其管理的。会计的职能就是其在经济管理中本身所具有的功能。会计的基本职能可归结为核算和监督两种职能。

（一）会计的核算职能

会计的核算职能也称会计的反映职能，是指通过会计核算工作，以货币为主要计量尺度，运用专门方法，提供会计数据，真实地反映企业、行政事业单位等已经发生或完成的各项经济业务事项及成果。这是会计职能中最基本的职能，是会计履行其他职能的基础。

会计核算贯穿于经济活动的全过程，它具有以下几个特征：

(1) 以反映对信息使用者进行经济决策有用的信息为主。凡能以货币计量的经济业务都是会计核算的内容，会计核算反映经营活动和财务成果，为决策提供有用的经济信息。

(2) 会计反映的信息是在分类的基础上综合反映的。大量分散的经济业务通过简单记录计量并不能给信息使用者提供综合系统的信息。在分类的基础上，抽象概括出具有综合性的财务信息才能确保会计信息的有用性。

(3) 会计信息具有客观性、真实性。从时间上看，会计核算包括事前、事中、事后的核算。但财务会计以事后核算为主要特征，要求必须有证明经济业务发生的真实、合法的凭证为依据，以确保会计核算的真实性。而管理会计则由单纯的事后核算发展成事前预测和决策、事中控制和事后核算相结合，但整个过程也都必须有真实的数据为基础。所以现代会计的两大分支——财务会计和管理会计都具有真实性的特征。从内容上看，会计核算包括记账、算账、报账、预测、分析、考核。记账、算账、报账是财务会计事后核算的主要形式，而预测、分析、考核是管理会计核算的主要形式。

(4) 会计核算从确认、计量、记录到报告、分析逐层深化。

(二) 会计的监督职能

会计人员要在会计工作进行的全过程中对经济活动进行监督和控制。监督的核心就是通过干预经济活动，使之符合国家的法律法规制度，保证会计资料的真实可靠。要切实建立健全单位内部监督、社会公众监督和国家政府监督相结合的会计监督制度。在单位内部要建立内部牵制制度，有效加强约束和控制。

会计监督具有三个特征：

(1) 会计监督具有经常性。从监督的时间上看，会计监督也包括事前、事中、事后监督。面对整个资金运动过程的大量经济业务，会计人员在经济活动发生前要从提高经济效益的角度出发，对经济活动提出可行性建议。在事中要对违规、违法的事件加以限制和制止。在事后，虽然经济活动已经发生，但是对不符合规定的还是要加以纠正或不予受理。可见，会计监督具有大量性和经常性的特点。

(2) 会计监督以国家的法律、法规、制度为准绳。会计人员在实行监督的过程中，对违规、违纪现象应及时加以限制和制止。例如，在检查会计机构和人员组织的设置中，应确保出纳人员不得兼任稽核，会计档案保管和收入、支出、债权、债务账目的登记工作；对取得的不真实、不合法的原始凭证，有权不予受理，并向负责人报告；在财产清查中，发现账实不符要按照规定的审批程序查明原因并进行处理。

(3) 会计监督具有财务性监督和效益性监督的特点。财务性监督是指在整个会计核算过程中要对所运用的会计核算程序、所使用的会计核算方法的适合性，计算所得的财务成果的准确性进行监督。效益性监督是指对经济活动的效益性要进行财务分析，即对企业的获利能力、资本运营能力、偿债能力、发展能力等各方面进行分析，提出问题和改进意见，加强经济管理，提高经济效益。

(三) 会计基本职能之间的关系

会计核算和会计监督的关系十分密切，二者是相辅相成的。会计核算为会计监督提供经济信息，是进行会计监督的基础。没有正确、完整的经济活动数据资料，监督就没有依据。同时，会计监督又是保障会计核算资料真实、正确的必要手段，是会计核算的继续。只有有效发挥会计监督的职能，会计核算提供的数据资料才能在经济管理中发挥更大的作用。

随着生产的发展、经济关系的复杂化和会计理论水平的提高，会计职能的内涵也在发生变化，传统的、基本的职能得到了不断充实，新的职能不断出现。目前，会计界普遍认为会计具有多种职能，除了核算和监督职能外，还具有预测、决策、控制和分析等职能。

二、会计的对象

（一）会计对象的一般含义

会计的对象是指会计所要反映和监督的内容。在我国，企事业单位经营活动的内容不同，但它们的所有财产物资都是以货币形式表现出来的，并在生产经营或收支活动中不断发生变化，所以会计的对象，简单地说就是社会再生产过程经济组织的资金运动。

（二）不同组织会计的具体对象

由于各行业、各单位所承担的任务不同、业务性质不同、经济活动的特点不同，因此，会计的具体对象也不完全一致。

1. 生产性企业的会计对象

生产性企业的资金运动包括资金投入、资金周转、资金退出等内容。在市场经济条件下，社会主义再生产过程表现为供应、生产、销售三个阶段，资金在这三个阶段中，不断地循环和周转。在供应阶段，企业用货币购进材料，使货币资金转化为储备资金；在生产阶段，企业领用材料，支付工资并发生机器设备的磨损、水电消耗等费用，最终将产品生产完工形成产成品，使资金由储备资金，经过生产资金转化为成品资金；在销售阶段，企业将产品出售取得销售收入，支付在销售过程中所发生的各种费用，使成品资金转化为货币资金。同时还发生其他业务活动，如计算缴纳各种销售税金，计算利润和应交所得税并按规定的程序进行分配。资金由货币资金再回到货币资金这样周而复始的循环过程，称为资金周转。生产性企业的资金运动过程如图 1－1 所示：

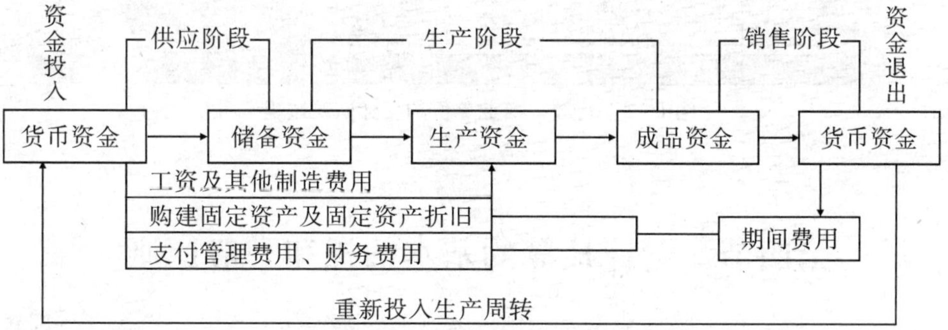

图 1－1　生产性企业的资金运动过程

2. 商品流通性企业的会计对象

商品流通性企业的资金运动和生产性企业的资金运动一样，都有一个周而复始的过程，资金形态也在不断地发生变化。在购进阶段，企业用货币购进商品，使货币资金转化为商品资金；在销售阶段，企业把商品卖给消费者，又使商品资金转化为货币资金。资金沿着

“货币——商品——货币”的路径周而复始地循环和周转，形成了商品流通性企业的资金运动。商品流通性企业的资金运动过程如图 1－2 所示：

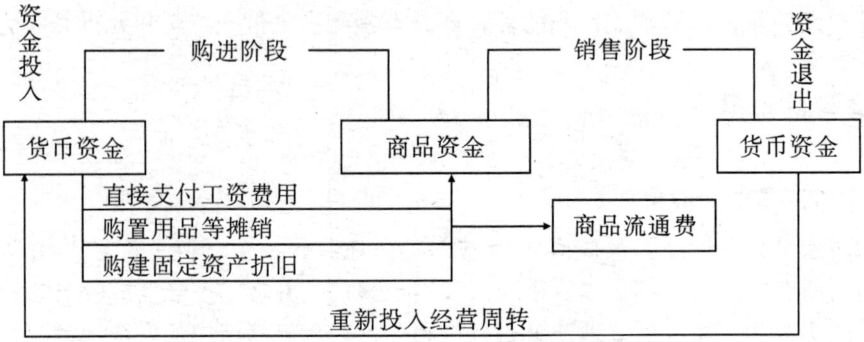

图 1－2　商品流通性企业的资金运动过程

3. 行政、事业单位的会计对象

行政、事业单位是指非营利性组织。行政、事业单位为完成各项业务，同样需要一定数量的资金，但其资金来源不是依靠投资人的投资，而是主要依靠国家财政拨款。一般来说，此类单位没有或只有很少一部分业务收入。行政、事业单位一方面按预算向国家财政取得拨入资金，另一方面又按预算以货币资金支付各项费用，其资金运动的形式就是：资金拨入——资金付出。同营利性组织相比，行政、事业单位的资金运动不构成资金的循环与周转。行政、事业单位的资金运动过程如图 1－3 所示：

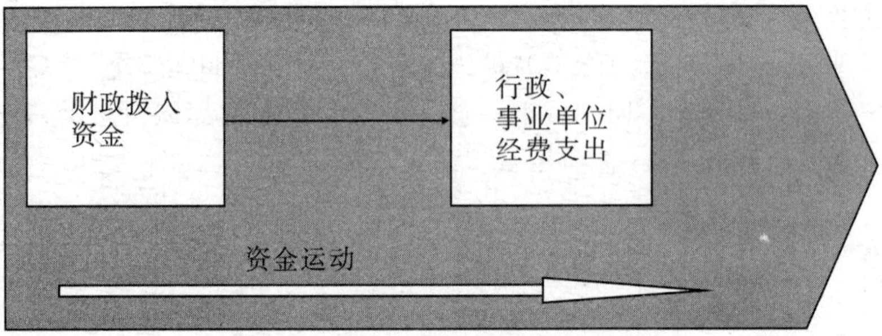

图 1－3　行政、事业单位的资金运动过程

第四节　会计核算的基本前提和一般原则

一、会计核算的基本前提

会计核算的基本前提又称为会计核算的基本假设，简称会计假设或会计前提，是对会计核算所处的时间、空间环境中未被确切认知的事物所进行的合乎情理的假设和判定，它是建立会计原则的基础。会计核算所处的客观经济环境决定了我们必须对会计核算进行一些假设，如在市场经济运行过程中，货币的价值时高时低，如果事先不限定采用什么标准计价、如何计价，会计就无法进行，所以人们在对会计核算提出具体要求前，必须要进行会计假设。目前按照我国《企业会计准则》的规定，会计假设主要有会计主体、持续经营、会计分期和货币计量四项。

（一）会计主体

会计主体是指会计工作为之服务的、会计信息所反映的特定单位，也称会计实体、会计个体。凡能实行独立核算的单位，在会计上都设定为一个会计主体。会计要反映的总是特定的对象，只有明确了会计核算的对象，才能将它与其他会计主体的经济活动区别开来，保证核算的正常进行。

会计主体假设的确立，为日常会计核算工作提供了依据。首先，明确了会计主体，也就明确了会计核算的空间范围。只有那些影响会计主体经济利益的经济业务事项才能加以确认、记录和计量。会计工作中有关会计各要素项目如资产、负债、所有者权益、收入、费用等的增减变化都是针对特定的会计主体而言的。其次，明确了会计主体，才能把握会计处理的立场。最后，明确了会计主体，才能将会计主体的经济活动与会计主体所有者个人的收支区分开来。虽然无论是会计主体的经济活动还是会计主体所有者个人的经济活动都将最终影响所有者的经济利益，但为了真实反映会计主体的财务状况、经营成果和现金流量，我们必须加以区别。例如，会计人员绝不能为所有者报销个人的日常生活开支，这样才能正确处理好各方面的经济关系。

【例1－1】乙企业销售给甲企业一批产品，货款已收存入银行。不考虑税费，双方分别需作如下会计处理：

会计主体乙企业（销售方）	甲企业（购买方）
①银行存款增加	①存货增加
②主营业务收入增加	②银行存款减少

会计主体不同于法律主体，一般来说，法律主体往往是会计主体，但会计主体不一定是法律主体。例如，一个企业集团下有若干个分公司，只有集团这个母公司才能代表整个集团行使民事责任权利，因而，母公司既是法律主体又是会计主体，而其他的分公司则只是独立核算的会计主体，不具有法人资格，不是法律主体。有时一个企业中的某个部门也可以独立核算，视为一个会计主体，但不是法律主体。

【例1－2】某母公司拥有10家子公司，母子公司均属于不同的法律主体，但母公司对子公司拥有控制权，为了全面反映由母子公司组成的企业集团整体的财务状况、经营成果和现金流量，就需要将企业集团作为一个会计主体，编制合并财务报表。

（二）持续经营

持续经营指的是企业假定会按照当前的规模和状态持续经营下去，在可预见的将来不会面临破产或清算。这一假设对企业会计政策的选择影响很大。持续经营假设为解决会计核算中的财产计价和费用分配问题提供了基础。例如，企业的固定资产应按购建时的历史成本入账，并在预计可使用年限内按期提取折旧转作费用；再例如，企业的借款要依照原来的偿还条件偿付。这些都是以持续经营假设为前提的。

【例1－3】某企业购入一条生产线，预计使用寿命为20年，考虑到企业将会持续经营下去，因此可以假定企业的固定资产会在持续经营的生产经营过程中长期发挥作用，并服务于生产经营过程，即不断地为企业生产产品，直至生产线使用寿命结束。为此固定资产就应当根据历史成本进行记录，并采用折旧的方法，将历史成本分摊到预计使用寿命期间所生产的相关产品成本中。

持续经营假设是企业在一般情况下所作的假定，但在市场经济条件下，企业大规模削减业务量乃至停业破产清算的可能是存在的。因此，当判定不会持续经营时，企业就应该改变会计核算的原则和方法，并在财务报告中披露。

（三）会计分期

会计分期是指将一个企业持续经营的生产经营活动期人为地划分为一个个相等的时间段，以便于分期结算账目，编制会计报告，及时地向有关各方提供企业的财务状况、经营成果和现金流量的信息。

会计分期假设是以持续经营假设为前提的，又是对持续经营假设作出的必要的补充。根据持续经营假设，企业将无限期地持续经营下去，要计算经营成果，只能等到企业经营期结束时一次计算盈亏，但信息的使用者要求及时得到有关信息并进行相关决策，因此，要将持续经营期人为地分成相等的期间。会计分期对会计原则和会计政策的选择有重要影响。正是因为有了会计期间假设，才产生了本期与非本期的概念，才出现了权责发生制与收付实现制的区别，才有了应收收入、应付费用、预付费用、预收收入及跨期摊提等期末账项调整的会计方法。会计期间通常为一年，称为会计年度。在我国，会计年度、半年度、月度、季度的起讫日期都采用公历制。其中半年度、季度、月度均称为会计中期。自每年公历 1 月 1 日起至该年 12 月 31 日止为一个会计年度，称为历年制会计年度。其他国家也有从每年 7 月 1 日起至下年 6 月 30 日止为一个会计年度的。为满足会计信息使用者的需要，要求股份有限公司提供半年度中期报告。

【例 1－4】我国最常见的会计期间是一年，以一年确定的会计期间称为会计年度，按年度编制的财务会计报告称为年报。按半年度、季度和月度等中期编制的财务会计报告称为中期财务报告。

（四）货币计量

货币计量是指会计核算采用货币作为统一的计量尺度，记录反映企业的生产经营活动，同时假定货币本身的价值稳定不变。货币作为一般等价物能把实物单位和劳动单位换算成统一的价值尺度，能连续、系统、全面地核算企业的经营过程和财务成果。当然，除了货币尺度，也要求企业采用非货币指标补充核算。

在我国，会计核算主要以人民币作为记账本位币。在经营活动涉及外币较多、以外币为主的企业，可以选定其中一种货币作为记账本位币，但向有关方面报送会计报告时应折算为人民币。在境外设立的中国企业向国内报送财务会计报告时应折算为人民币。

在货币计量假设下还附带产生币值不变假设，即按照国际会计惯例，当货币本身价值波动较小，或前后波动可以抵消时，会计核算可以不考虑这些波动，仍以稳定的币值进行会计核算。

上述会计核算的四项基本前提是相互依存、相互补充的。会计主体确立了会计核算的空间范围，持续经营和会计分期确立了会计核算的时间长度，货币计量为会计核算提供了必要的手段。没有会计主体，就不会有持续经营；没有持续经营，就不会有会计分期；没有货币计量，就不会有现代会计。

二、会计核算的一般原则

会计核算的一般原则是指进行会计核算必须遵循的基本规范和要求，是进行会计核算的指导思想和衡量会计工作成败的标准。《企业会计制度》第十一条明确规定了十三条会计核算的一般原则，对规范会计核算行为、保证会计信息质量提出了要求。我们可将十三条原则分成三类，即衡量会计信息质量的一般原则、确认和计量的一般原则以及起修正作用的一般原则。

（一）衡量会计信息质量的一般原则

会计工作的目标就是为信息使用者提供对经济决策有用的财务信息。评价会计信息质量的标准主要有客观性、相关性、明晰性、一致性、可比性和及时性原则。

1. 客观性原则

企业核算应当以实际发生的交易或事项为依据，如实反映企业的财务状况、经营成果和现金流量，有证明经济业务确实发生的合法依据为凭据，做到内容真实、数字准确、资料可靠。

客观性是对会计工作的基本要求，如果会计信息不能真实反映企业的客观实际情况，会计工作也就失去了意义，甚至会误导会计信息的使用者作出错误的经济决策。

按照客观性原则的要求，会计核算具有反映内容的客观性、依据凭据的合法性、选择会计处理程序和方法的适用性和反映会计信息的可查验性等诸多特点。

【例1－5】某公司于20××年年末发现公司销售萎缩，无法实现年初确定的销售收入目标，但考虑到在下年春节前后，公司销售可能会出现较大幅度的增长，公司为此提前预计库存商品销售，在20××年年末制作了若干存货出库凭证，并确认销售收入实现。公司的这种会计处理不是以其实际发生的交易事项为依据，而是以虚构的交易事项为依据，违背了会计信息质量要求的客观性原则，也违背了我国《会计法》的相关规定。

2. 相关性原则

相关性原则是指企业提供的会计信息应当能够反映企业的财务状况、经营成果和现金流量，以满足会计信息使用者的需要。

它包括三方面的含义：①会计信息能满足国家宏观调控的需要；②会计信息能满足有关各方面了解企业财务状况、经营成果和现金流量的需要；③会计信息能满足企业加强内部经营管理的需要。一言以蔽之，相关性原则要求企业会计核算所提供的财务信息能有助于财务会计报告的使用者正确、及时地作出经济决策。

3. 明晰性原则

明晰性原则是指企业的会计核算和编制的财务会计报告应当清晰明了，便于理解和使用。明晰性原则要求所提供的会计信息应当用通俗易懂、简单明了的语言和文字来表达，使会计信息的使用者能了解会计信息的内涵，明确会计信息的内容，从而有助于正确理解和准确掌握企业的情况。

在会计核算中坚持明晰性原则应当做到会计信息准确清晰。在填制会计凭证、登记会计账簿时，依据合理，账户对应关系清楚，文字摘要完整；在编制财务会计报表时，项目勾稽关系清楚，项目完整，数字准确。

4. 一致性原则

一致性原则也称一贯性原则，是指企业的核算方法前后各期应当保持一致，不得随意变更。如有必要变更，应将变更的内容和理由、变更的累积影响数以及累积影响数不能合理确定的理由等，在会计报表附注中予以说明。只有遵循一贯性原则，保持前后各期会计政策的一致性，才能对前后各期的会计信息进行比较、分析和利用。一贯性原则要求不能随意变更会计政策并不意味着不能作任何变更。一般来说，以下两种情况下可以变更会计政策：一是有关法规发生变化，要求企业变更会计政策；二是变更会计政策后能更恰当地反映企业的财务状况和经营成果。

5. 可比性原则

可比性原则是指企业的会计核算应当按照规定的会计处理方法进行，会计指标应当口径一致、相互可比，对于同样的经济业务，应当采用同样的会计方法和处理程序。也就是说，不同行业、不同地区及同一单位前后各期提供的会计数据均应具有可比性。根据可比性原则，国家统一的会计制度应当尽量减少企业选择会计政策的余地，即使企业要选择，也要严格按照国家统一的会计制度的规定来选择。

6. 及时性原则

及时性原则是指企业的会计核算应当及时进行，不得提前或延后。会计信息具有时效性，只有能及时提供给信息使用者并与其经济决策相关的信息才有价值，所以必须遵循会计信息的及时性原则。遵循及时性原则应做到及时收集、处理经济业务，及时编制财务报告，及时传递信息。如为了确保会计信息的及时性，月度中期报告应于月度终了后6天内（节假日顺延，下同）对外提供；季度中期报告应于季度终了后15天内对外提供，半年度中期报告应于半年度终了后60天内对外提供；年度报告应当于年度终了后4个月内对外提供。

（二）确认和计量的一般原则

1. 权责发生制原则

权责发生制原则又称应计制或应收应付制原则，它是指在收入和费用实际发生时进行确认而不是等到实际收到现金或支付现金时才确认。它是以权利和责任作为确认的标准，凡是当期已经实现的收入和已经发生或应当承担的费用，不论款项是否收付，都应当作为当期的收入和费用；凡是不属于当期的收入和费用，即使款项已在当期收付，也不应当作为当期的收入和费用。这一原则为企业正确计算各期的盈亏提供了客观依据，同时还影响了资产、负债的计价，也正是因为有了权责发生制才产生了跨期收支的调整，因此，权责发生制构成了重要的企业会计基础。

与权责发生制相对应的是收付实现制，收付实现制又称现收现付制或库存现金制，它是指按照款项实际收到或付出的日期来确定收入和费用的归属期。凡是本期实际收到款项的收入和付出款项的费用，不论其是否属于本期，都作为本期的收入和费用处理；凡是本期没有实际收到款项的收入和付出款项的费用，均不作为本期的收入和费用处理。

权责发生制以实际发生期（应归属期）作为收入和费用入账的时间，而收付实现制以收付实现期（即收到或付出现金的时间）作为收入和费用入账的时间。

企业应采用权责发生制作为会计基础，而不以盈利为目的的非营利性组织，如事业或行政单位，则适于采用收付实现制作为会计基础。

2. 配比性原则

配比性原则是指企业有关收入与其相对应的成本费用应当相互配比，以便正确计算各期损益，亦即同一时期内各项收入与其相对应的成本费用应当在同一期间内确认。这是计算企业利润的原则，有助于正确评价企业的经营业绩。

配比原则包括两层含义：一是时间配比，即将应属于某一期间的收入与同时期的费用相配比，表现为归属期相同；二是因果配比，即收入是由于耗费了一定费用后取得的，不同收入的取得是因为发生了与之相应的不同费用。由此产生了主营业务收入与主营业务成本相配比，其他业务收入与其他业务成本相配比。它还具体表现为对象上的配比，如 A 产品的主营业务收入与 A 产品的主营业务成本相配比，以利于分析不同产品的盈亏状况。

3. 历史成本计价原则

历史成本计价原则也称实际成本计价原则，是指企业的各项财产在取得时应当按照实际成本计量，在资产处置前保持其入账价值不变。其后，各项财产如果发生减值，应当按照谨慎性原则计提相应的减值准备。除法律、行政法规和国家统一的会计制度另有规定外，企业一律不得自行调整资产的账面价值。

历史成本计价原则的依据是：历史成本是实际发生的，比其他成本（如重置成本等）更为客观；有证明其实际发生的原始凭证为依据；一旦入账不会变动，核算简便；能很好地与收入相配比，因为收入也是按实际成本计价的。

历史成本计价原则在发生严重通货膨胀时不能正确反映资产的现实价值，这正是它的局限性。因此，西方一些国家允许在实际成本背离市场价值较大时进行账面价值的调整。

4. 划分收益性支出与资本性支出的原则

划分收益性支出与资本性支出的原则是指凡支出的效益只涉及本年度（或一个营业周期）的，应当作为收益性支出；凡支出的效益涉及几个会计年度（或几个营业周期）的，应当作为资本性支出。

在会计核算中要正确区分两类不同性质的支出，将与当期收益相关的支出计入当期的损益，列入利润表，以正确地计算企业当期的经营成果；将与当期及以后多个期间的收益相关的支出计入资产的价值，列于资产负债表，以真实地反映企业的财务状况。划分收益性支出与资本性支出，有助于正确确认当期损益和资产的价值，保证会计信息的真实性。如果将资本性支出误作为收益性支出，就会低估资产和当期收益；反之，如果将收益性支出误作为资本性支出，就会高估资产和当期收益，这都将影响信息的使用者正确了解企业的财务状况和经营成果，乃至影响经营决策。

【例 1－6】某企业购买的固定资产将在长于一年的时间内作为劳动资料参加企业的生产经营活动，购买固定资产的支出所带来的效益不仅与购买当期相关，而且与以后几个期间有关，属于资本性支出。

【例 1－7】某企业购买原材料的支出，随着材料的耗用转变为库存商品成本，在销售实现后，库存商品成本结转入主营业务成本，最终计入本年利润，只影响当期损益，属于收益性支出。

（三）起修正作用的一般原则

在核算当中，除了考虑上述两类原则外，还必须考虑以下两个补充原则：

1. 谨慎性原则

谨慎性原则又称稳健性原则或保守性原则，是指企业在进行会计核算时对存在不确定因素的情况作出合理的判断，不得多计资产或收益，不得少计负债或费用，合理地核算可能发生的费用和损失，但不能提取秘密准备。例如，企业对应收账款计提坏账准备，对存货计提存货跌价准备，对长期股权投资计提长期股权投资减值准备，都体现了谨慎性原则。谨慎性原则是对历史成本计价的一种修正。

【例1-8】某企业20××年9月购买股票100 000元，预计获利20 000元。预计获利20 000元是未来可能实现的收入，不可高估，不能作为企业本月的收入入账。

【例1-9】某企业20××年8月赊销一批产品，货款为30 000元，预计损失为150元。预计损失150元属于未来可能发生损失，不可低估，要充分预计可能发生的损失和费用，并采取相应措施。

企业的生产经营总是存在着一定的风险，按照谨慎性原则的要求，在面临不确定因素的情况下，会计人员要作出职业判断，对存在的风险加以合理预计，尽量在风险发生之前防范、化解风险，这样有利于企业和其他信息使用者正确了解企业的财务状况，并作出相应的决策，提高企业市场竞争力。

2. 实质重于形式原则

实质重于形式原则是指企业应当按照交易或事项的经济实质进行会计核算，而不应当仅仅按照它们的法律形式作为会计核算的依据。其中，形式是指法律形式，实质是指经济实质。在实际工作中经济业务的外在法律形式并不能完全真实地反映经济业务的实质内容。

【例1-10】企业以融资租赁方式租入固定资产，虽然在法律形式上对其不具有所有权，但由于租赁的时间较长，接近于固定资产的使用寿命；租赁期满，租赁企业有优先购买该资产的选择权；在租期内租赁企业有权支配该资产并从中受益，所以从经济实质上看，企业能够控制其创造的未来经济利益，因此，会计核算上应将融资租入固定资产视为企业自有资产来管理，定期保养维护并按期提取折旧。

【例1-11】已售商品的售后回购，就其实质而言，分为真正的销售交易和融资交易。售后回购是否确认收入，应视商品所有权上的主要风险和报酬是否转移以及销售方是否放弃对商品的控制而定。如果企业已将商品所有权上的主要风险和报酬转嫁给购货方，并同时满足收入确认的其他条件，则按实质重于形式原则销售实现，应确认为收入。

3. 重要性原则

重要性原则是指企业的财务报告应当全面反映与企业的财务状况、经营成果和现金流量有关的所有重要交易或者事项。对于重要的会计事项，应当单独详细反映，并在财务报告中予以充分、准确披露；对于次要的会计事项，在不影响会计信息真实性和不至于误导财务报告使用者作出错误判断的前提下，可适当简化处理。重要性的应用需要依赖职业判断，企业应当根据其所处的环境和实际情况，从项目的性质和金额大小两方面来判断其重要性。

第五节　会计的任务、程序和方法

一、会计的任务

（一）会计任务的一般含义

会计的任务是通过会计的职能所应完成的工作，它是会计职能的具体化。在我国，会计的根本任务是按照国家的财经法规、会计准则和会计制度进行会计核算，提供以财务数据为主的经济信息，并利用取得的经济信息对会计主体的经济业务进行监督、控制，以提高经济效益，并服务于会计主体内、外部的有关各个方面。

（二）会计任务的具体内容

具体来说，会计的任务包括以下内容：

1. 反映和监督财经法规制度的执行情况，维护财经纪律

贯彻执行国家的财经法规、会计准则和会计制度是各会计主体进行经济活动的首要原则。因此，会计在反映经济活动、提供会计信息的同时，还应以有关的财经法规和准则、制度为依据，对经济活动的合法性、合规性进行必要的监督。对于违反财经法规、准则和制度的行为，应及时予以制止和揭露。

2. 提供会计信息，加强经营管理

会计的基本任务是运用专门的程序和方法，对各项经济活动进行全面、系统、及时、准确的反映，从而为信息使用者提供与决策和管理有关的信息，并揭示经济管理中存在的问题及产生的原因，进而促使管理当局改进经营管理，提高经济效益。

3. 预测经济前景，为经营决策提供依据

会计不仅要对经济活动和财务收支进行事后的反映和监督，还要在掌握历史资料的基础上，根据经营管理的要求对经济前景作出预测，同时还要通过对备选方案进行测算和比较，积极地为经营决策发挥参谋作用。

二、会计的程序

会计程序是指按照确认、计量、记录和报告四个步骤对单位经济活动所进行的连续、系统、完整的核算过程。对发生的经济业务首先要进行确认和计量，然后利用会计凭证、会计账簿和会计报告等载体进行记录和报告，即通过由会计凭证到会计账簿再到会计报告一系列过程把会计信息系统、综合地传递给使用者。在会计核算的这些程序中需运用会计核算的专门方法、独特体系。

（一）会计确认

会计确认是指依据法规的标准，认定某项经济业务确实已经发生并应当记入会计账簿和会计报告的过程。确认的核心是确认的时间和确认的标准，即在什么时间确认和应记入哪一会计要素，简称时间确认和要素确认。一般应根据发生经济业务的性质来判定其属于哪个会计要素，并以经济业务或会计事项的实际发生期入账。

（二）会计计量

会计计量是指对各项经济业务选用适当的计量标准和尺度进行计量的过程。计量的尺度包括实物尺度、劳动尺度和货币尺度。在计量的过程中，我们应根据《企业会计准则》的规定，采用经济业务发生时的历史成本作为记录的依据。

需要引起大家注意的是，由于企业等单位发生经济业务的实际归属期和实际收付期有时不一致，会计期末在原始确认计量的基础上应重新进行再确认和计量，进行会计期末的账项调整工作。如企业预付全年的报纸杂志费，是属于支付期在先、归属期在后的费用，应跨期摊销，即每月应确认承担整个费用的1/12。

（三）会计记录与会计报告

会计记录和会计报告都是运用会计方法完成的，具体内容见下面“会计的方法”部分。

三、会计的方法

会计记录和会计报告程序是通过运用会计核算的一系列专门方法来实现其核算职能的。会计的方法是履行会计职能、完成会计任务、实现会计目标的方式，是管理的手段。会计的方法主要包括会计核算方法、会计分析方法和会计检查方法。会计核算方法是对经济业务进行全面、连续、系统的记录和计算，为经济管理提供信息的方法，它是整个会计方法体系的基础。会计核算方法一般包括设置会计科目和账户、复式记账、填制和审核凭证、登记账簿、成本计算、财产清查和编制财务会计报表七种方法。

（一）设置会计科目和账户

设置会计科目和账户是对会计要素的内容进行归类核算和监督的一种专门方法，是登记经济业务的工具。有了会计科目和账户，就可以对复杂的经济内容进行系统的核算和监督，就能对它们进行科学的分类，进而取得有用的数据和信息。

（二）复式记账

复式记账是对每一项经济业务都以相等的金额，同时在两个或两个以上相互联系的账户中进行登记，以全面反映经济业务来龙去脉的一种专门方法。任何一项经济业务的发生都会同时引起至少两个会计要素项目的变动。例如，把现金存入银行，一方面引起现金的减少，另一方面引起银行存款的增加；用现金发放职工工资，一方面引起现金的减少，另一方面引起“应付职工薪酬”这项债务的减少。所以，采用复式记账法能全面、完整、系统地反映经济业务，明确账户间的对应关系，便于检查账簿记录的正确性，是普遍采用的科学的记账方法。

（三）填制和审核凭证

会计凭证是记录经济业务、明确经济责任的书面证明，是登记账簿的依据。对于发生的每一项经济业务，只有经过会计人员填制和审核凭证，才能保证会计记录真实、可靠、完整。填制和审核凭证是审查经济活动是否合理合法的一种专门方法。严格执行会计凭证制度是会计核算方法区别于其他会计方法的一个重要特点。

（四）登记账簿

登记账簿简称记账或过账，是指利用审核无误的会计凭证连续、完整、分类、综合地记录和反映经济活动及其财务成果的一种方法。登记账簿必须以凭证为依据，利用账户和复式记账方法，定期对账、结账，保证账实相符，保证账簿记录的准确性、真实性、完整性，为编制财务会计报表提供会计数据。

（五）成本计算

成本计算是指按照一定的成本计算对象，定期归集发生的成本费用，计算其总成本和单位成本的一种专门方法。这种方法主要在企业中采用，如工业企业在供、产、销三个阶段需分别计算材料采购成本、产品生产成本和产品销售成本。通过成本计算，可考核成本水平的高低，控制成本消耗，对于降低成本潜力、提高经济效益具有重要意义。成本计算也是对财产物资进行计量的一种专门方法。

（六）财产清查

财产清查是指通过盘点实物、核对账目及往来款项，查明账存实存是否相符的一种专门方法。通过财产清查可保证会计记录的真实可靠，保证账实相符，保证财产物资的安全完整，所以我们必须定期地、不定期地，局部地、全面地对财产物资及往来款项进行清查。如发现账实不符，应及时查明原因，明确责任后调整账面记录。

财产清查是会计核算中不可缺少的一个环节。通过财产清查可发现超储积压、呆滞的物资，及时处理能加速资金周转，减少损失，降低管理成本；可查明各项财产物资保管和使用情况是否合理，堵塞漏洞，保护资产的安全、完整；可查明债权债务结算是否及时，及时回笼资金，盘活资金，防止发生坏账损失。所以财产清查在保证会计核算正确、完整，保护资产安全、完整，加速资金周转等方面都具有重要作用。

（七）编制财务会计报表

财务会计报表是以会计账簿为依据，定期总括地反映生产经营活动的财务状况、经营成果和现金流量的书面报告。财务会计报告是一套完整的指标体系，能为企业内部、外部的信息使用者提供对经济决策有用的信息。编制财务会计报表是编制财务会计报告的主要内容。

上述会计核算程序形成了一个完整的体系，各种方法之间有着密切的联系。对于发生的各项经济业务，我们都要经过确认、计量、记录、报告四个步骤。填制、审核凭证，按规定程序运用复式记账法记入账簿，进行成本计算、财产清查、对账，结账后编制财务报表，这些构成了一个完整的会计核算方法体系，如图 1－4 所示：

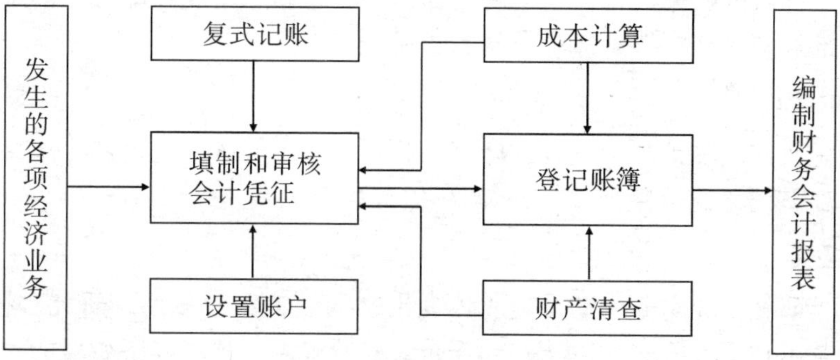

图 1－4　会计核算方法体系

第六节　会计学科体系

会计学是一门研究会计的方法、理论和会计工作客观规律的经济学科，是人们对会计实践进行科学总结而形成的知识体系。

会计学作为一种知识体系，是由许多互相联系的学科组成的学科体系。根据现代会计理论的分析、研究和总结，目前，我国会计学主要由基础会计、财务会计、管理会计、成本会计、财务管理、审计学和会计电算化构成。

（一）基础会计

基础会计主要研究会计的基本理论、基本方法和基本操作技术，它作为会计学的入门学科，是学习其他会计学科的基础。

（二）财务会计

财务会计也称对外财务报告，它以基础会计的基本理论、基本原则和基本方法为基础，主要阐述企业如何按照会计核算的一般原则和财务处理程序，对经济业务进行确认、计量、记录和和编制财务报表，对外报告会计信息。它包括企业财务会计和预算会计两大类。

1. 企业财务会计

企业财务会计是运用于工业、农业、商品流通业、交通运输业、施工业、金融业、房地产开发业等企业单位的专业会计。它主要研究如何核算和监督企业经济活动的过程和结果，研究的客体包括资产、负债、所有者权益、收入、财务成果、财务报告等。企业财务会计包括工业企业会计、农业企业会计、商品流通企业会计、交通运输企业会计、施工企业会计、房地产开发企业会计、金融企业会计和旅游、饮食服务行业会计八大类。

2. 预算会计

预算会计由总预算会计和单位预算会计构成。它适用于执行国家预算的各级财政部门和行政事业单位。总预算会计是中央和地方各级财政部门用来核算和监督中央和地方总预算的执行及其结果的会计。单位预算会计是中央和地方各级人民政府所属行政、事业单位用来核算和监督本单位预算执行过程和结果的会计。

（三）管理会计

管理会计也称对内财务报告，它是研究如何综合地利用企业内部会计信息和外部有关信息加强企业内部经营管理，提高经济效益的学科。

（四）成本会计

成本会计是研究成本预测、决策、计算、分析和控制的基本理论和方法，以达到加强成本管理，提高经济效益的学科。

（五）财务管理

财务管理是研究企业财务活动及其所体现出来的经济利益关系，研究进行决策、计划、协调和控制的基本理论和方法，以达到加强企业经营管理，提高经济效益的学科。

（六）审计学

审计学是研究如何对经济活动的合法性、合规性、合理性以及有效性进行审查的学科。

（七）会计电算化

会计电算化是会计学科体系中一个新的重要分支，是会计技术与电子计算机技术相结合的产物。它是研究会计在电子计算机环境下的理论、方法、技术以及运行规律的学科。

由于人们对会计学的认识不同，因此，对于怎样建立科学完善的会计学体系，目前尚有很大分歧。同样，会计学科体系也并不是一成不变的，随着科学技术的发展、社会的进步、自然科学和社会科学的互相渗透、边缘学科与交叉学科的出现，随着人类社会生产实践和会计实践活动的不断丰富，传统的会计理论将会被新的会计理论所取代，现行的会计学科体系将会被改造，新的适应经济发展需要的会计理论和学科体系将会出现，并展现出其强大的生命力。

本章小结

本章重点讲述了会计是什么，会计的目标和作用，会计的基本职能和对象，会计核算的基本前提和一般原则，会计的任务、程序和方法以及会计的学科体系。

会计是一种经济管理活动，是通过发挥会计的职能作用来实现其管理的。会计的基本职能可归结为核算和监督两个方面。会计的对象是指会计所要反映和监督的内容。会计的作用是为信息使用者提供有关决策信息。会计核算的基本前提是建立会计原则的基础。为了实现会计目标，我国还提出了衡量会计信息质量的客观性、相关性等多项原则。会计核算方法是整个会计方法体系的基础。会计学是由许多互相联系的学科组成的学科体系。

本章实训

模块一：知识理解

一、简答题

1. 简述会计的基本职能。
2. 简述生产性企业的资金运动方式。
3. 简述会计核算的基本前提。
4. 简述权责发生制原则和收付实现制原则。
5. 简述会计核算的方法及它们之间的联系。

二、判断题（正确的画“√”，错误的画“×”）

1. 在会计核算过程中应以货币作为主要计量尺度。（　）
2. 会计核算要以合法的原始凭证作为依据。（　）
3. 会计的基本职能是核算与监督，而核算职能是会计最基本的职能。（　）
4. 会计分期导致了权责发生制和收付实现制的区别。（　）
5. 会计主体一定是法律主体。（　）
6. 会计主体确立了会计核算的时间范围。（　）
7. 一贯性原则是指企业的核算方法前后各期可以随意变更。（　）
8. 权责发生制按照款项实际收到或付出的日期来确定收益和费用的归属期。（　）
9. 可比性原则可以解决同一单位纵向可比的问题。（　）
10. 按谨慎性原则可以提取秘密准备。（　）

三、单项选择题

1. 下列（　）职能是会计职能中最基本的职能，是会计履行其他职能的基础。

A. 监督职能　　B. 控制职能

C. 核算职能　　D. 预测职能

2. 会计主要采用的计量单位是（　）。

A. 实物计量单位　　B. 货币计量单位

C. 劳动计量单位　　D. 工时计量单位

3. 在会计基本前提中，（　　）是指企业应当对其本身发生的交易或者事项进行会计确认、计量和报告。

A. 会计主体　　B. 持续经营

C. 会计分期　　D. 货币计量

4. 企业应当以（　　）为基础进行会计确认、计量和报告。

A. 收付实现制　　B. 权责发生制

C. 重要性　　D. 客观性

5. 会计信息质量要求中，（　　）要求企业应当按照交易或者事项的经济实质进行会计确认、计量和报告，不应仅以交易或事项的法律形式为依据。

A. 可比性　　B. 明晰性

C. 客观性　　D. 实质重于形式

6. 会计信息质量要求中，（　　）要求同一企业不同时期发生相同或者相似的交易或者事项，应当采用一致的会计政策，不得随意变更。

A. 可比性　　B. 明晰性

C. 客观性　　D. 实质重于形式

7. 会计信息质量要求中，（　　）要求企业的会计核算方法前后各期应当保持一致，不得随意变更。

A. 可比性　　B. 明晰性

C. 客观性　　D. 一贯性原则

8. 信丰公司在20××年9月份销售A产品一批6 000元，收到货款3 000元，余款暂欠。分别以权责发生制和收付实现制为计算标准，该公司9月份确认收入（　　）元。

A. 3 000元；6 000元　　B. 6 000元；3 000元

C. 3 000元；3 000元　　D. 6 000元；6 000元

9. 企业不应低估负债或者费用，也不应高估资产或者收益，这是会计信息质量的（　　）要求。

A. 可比性　　B. 明晰性

C. 客观性　　D. 谨慎性

10. 下列支出中属于资本性支出的是（　　）。

A. 材料运杂费　　B. 产品销售费

C. 设备购置费　　D. 材料保管费

四、多项选择题

1. 会计的特点有（　　　）。

A. 会计以货币作为主要计量尺度

B. 会计核算具有完整性、连续性、系统性、综合性

C. 会计核算要以合法的原始凭证作为依据

D. 会计核算要运用一系列科学的专门方法

2. 从微观经济角度来看，反映为国民经济基层单位的会计目标，具体可划分为（　　　）。

A. 行政单位会计目标　　B. 事业单位会计目标

C. 企业会计目标　　D. 经济效益会计目标

3. 信息使用者可以分为内部使用者和外部使用者两大类，外部信息使用者主要包括（　　）。

A. 潜在的投资者　　B. 债权人

C. 供应商和销售商　　D. 政府部门

4. 会计的基本职能包括（　　）。

A. 核算职能　　B. 监督职能

C. 分析职能　　D. 决策职能

5. 目前，按照我国《企业会计准则》的规定，会计核算的基本前提有（　　）。

A. 会计主体　　B. 持续经营

C. 会计分期　　D. 货币计量

6. 衡量会计质量的一般原则有（　　）。

A. 客观性原则　　B. 可比性原则

C. 明晰性原则　　D. 及时性原则

7. 会计确认和计量的原则有（　　）。

A. 权责发生制原则　　B. 历史成本计价原则

C. 配比性原则　　D. 一贯性原则

8. 在会计核算中，起修正作用的原则有（　　）。

A. 权责发生制原则　　B. 谨慎性原则

C. 实质重于形式原则　　D. 重要性原则

9. 会计的程序具体有（　　）。

A. 会计确认　　B. 会计计量

C. 会计记录　　D. 会计报表

10. 会计核算的方法包括（　　）。

A. 设置会计科目和账户　　B. 复式记账

C. 财产清查　　D. 编制财务会计报表

模块二：技能训练

实训：练习权责发生制与收付实现制确认收入和费用的归属期

【资料一】兴兴商场一贯按权责发生制原则确认收入与费用。20××年9月份发生以下经济业务：

（1）2日，收回上月的应收账款10 000元；

（2）3日，支付上月水费5 000元；

（3）10日，收到本月的营业收入4 000元；

（4）15日，支付本月应负担的办公费1 200元；

（5）20日，应收营业收入30 000元，款项尚未收到；

（6）22日，支付下季度保险费3 600元；

（7）28日，预收客户货款8 000元。

要求：

（1）试按权责发生制原则确定兴兴商场9月份的收入和费用；

（2）试按收付实现制原则确定兴兴商场9月份的收入和费用；

（3）试比较权责发生制与收付实现制的异同。

【资料二】丰盛公司20××年第三季度发生下列经济业务：

（1）7月份销售A产品6 000元，货款收存银行；

（2）7月份销售B产品4 000元，货款尚未收到；

（3）7月份支付本季度房屋租金9 000元；

（4）8月份收到上月B产品销售款4 000元；

（5）8月份预收货款一笔10 000元，发货时间为9月份；

（6）8月份支付企业员工夏天高温补贴费10 000元（夏天高温时间，每年6月至9月）；

（7）9月份将预收款单位的货物发往该单位；

（8）9月份支付下季度的保险费3 000元；

（9）9月份支付本季度的银行借款利息3 000元。

要求：将上述经济业务分析结果填入下表内。

丰盛公司第三季度收入、费用计算表

项目 / 月份	权责发生制		收付实现制	
	收入	费用	收入	费用
7月份				
8月份				
9月份				
合计				

模块三：思维拓展

【资料】某基金管理公司管理了10只证券投资基金。该基金管理公司需核算公司的各项经济活动，以反映整个公司的财务状况、经营成果和现金流量。而每只基金需要单独核算，并向基金持有人定期披露基金财务状况和经营成果等。

要求：

（1）分析该基金管理公司是属于会计主体还是属于法律主体还是都属于？

（2）分析每只基金是属于会计主体还是属于法律主体还是都属于？

推荐阅读

http://bbs.chinaacc.com/

http://www.canet.com.cn/

第二章　会计要素、会计科目与账户

☞ 学习目标

（一）知识目标

1. 深刻理解会计等式；
2. 重点掌握会计要素、会计科目、账户及其结构；
3. 了解会计科目和账户之间的关系。

（二）技能目标

1. 能够把企业的日常经济活动按照性质归并于所属的会计要素、会计科目和账户；
2. 能够为企业选择能够基本完整地反映企业经济业务的会计科目和账户。

☞ 引导案例

某公司于一段时间内发生了如下经济活动：对外投资200万元；对预计难收回的货款计提坏账准备35 000元；应付K公司账款60万元，现因发生财务困难不能偿还，经协商由存货抵债，抵债存货的公允价值40万元，账面成本45万元，已计提减值准备3万元；另出售一项专利，收入50万元已存入银行，该项专利的账面摊余价值30万元；年初进行长期股权投资发生股权投资差额80万元；收到某公司支付的违约金15 000元存入银行；按医务人员的工资计提福利费3 000元；收回去年已作为坏账（采用备抵法核算）核销的应收账款30 000元；经批准，用法定盈余公积100 000元弥补亏损；购入需要安装的设备一台，买价10 000元，增值税1 700元，运输费500元，安装费1 000元，全部款项已用银行存款支付。

◈ 问题：

（1）面对如此复杂的经济活动，该公司应该怎么理顺这些活动？

（2）假如遇到比此还要多几万倍的经济活动，你有什么办法统计这些经济活动对应的资金运动？

第一节　会计要素

社会经济活动复杂多变，为了把握其中的经济变化规律，会计学家开始对经济现象进行抽象概括，把复杂的经济业务以及由此表现出来的资金运动和周转状况划分为具体的六大类别，也就是我们通常所说的会计六大要素。所以，会计要素即会计对象的要素，是对会计对象进行的基本分类，具体包括资产、负债、所有者权益、收入、费用和利润，如图2－1所示：

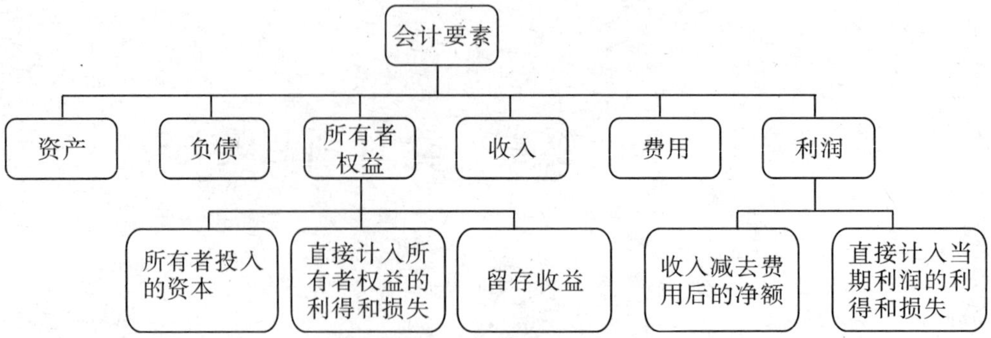

图2－1　会计要素构成图

会计要素是构成会计报表的基本因素。由于企业财务报表的内容主要分为反映财务状况的内容和反映经营成果的内容，因此，企业会计要素也相应地分为反映财务状况的会计要素和反映经营成果的会计要素。前者包括资产、负债、所有者权益；后者包括收入、费用和利润。

一、资产

（一）资产的特征

1. 资产的定义

资产是指企业过去的交易或者事项形成的、由企业拥有或者控制的、预期会给企业带来经济利益的资源，也可以说是由过去的交易形成的现时的权利。资产主要表现为货币资金、原材料、机器设备、厂房等，它的表现可以是有形的，也可以是无形的。

根据资产的定义，资产具有以下几个方面的特征：

（1）资产是由企业过去的交易或者事项形成的；

（2）资产应为企业拥有或者控制；

（3）资产预期会给企业带来经济利益。

【例2－1】盘亏的固定资产和存货，会计处理时计入“待处理财产损溢”科目，但是由于它不能给企业带来经济利益，因而不属于资产，期末应该将“待处理财产损溢”科目的余额结转至零，不能列支在资产负债表的资产项目中。

【例2－2】筹建期间发生的开办费，预期不会给企业带来经济利益，所以新准则规定，筹建期间发生的开办费，在发生时直接计入“管理费用”。

2. 资产的确认条件

将一项资源确认为资产，该资源需要符合资产的定义，并同时满足以下两个条件：

（1）与该资源有关的经济利益很可能流入企业；

（2）该资源的成本或者价值能够可靠地计量。

（二）资产的分类

企业的资产按照流动性和管理的需要，可以划分为流动资产和非流动资产。

流动资产是指在一年以内（含一年）或者超过一年的营业周期内能够变现的资产，包括货币资金、短期投资、应收债权和存货等。

非流动资产是指除流动资产以外的其他资产，包括长期股权投资、固定资产、无形资产（如专利、商标权）和长期待摊费用等。

二、负债

（一）负债的特征

1. 负债的定义

负债是指企业过去的交易或者事项形成的、预期会导致经济利益流出企业的现时义务，即由过去的交易形成的现时的义务。

根据负债的定义，负债具有以下几个方面的特征：

（1）负债是由企业承担的现时的义务；

（2）负债预期会导致经济利益流出企业；

（3）负债是由企业过去的交易或者事项形成的。

2. 负债的确认条件

将一项义务确认为负债，该义务需要符合负债的定义，并同时满足以下两个条件：

（1）与该义务有关的经济利益很可能流出企业；

（2）未来流出的经济利益能够可靠地计量。

（二）负债的分类

负债按照其偿还时间的长短或者按照流动性可以划分为流动负债和长期负债。

流动负债指在一年以内（含一年）或者超过一年的一个营业周期内偿还的债务，包括短期借款、应付账款、应付职工薪酬、应交税费等。

长期负债是指偿还期在一年以上或者超过一年的一个营业周期以上的债务，包括长期借款、应付债券、长期应付款等。

三、所有者权益

（一）所有者权益的特征

1. 所有者权益的定义

所有者权益是指企业的资产扣除负债后，由所有者享有的剩余权益。公司的所有者权益又称为股东权益。所有者权益是所有者对企业资产的剩余索取权。

2. 所有者权益的确认条件

由于所有者权益体现的是所有者在企业中的剩余权益，因此，所有者权益的确认主要依赖于其他会计要素，尤其是资产和负债的确认，所有者权益金额的确定也主要取决于资产和负债的计量。

（二）所有者权益的构成

所有者权益按其来源包括所有者投入的资本、直接计入所有者权益的利得和损失以及留存收益。

直接计入所有者权益的利得和损失是指不应计入当期损益的利得和损失。利得是指由企业非日常活动形成的、会导致所有者权益增加的、与所有者投入资本无关的经济利益的流入。损失是指由企业非日常活动形成的、会导致所有者权益减少的、与向所有者分配利润无关的经济利益的流出。

【例2-3】企业因处置固定资产造成的经济利益流入，企业因接受捐赠获得的经济利益流入以及债务人企业因债权人企业的债务豁免所形成的经济利益流入等不能确认为收入，而是计入利得。

【例2-4】企业因处置固定资产造成的经济利益流出，企业因捐赠造成的经济利益流出等不能确认为费用，而是计入损失。

资产、负债、所有者权益是资金运动的静态表现，它们是资金运动在某一时间点状态的会计要素，它们之间的关系如图2-2所示：

资产 = 负债 + 所有者权益

图2-2　资产、负债、所有者权益关系图

四、收入

（一）收入的特征

1. 收入的定义

收入是指企业在日常活动中形成的、会导致所有者权益增加的、与所有者投入资本无关的经济利益的总流入。所谓日常活动是指企业为完成其经营目标而从事的经常性活动。工业企业因制造并销售产品、商业企业因销售商品等形成的经济利益流入，在符合条件的情况下，应当确认为收入。根据收入的定义，收入具有以下几个方面的特征：

（1）收入是企业在日常生产经营活动而非偶然的突发事项中取得的；

（2）收入可以表现为资产的增加，也可以表现为负债的减少；

（3）收入引起所有者权益的增加。

2. 收入的确认条件

收入在确认时除了应当符合收入的定义外，还应当满足严格的确认条件。收入只有在经济利益很可能流入企业，从而导致企业资产增加或者负债减少，且经济利益的流入额能够可靠计量时才能予以确认。因此，收入的确认至少应当符合以下条件：

（1）与收入相关的经济利益很可能流入企业；

（2）经济利益流入企业的结果会导致企业资产的增加或者负债的减少；

（3）经济利益的流入额能够可靠地计量。

【例2-5】某企业向银行借入款项3 000万元，尽管该借款导致了企业经济利益的流入，但是该流入并不会导致所有者权益的增加，反而使企业承担了一项现时义务。因此，企业对于因借入款项所导致的经济利益的增加，不应将其确认为收入，而应当确认为一项负债。

（二）收入的构成

根据企业的营业活动，可以把企业的收入分为主营业务收入和其他业务收入。主营业务收入是企业为完成其生产经营目标而从事的日常活动的主要项目的收入，可以根据企业营业执照上面的规定来确认，如工业企业生产销售商品、服务性企业提供劳务、商品流通企业购销商品等获取的收入。

其他业务收入是指从主营业务以外的日常业务中获取的收入，如工业企业销售原材料、出租固定资产、转让无形资产等获取的收入。

五、费用

（一）费用的特征

1. 费用的定义

费用是指企业在日常活动中发生的、会导致所有者权益减少的、与向所有者分配利润无关的经济利益的总流出。日常活动中所产生的费用通常包括销售费用、水电费、折旧费、无形资产摊销费等。

根据费用的定义，费用具有以下几个方面的特征：

（1）费用是企业在日常活动中形成的；

（2）费用是与所有者分配利润无关的经济利益的总流出；

（3）费用会导致所有者权益的减少。

2. 费用的确认条件

费用的确认除了应当符合费用的定义外，还应当满足严格的条件，即费用只有在经济利益很可能流出企业，从而导致企业资产减少或者负债增加，且经济利益的流出额能够可靠地计量时才能予以确认。因此，费用的确认至少应当符合以下条件：

（1）与费用相关的经济利益很可能流出企业；

（2）经济利益流出企业的结果会导致资产的减少或者负债的增加；

（3）经济利益的流出额能够可靠地计量。

【例 2－6】某企业用银行存款 9 000 万元购买进口设备，该购买行为尽管使企业的经济利益流出了 9 000 万元，但并不会导致企业所有者权益的减少，而是使企业增加了另外一项资产，在这种情况下，就不应当将该经济利益的流出作为费用予以确认。

3. 费用与成本、支出的区别

支出是企业实际发生的各项开支以及在正常生产经营活动以外发生的支出或者损失；费用是企业在日常活动中发生的、会导致所有者权益减少的、与向所有者分配利润无关的经济利益的总流出；成本是企业为生产产品或者提供劳务而发生的各种耗费，是按照一定的产品或者劳务对象所归集的费用，是对象化了的费用。成本和费用都是企业除偿债性支出和分配性支出以外的支出的构成部分；而支出是企业在生产经营过程中为获得另一项资产、为清偿债务所发生的资产的流出，如企业为购买原材料、办公用品等支付或预付的款项，为偿还银行借款、应付账款及支付账款或股利所发生的资产的流出，为购置固定资产、支付长期工程费用所发生的资产的流出。

（二）费用的分类

按照与收入的关系，可以把费用分为营业成本和期间费用。

营业成本是指企业为销售商品、提供劳务所发生的各种耗费，按照业务活动在企业日常活动中的地位可以将营业成本分为主营业务成本和其他业务成本。

期间费用是指企业在一定会计期间为提供一定的生产经营条件，以保持企业正常营运所发生的费用，包括销售费用、管理费用、财务费用等。

六、利润

（一）利润的特征

1. 利润的定义

利润是指企业在一定会计期间的经营成果。利润反映了企业的经营业绩情况，是业绩考核的重要指标。

2. 利润的构成

利润包括收入减去费用后的净额、直接计入当期利润的利得和损失等。其中，收入减去费用后的净额反映的是企业日常活动的业绩，直接计入当期利润的利得和损失反映的是企业非日常活动的业绩。利得和损失可能直接计入所有者权益，也可能先计入当期损益，最终影响所有者权益，如图 2 - 3 所示：

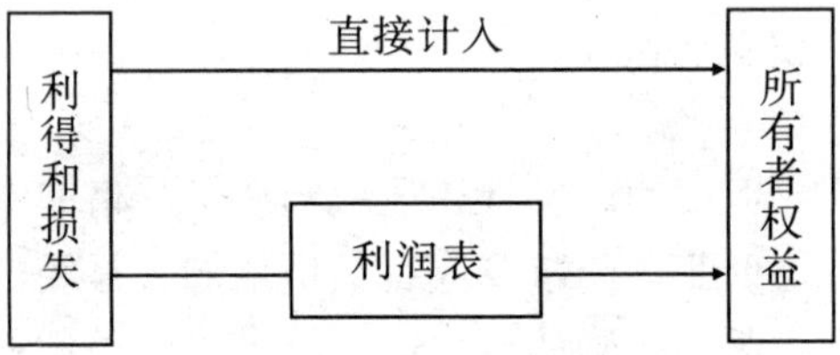

图 2 - 3　利得和损失与所有者权益关系图

3. 利润的确认条件

利润反映的是收入减去费用、利得减去损失后的净额，因此，利润的确认主要依赖于收入和费用以及利得和损失的确认，其金额的确定也主要取决于收入、费用、利得和损失金额的计量。

（二）利润与收入、费用之间的关系

收入、费用、利润是资金运动的动态表现，它们是表现资金运动在某一时期运动状态的会计要素，它们之间的具体关系如图 2 - 4 所示：

图 2 - 4　收入、费用、利润关系图

第二节　会计等式

一、会计等式

（一）基本会计等式

会计等式又称会计平衡式、会计恒等式、会计平衡公式，是用数学方程的原理来描述会计要素之间相互关系的一种表达式。

资金占用＝资金来源

会计第一等式：资产＝负债＋所有者权益

这一等式表明企业在一定时点上资金运动的相对静止状态，这个会计等式习惯上被称为基本会计等式，也称为会计第一等式。

（二）扩展会计等式

会计第二等式：收入－费用＝利润

从收入与费用的定义可以看出，收入会引起所有者权益的增加，而费用会引起所有者权益的减少，据此可以推导出：

资产＝负债＋所有者权益＋（收入－费用）

会计第三等式：资产＋费用＝负债＋所有者权益＋收入

其中，资产与费用表示资金的占用，而负债、所有者权益和收入表示资金的来源。

二、经济业务及其对会计等式的影响

（一）经济业务

经济业务也称会计事项，是指企业在生产经营过程中发生的、能以货币计量的、并能引起会计要素发生增减变化的事项，分为外部经济业务和内部经济业务。外部经济业务是指企业与其他单位发生的交易或者事项，如向银行借款、与供货单位结算等；内部经济业务是指不涉及其他单位的交易或者事项，如领用材料、员工工资结算等。

（二）经济业务对会计等式的影响

【例2－7】甲企业20××年9月30日资产、负债和所有者权益的数据如表2－1所示：

表 2－1　资产负债表（简表）

20××年9月30日　　单位：元

资产		负债及所有者权益	
库存现金	2 200	短期借款	61 000
银行存款	65 000	应付票据	20 000
应收账款	12 000	实收资本	100 000
原材料	40 000	资本公积	50 000
固定资产	111 800		
合计	231 000	合计	231 000

20××年10月份发生如下经济业务：

①9日，收到国家设备投资60 000元；

②18日，用银行存款偿还到期短期借款50 000元；

③22日，从银行提取现金补充库存现金1 000元；

④25日，用资本公积40 000元转增资本；

⑤28日，举借短期借款偿还应付票据20 000元；

⑥30日，根据有关决议，决定向投资者分配利润90 000元，红利尚未实际发放。

根据上面的要求，可以编制表2－2：

表 2－2　资产、负债和所有者权益变动过程表　　单位：元

项目	资产	=负债	+所有者权益
期初余额	231 000	=81 000	+150 000
①	+60 000		+60 000
②	−50 000	−50 000	
③	+1 000 −1 000		
④			+40 000 −40 000
⑤		+20 000 −20 000	
⑥		+90 000	−90 000
期末余额	241 000	=121 000	+120 000

表2－2清晰地表明了甲企业在20××年10月初资产与权益（负债和所有者权益）在数量上存在的平衡关系：

$$\text{资产} = \text{负债} + \text{所有者权益}$$

$$231\ 000 = 81\ 000 + 150\ 000$$

企业的经济业务发生引起各项资产、负债和所有者权益的增减变动，归纳起来，不外乎以下四种类型，如图2－5所示：

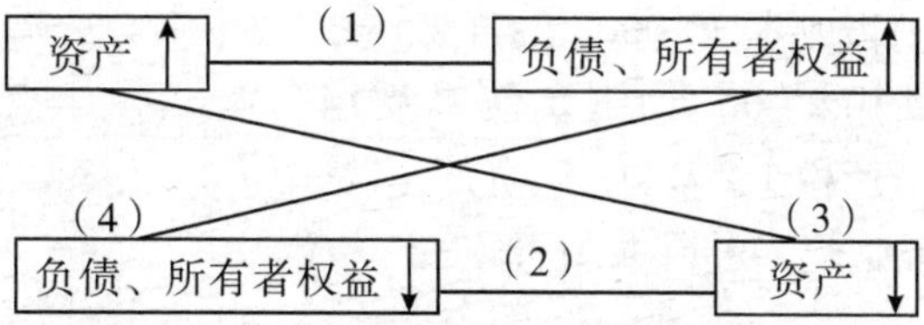

图 2－5　会计等式两边会计要素变动的类型

（1）经济业务发生引起会计等式两边会计要素同时增加：资产增加，负债增加；资产增加，所有者权益增加。

	资产	=	负债	+	所有者权益
	231 000	=	81 000	+	150 000
①	+60 000	=			+60 000
	291 000	=	81 000	+	210 000

（2）经济业务发生引起会计等式两边会计要素同时减少：资产减少，负债减少；资产减少，所有者权益减少。

	资产	=	负债	+	所有者权益
	231 000	=	81 000	+	150 000
②	－50 000	=	－50 000		
	181 000	=	31 000	+	150 000

（3）经济业务发生只引起会计等式两边单个会计要素发生增减变动：一项资产增加，一项资产减少；一项负债增加，一项负债减少；一项所有者权益增加，一项所有者权益减少。

	资产	=	负债	+	所有者权益
	231 000	=	81 000	+	150 000
③	+1 000				
	－1 000				
	231 000	=	81 000	+	150 000

（4）经济业务发生只引起会计等式右边会计要素发生增减变动：负债减少，所有者权益增加；负债增加，所有者权益减少。

	资产	=	负债	+	所有者权益
	231 000	=	81 000	+	150 000
⑥			+90 000		－90 000
	231 000	=	171 000	+	60 000

【例 2－8】承上例，20××年 11 月份发生如下经济业务：

①10 日，赊销产品一批，价款 120 000 元；（资产↑　收入↑）

②20 日，结转产品销售成本 70 000 元；（资产↓ 成本↑）

③21 日，计提利息费用 2 000 元；（负债↑ 费用↑）

④30 日，缴纳本期房产税 1 200 元。（资产↓ 费用↑）

根据上面发生的经济业务，可以编制表 2－3：

表 2－3　会计要素数据　　单位：元

项目	资产＝负债＋所有者权益			收入－费用＝利润		
	资产	负债	所有者权益	收入	费用	利润
期初余额	241 000	121 000	120 000			
①	+120 000			120 000		
②	－70 000				70 000	
③		+2 000			2 000	
④	－1 200				1 200	
合计			46 800	120 000	73 200	46 800
期末余额	289 800	123 000	166 800			

【思考题】

依据表 2－3 中的数据，根据“资产 ＝ 负债 ＋ 所有者权益”和“收入－费用 ＝ 利润”这两个会计等式，描述六大会计要素之间的关系。

第三节　会计科目与账户

一、会计科目

（一）会计科目的含义

会计科目是对会计的具体内容进行分类核算的项目，是对六大会计要素按照具体的经济内容和管理要求进行进一步分类而形成的具体项目。在对会计要素具体化的时候要考虑会计核算的十三条原则的具体要求，要以会计核算的四个前提假设为依据。

会计科目虽然是会计要素的具体化，但并不意味着会计单位可以自由地设置会计科目。为了统一口径，便于会计单位使用和相互比较财务信息，便于国家加强管理，会计科目由财政部根据《企业会计准则》和会计核算办法统一制定和颁布。

（二）设置会计科目的原则

会计科目的设置应当从有利于加强经营管理、方便经济核算和满足对外提供会计信息的要求出发，将财政部制定的《企业会计准则》所涉及的总分类科目的统一性与明细分类科目设计的灵活紧密结合起来，以保持准确、实用及相对稳定。设计过程中为了做到科学、合理、适用，必须满足以下原则：

1. 合法性原则

企业在设计明细分类科目的时候可以根据自己生产经营的特点自行编制会计科目，但是必须符合国家统一的会计准则的要求；企业可以根据自己的情况，自行地选择或者增减会计科目，但是必须以不影响会计核算的要求和财务报表指标的汇总，以及对外提供统一的财务会计报表为前提。

2. 相关性原则

相关性原则要求企业在会计科目的设计上要保持会计指标体系的完整与统一，能全面地反映企业生产经营活动情况，便于清晰地提供会计信息，满足相关利益群体的需要；同时尽量口径一致，保证会计信息的可比性。在设计会计科目的时候要考虑企业内部经营管理和内部控制对会计信息的要求，为企业提高内部管理水平提供信息支持。

3. 适用性原则

适用性原则要求企业根据本单位的规模大小、业务特点、管理要求等实际情况设置出适合企业自己的科目结构和科目。对于重要的经济业务，可以按照重要性原则的要求，对会计科目进行细分，设计更为具体的会计科目，以细化对经济的核算；对于一些不重要的经济业务或者不经常发生的经济业务，可以对会计科目进行适当的归并。对于会计科目的名称，在不违背会计科目使用原则的基础上，可以结合自己企业的实际情况设计本企业特有的会计科目。

（三）会计科目的分类

按照提供信息的详细程度和相互间的统领关系，可以把会计科目分为总分类科目和明细分类科目。

总分类科目又称为总账科目，它是反映各种经济业务总括资料的会计科目，是进行总分类核算的依据。总分类科目原则上由国家统一规定。

明细分类科目又可以分为二级科目、三级科目、四级科目等等。它是对总分类科目进行的进一步分类，是更为详细、更为具体的会计科目。会计单位可以根据实际的需要按照会计准则的要求自主地设置明细分类科目。二级科目是对总分类科目进行的进一步分类，三级科目是对二级科目进行的进一步分类，四级科目是对三级科目进行的进一步分类。

【例2－9】原材料——布匹——红布——人工编织红布

从上述例子可以看出，布匹是对原材料的具体解释和详细说明；红布是对布匹的具体解释和详细说明；人工编织红布是对红布的具体解释和详细说明。因此，“原材料”就是总分类科目或者总账科目；“布匹”是明细分类科目的二级科目；“红布”是明细分类科目的三级科目；“人工编织红布”是明细分类科目的四级科目。

对于执行《企业会计准则》的企业，按照所反映的内容，会计科目分为资产类、负债类、所有者权益类、共同类、成本类和损益类六大类；对于没有执行《企业会计准则》的企业，会计科目则分为资产类、负债类、所有者权益类、成本类和损益类五大类。

资产类科目是用于核算资产的增减变化，提供资产类项目会计信息的会计科目；负债类科目是用于核算负债的增减变化，提供负债类项目会计信息的会计科目；所有者权益类科目是用于核算所有者权益的增减变化，提供所有者权益类项目会计信息的会计科目；成本类科目是用于核算成本的发生和归集，提供成本类项目会计信息的会计科目；损益类科日是用于核算收入、费用的发生和归集，提供一定期间与损益相关的会计信息的会计科目；共同类科目的性质可能是资产，也可能是负债，当它的核算结果表现为资产时，就作为资产科目，而当其核算结果表现为负债时，则作为负债科目。

我国新发布的《企业会计准则应用指南》就是按照这个类别划分的。根据《企业会计准则应用指南》整理而成的会计科目表如表2－4所示：

表2－4　会计科目表

序号	编号	会计科目名称	序号	编号	会计科目名称	序号	编号	会计科目名称
一、资产类			一、资产类（续）			三、共同类（续）		
1	1001	库存现金	55	1606	固定资产清理	107	3101	衍生工具
2	1002	银行存款	56	1611	未担保余值	108	3201	套期工具
3	1003	存放中央银行款项	57	1621	生产性生物资产	109	3202	被套期项目
4	1011	存放同业	58	1622	生产性生物资产累计折旧	四、所有者权益类		
5	1012	其他货币资金	59	1623	公益性生物资产	110	4001	实收资本
6	1021	结算备付金	60	1631	油气资产	111	4002	资本公积
7	1031	存出保证金	61	1632	累计折耗	112	4101	盈余公积
8	1101	交易性金融资产	62	1701	无形资产	113	4102	一般风险准备
9	1111	买入返售金融资产	63	1702	累计摊销	114	4103	本年利润
10	1121	应收票据	64	1703	无形资产减值准备	115	4104	利润分配
11	1122	应收账款	65	1711	商誉	116	4201	库存股
12	1123	预付账款	66	1801	长期待摊费用	五、成本类		
13	1131	应收股利	67	1811	递延所得税资产	117	5001	生产成本
14	1132	应收利息	68	1821	独立账户资产	118	5101	制造费用
15	1201	应收代位追偿款	69	1901	待处理财产损溢	119	5201	劳务成本
16	1211	应收分保账款	二、负债类			120	5301	研发支出
17	1212	应收分保合同准备金	70	2001	短期借款	121	5401	工程施工
18	1221	其他应收款	71	2002	存入保证金	122	5402	工程结算
19	1231	坏账准备	72	2003	拆入资金	123	5403	机械作业
20	1301	贴现资产	73	2004	向中央银行借款	六、损益类		
21	1302	拆出资金	74	2011	吸收存款	124	6001	主营业务收入
22	1303	贷款	75	2012	同业存放	125	6011	利息收入
23	1304	贷款损失准备	76	2021	贴现负债	126	6021	手续费及佣金收入
24	1311	代理兑付证券	77	2101	交易性金融负债	127	6031	保费收入
25	1321	代理业务资产	78	2111	卖出回购金融资产款	128	6041	租赁收入
26	1401	材料采购	79	2201	应付票据	129	6051	其他业务收入
27	1402	在途物资	80	2202	应付账款	130	6061	汇兑损益
28	1403	原材料	81	2203	预收账款	131	6101	公允价值变动损益
29	1404	材料成本差异	82	2211	应付职工薪酬	132	6111	投资收益

（续上表）

序号	编号	会计科目名称	序号	编号	会计科目名称	序号	编号	会计科目名称
30	1405	库存商品	83	2221	应交税费	133	6201	摊回保险责任准备金
31	1406	发出商品	84	2231	应付利息	134	6202	摊回赔付支出
32	1407	商品进销差价	85	2232	应付股利	135	6203	摊回分保费用
33	1408	委托加工物资	86	2241	其他应付款	136	6301	营业外收入
34	1411	周转材料	87	2251	应付保单红利	137	6401	主营业务成本
35	1421	消耗性生物资产	88	2261	应付分保账款	138	6402	其他业务成本
36	1431	贵金属	89	2311	代理买卖证券款	139	6403	营业税金及附加
37	1441	抵债资产	90	2312	代理承销证券款	140	6411	利息支出
38	1451	损余物资	91	2313	代理兑付证券款	141	6421	手续费及佣金支出
39	1461	融资租赁资产	92	2314	代理业务负债	142	6501	提取未到期责任准备金
40	1471	存货跌价准备	93	2401	递延收益	143	6502	提取保险责任准备金
41	1501	持有至到期投资	94	2501	长期借款	144	6511	赔付支出
42	1502	持有至到期投资减值准备	95	2502	应付债券	145	6521	保单红利支出
43	1503	可供出售金融资产	96	2601	未到期责任准备金	146	6531	退保金
44	1511	长期股权投资	97	2602	保险责任准备金	147	6541	分出保费
45	1512	长期股权投资减值准备	98	2611	保户储金	148	6542	分保费用
46	1521	投资性房地产	99	2621	独立账户负债	149	6601	销售费用
47	1531	长期应收款	100	2701	长期应付款	150	6602	管理费用
48	1532	未实现融资收益	101	2702	未确认融资费用	151	6603	财务费用
49	1541	存出资本保证金	102	2711	专项应付款	152	6604	勘探费用
50	1601	固定资产	103	2801	预计负债	153	6701	资产减值损失
51	1602	累计折旧	104	2901	递延所得税负债	154	6711	营业外支出
52	1603	固定资产减值准备	三、共同类			155	6801	所得税费用
53	1604	在建工程	105	3001	清算资金往来	156	6901	以前年度损益调整
54	1605	工程物资	106	3002	货币兑换			

二、账户

（一）账户的含义

会计科目是对会计对象的组成内容进行科学分类而规定的名称。对会计对象划分类别并规定名称是必要的，但要全面、系统地记录和反映各项经济业务所引起的资产、权益变动情况，还必须在分类的基础上借助于具体的形式和方法，这就要开设和运用账户。

账户是根据会计科目设置的，是对各种经济业务进行分类和系统、连续的记录，反映资产、负债和所有者权益增减变动的记账实体。会计科目的名称就是账户的名称，会计科目规定的核算内容就是账户应记录反映的经济内容，因而账户应该根据会计科目的分类相应地设置。

（二）账户的分类

为了正确地设置和运用账户，就需要从理论上进一步了解和认识各个账户的核算对象、具体结构和用途及其在整个账户体系中的地位和作用，在此基础上掌握它们在提供核算指标方面的规律性，这就是对账户进行分类的意义所在。所谓账户分类是指对账户按性质、核算内容、用途和结构进行的归类。

账户分类的主要方法有两种：一是按经济内容分类；二是按用途和结构分类。其中，按经济内容分类又是账户分类的基础。

1. 账户按经济内容分类

账户按经济内容分类的实质就是按照会计对象的具体内容进行分类。如前所述，经济组织的会计对象就其具体内容而言，可以归结为资产、负债、所有者权益、收入、费用和利润六个会计要素。由于利润一般隐含在收入与费用的比较中，因此，从满足管理和会计信息使用者需要的角度考虑，账户按其经济内容分为资产类账户、负债类账户、所有者权益类账户、成本类账户和损益类账户五类。

（1）资产类账户。按照反映流动性快慢的不同可以再分为流动资产类账户和非流动资产类账户。流动资产类账户主要有库存现金、银行存款、交易性金融资产、应收账款、原材料、库存商品等；非流动资产类账户主要有长期股权投资、固定资产、累计折旧、无形资产、长期待摊费用等。

（2）负债类账户。按照反映流动强弱的不同可以再分为流动负债类账户和长期负债类账户。流动负债类账户主要有短期借款、应付账款、应付职工薪酬、应交税费等；长期负债类账户主要有长期借款、应付债券、长期应付款等。

（3）所有者权益类账户。按照来源和构成的不同可以再分为投入资本类所有者权益账户和资本积累类所有者权益账户。投入资本类所有者权益账户主要有实收资本和资本公积；资本积累类账户主要有盈余公积、本年利润和利润分配等。

（4）成本类账户。按照是否需要分配可以再分为直接计入类成本账户和分配计入类成本账户。直接计入类成本账户主要有生产成本，生产成本包括基本生产成本和辅助生产成本；分配计入类成本账户主要有制造费用。

（5）损益类账户。按照性质和内容的不同可以再分为营业损益类账户和非营业损益类账户。营业损益类账户主要有主营业务收入、主营业务成本、营业税金及附加、其他业务收入、其他业务成本、投资收益等；非营业损益类账户主要有营业外收入、营业外支出、销售费用、管理费用、财务费用、所得税费用等。

2. 账户按用途和结构分类

账户按用途和结构分类的实质是根据账户在会计核算中所起的作用和账户在使用中能够反映什么样的经济指标进行的分类。账户按照用途和结构可以分为盘存类账户、结算类账户、跨期摊提类账户、资本类账户、调整类账户、集合分配类账户、成本计算类账户、计价对比类账户和财务成果类账户九类。

（1）盘存类账户。盘存类账户是指可以通过实物盘点进行核算和监督的各种资产类账户。盘存类账户主要有库存现金、银行存款、原材料、库存商品、固定资产等。盘存类账户的期初如果有余额在借方，本期发生额的增加数在借方，本期发生额的减少数在贷方，期末如果有余额在借方。

（2）结算类账户。结算类账户是指用来核算和监督一个经济组织与其他经济组织或个人以及经济组织内部各单位之间债权债务往来结算关系的账户。按照结算性质的不同可以分为债权结算账户、债务结算账户和债权债务结算账户三种。

①债权结算账户。债权结算账户主要有应收账款、应收票据、预付账款、其他应收款等。债权结算账户的基本格式及运用同盘存类账户，即：期初如果有余额在借方，本期发生额的增加数在借方，本期发生额的减少数在贷方，期末如果有余额在借方。

②债务结算账户。债务结算账户主要有应付账款、应付票据、预收账款、其他应付款、应交税费等。债务结算账户的期初如果有余额在贷方，本期发生额的增加数在贷方，本期发生额的减少数在借方，期末如果有余额在贷方。

③债权债务结算账户。债权债务结算账户是一类比较特殊的结算类账户，它是对经济组织在与其他经济组织或个人之间同时具有债权又有债务结算情况需要在同一账户进行核算与监督而运用的一种账户。债权债务结算账户的期初余额可能在借方（表示债权大于债务的差额），也可能在贷方（表示债务大于债权的差额）；本期借方发生额表示债权的增加或债务的减少；本期贷方发生额表示债务的增加或债权的减少；期末如果是借方余额表示债权大于债务的差额，如果是贷方余额则表示债务大于债权的差额。

（3）跨期摊提类账户。跨期摊提类账户是指用来核算和监督应由若干个会计期间共同负担的费用，并将这些费用在各个会计期间进行分摊和预提的账户。生产费用中有一些是应由几个会计期间共同负担的，如大修理费用。为正确计算各个会计期间的损益，就需要按照权责发生制原则的要求，划分费用的归属期。属于这类账户的有长期待摊费用。跨期摊提类账户的借方登记费用的实际发生数或者实际支付数，贷方登记应由某个会计期间负担的费用摊销数或者预提数。期末，这类账户如果有借方余额，就表示已经支付、尚未摊销的待摊费用数额；如果有贷方余额，则表示已经预提、尚未支付的预提费用数额。

（4）资本类账户。资本类账户是指用来核算和监督经济组织从外部取得的或内部形成的资本金增加变动情况及其实有数的账户。这类账户主要有实收资本（或股本）、资本公积、盈余公积和利润分配。资本类账户期初如果有余额在贷方，本期发生额的增加数在贷方，本期发生额的减少数在借方，期末如果有余额在贷方。

（5）调整类账户。调整类账户是指用来调节和整理相关账户的账面余额并表示被调整账户的实际余额数的账户。调整类账户按照调整方式的不同可以分为备抵调整账户、附加调整账户和备抵附加调整账户三类。

①备抵调整账户。备抵调整账户是指用来抵减被调整账户余额，以取得被调整账户余额的账户。其计算公式为：

被调整账户的余额 － 调整账户的余额 ＝ 被调整账户的实际余额

固定资产是资产账户，其借方余额表示固定资产的原始价值，累计折旧是固定资产的备抵调整账户，其贷方余额表示固定资产的累计折旧额，用固定资产账户的借方余额减去累计折旧账户的贷方余额等于固定资产的账面净额。坏账准备是应收账款的备抵调整账户，利润分配是本年利润的备抵调整账户，本年利润账户的期末贷方余额反映期末已实现的利润数额，利润分配账户的借方余额反映期末已分配的利润数额，用本年利润账户的贷方余额减去利润分配账户的借方余额，其差额表示企业期末尚未分配的利润数额。备抵调整账户按照被调整账户的余额所在的借贷方向不同，又可以分为资产类备抵调整账户和权益类备抵调整账户。

资产类备抵调整账户与被调整账户的结构关系如图 2－6 所示，权益类备抵调整账户与被调整账户的结构关系如图 2－7 所示。

借方　被调整账户	贷方
余额：某项资产的原始数额	

借方　备抵调整账户	贷方
	余额：某项资产的抵减数额

图 2－6　资产类备抵调整账户与被调整账户的结构关系

借方　被调整账户	贷方
	余额：某项权益的原始数额

借方　备抵调整账户	贷方
余额：某项权益的抵减数额	

图 2－7　权益类备抵调整账户与被调整账户的结构关系

②附加调整账户。附加调整账户是指用来增加被调整账户的余额，以求得被调整账户的实际余额的账户。计算公式为：

被调整账户的余额 ＋ 附加账户的余额 ＝ 被调整账户的实际余额

被调整账户的余额和附加账户的余额一定是在同一方向，如果被调整账户的余额在借方，附加账户的余额也一定在借方；如果被调整账户的余额在贷方，附加账户的余额也一定在贷方。例如：在途物资账户期末有借方余额，可以理解为是原材料账户的附加调整账户，二者之和为材料物资的结存数。在实际工作中，纯粹的附加调整账户应用得很少。

③备抵附加调整账户。备抵附加调整账户是指既可以用来抵减，又可以用来附加被调整账户的余额，以求得被调整账户实际余额的账户。这类账户属于双重性质的账户，具有备抵调整账户和附加调整账户的双重功能。如果余额方向相同，就是附加调整账户；如果余额方向不同，则是备抵调整账户。材料成本差异账户就属于备抵附加调整账户，如果购进材料的计划成本大于材料的实际购买成本，材料成本差异账户就是一个备抵调整账户；如果购买材料的实际成本大于材料的计划成本，材料成本差异账户就是一个附加调整账户。

（6）集合分配类账户。集合分配类账户是指用来归集和分配经济组织经营过程中某个阶段所发生的相关费用的账户。这类账户主要有制造费用。集合分配类账户的结构和运用方法基本等同于盘存类账户，其区别在于它所记录的费用属于当期的开支，应当在当期分配完毕，因此这类账户没有期末和期初余额。

（7）成本计算类账户。成本计算类账户是指用来归集经营过程中某个阶段所发生的全部费用，并据以计算和确定出各个对象成本的账户。这类账户主要有生产成本、在途物资、在建工程等。

（8）计价对比类账户。计价对比类账户是用来按照两种不同的计价标准进行计价对比，确定某项业务成果的账户。这类账户主要有在途物资、生产成本、固定资产清理等。对某项经济业务，计价对比类账户借方按一种计价标准登记，贷方按另一种计价标准登记，将借、贷方的发生额进行对比，确定某项业务成果。

（9）财务成果类账户。财务成果类账户是指用来核算和监督经营过程中发生的损益，并借以在期末计算和确定其财务成果的账户。典型的财务成果类账户是本年利润。财务成果类账户按其性质不同又可以分为收入类账户和成本类账户、费用类账户、支出类账户。收入类账户主要有主营业务收入、其他业务收入、营业外收入、投资收益等。收入类账户的结构和运用方法等同于权益类账户，但是由于其核算内容属于当期结转的经济业务，故期末没有余额。成本类账户、费用类账户、支出类账户主要有主营业务成本、其他业务成本、营业外支出、销售费用、管理费用、财务费用、所得税费用等。成本、费用、支出类账户的结构和运用等同于集合分配类账户。

（三）账户的基本结构

所谓账户的结构，是指在账户中如何记录经济业务所引起的各项会计要素的增减变动情况及结果，即增加记何方，减少记何方，余额在何方（增减各记何方，将在下一章节陈述）。账户不但要有明确的核算内容，而且要有一定的结构。

由于设置账户的目的是按照会计要素的具体类别记录经济业务并反映其运动变化情况，而会计要素具体类别的变动又总是以增加、减少的形式表现出来，因此，在设计账户结构时，一般应有三个基本部分：

（1）账户名称；

（2）账户方向（账户记录的内容的增加、减少）；

（3）账户余额。

在会计实际操作中，会计账户可以根据企业的实际需要来设置，由于企业所采用的记账方法和账户的性质不是完全相同的，因此，账户的具体格式也有差异。一般来说，一个会计账户应该包含如下几个内容：

（1）账户的名称：会计科目；

（2）日　　　期：经济业务发生的时间；

（3）凭 证 字 号：登记账户的来源和依据的凭证的编号；

（4）摘　　　要：经济业务内容的简单说明；

（5）资金的变化：增加、减少、余额。

账户的一般形式如表2－5所示：

表2－5　账户的一般形式

账户名称

年		凭证号数	摘要	借方	贷方	借或贷	余额
月	日						

为了教学的方便，账户的基本结构采用“T”字形表示，如图2－8所示：

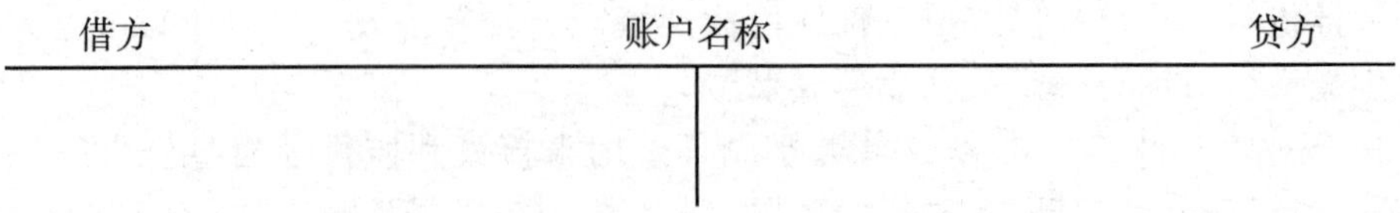

图 2－8 "T"字形账户结构

三、会计科目与账户的关系

会计科目与账户之间既有共同点，又有区别。

会计科目与账户的共同点是：会计科目和账户都是按照相同的经济内容来设置的；账户是根据会计科目开设的，会计科目的名称就是账户的名称；会计科目规定的核算内容就是账户应记录和反映的经济内容。在实际工作中，会计人员往往把会计科目和账户不加区别地互相通用。

会计科目和账户的区别是：会计科目是按经济内容对会计要素所作的分类；账户则是在会计科目所作分类的基础上，对经济业务内容进行全面、连续、系统的记录的工具。因此，会计科目只是个名称，只能表明某项经济内容，不存在结构问题；而账户必须具备一定的结构，以便记录和反映某项经济内容的增减变动及其结果。

会计对象、会计要素和会计科目三者紧密相连、互为依存、连续划分、越分越细，从而满足了会计进行分类核算、提供详略不同的各种会计信息的需要。

本章小结

本章主要阐述会计要素、会计等式、会计科目和账户。通过对本章的学习，学生应明确会计六要素以及各个要素的含义、特点以及确认条件，特别把握资产与负债、利得与损失、收入与费用的关系及费用、成本与支出的区别，深刻理解会计等式以及会计恒等式的各种变形，重点掌握会计要素、会计科目、会计账户及其结构，了解会计科目和账户之间的关系。

本章实训

模块一：知识理解

一、简答题

1. 会计六大要素是什么，各个要素有什么特点，满足什么条件时才能确认为该要素？这六大要素满足什么样的关系？

2. 会计科目与会计要素有什么关系？

3. 会计账户与会计科目之间有什么联系和区别?

二、判断题（正确的画“√”，错误的画“×”）

1. 会计要素是会计对象的具体构成因素，是对会计对象所作的最基本的分类，是构成会计报表的基本因素。（　）

2. 资产是指企业现在的交易或者事项形成的，由企业拥有或者控制的预期会给企业带来经济利益的资源。（　）

3. 所有者权益是指企业资产扣除负债后由所有者享有的剩余权益，公司的所有者权益又称为股东权益，包括实收资本（或者股本）、资本公积、盈余公积和未分配利润。（　）

4. 利得是指企业在日常活动中形成的、会导致所有者权益增加的、与所有者投入资本无关的经济利益的总流入。（　）

5. 计入损益的费用，是指不计入生产成本，而在发生的会计期间直接计入当期损益的费用，又称期间费用，包括销售费用、管理费用和财务费用。（　）

6. 资产与权益的平衡关系可用公式表示为“资产－负债＝所有者权益”。（　）

7. 在其他情况不变的情况下，一项负债的增加可能引起一项所有者权益的增加。（　）

8. 会计科目和账户是按不同的经济内容来设置的，账户是根据会计科目开设的。（　）

9. 制造业的会计科目按其所反映的内容，可以划分为六大类：资产类、负债类、共同类、所有者权益类、成本类和损益类。（　）

10. 会计科目的设置，必须结合会计要素的特点，但是有任意性。（　）

三、单项选择题

1. 会计科目是（　）。

A. 会计要素名称　　B. 报表名称

C. 账簿名称　　D. 账户名称

2. 经济业务发生后，（　）会计等式的平衡关系。

A. 不会破坏　　B. 会破坏

C. 有时破坏　　D. 根据情况

3. 反映资产在本期发生增减变动结果的是（　）。

A. 期初余额　　B. 本期增加发生额

C. 本期减少发生额　　D. 期末余额

4. 描述资产、负债和所有者权益之间数量变化及其规律的表达式是（　）。

A. 账户的结构　　B. 会计等式

C. 会计科目　　D. 会计要素

5. 经济业务发生只涉及资产内部有关要素时，其变化规律是（　）。

A. 同时增加　　B. 同时减少

C. 此增彼减　　D. 不增不减

6. 下列项目中属于会计科目的是（　）。

A. 房屋建筑　　B. 库存现金

C. 外商投资　　D. 没收罚款

7. 预付账款属于会计要素中（　）类会计科目。

A. 资产　　B. 负债

C. 所有者权益　　D. 费用

8．反映企业所有者投入资金的科目是（　　）。

A. 固定资产　　B. 银行存款

C. 实收资本　　D. 长期投资

9．下列科目中属于流动资产的是（　　）。

A. 应付账款　　B. 短期借款

C. 应收账款　　D. 固定资产

10．企业收到购货单位归还前欠货款存入银行，该笔业务属于（　　）变化类型。

A. 资产内部此增彼减　　B. 权益内部此增彼减

C. 资产和权益同时增加　　D. 资产和权益同时减少

四、多项选择题

1．会计要素有（　　）。

A. 资产、负债　　B. 收入、费用

C. 银行借款　　D. 所有者权益　　E. 利润

2．下列项目中，属于会计科目的有（　　）。

A. 机器设备　　B. 固定资产

C. 流动资产　　D. 短期借款　　E. 实收资本

3．企业的流动负债包括（　　）。

A. 库存现金　　B. 短期借款

C. 应付职工薪酬　　D. 应付账款　　E. 预收账款

4．所有者权益是指企业资产扣除负债后由所有者享有的剩余权益，包括（　　）。

A. 实收资本　　B. 长期投资

C. 资本公积　　D. 盈余公积　　E. 未分配利润

5．一项所有者权益增加的同时，引起的另一方面变化可能是（　　）。

A. 一项资产增加　　B. 一项负债减少

C. 一项负债增加　　D. 一项资产减少　　E. 另一项所有者权益减少

6．下列经济业务中，属于资产内部此增彼减的有（　　）。

A. 从银行提取现金　　B. 国家向企业投资设备

C. 以银行存款归还借款　　D. 以银行存款购买原材料　　E. 以现金发放工资

7．下列科目属于非流动资产的有（　　）。

A. 固定资产　　B. 存货

C. 无形资产　　D. 长期股权投资　　E. 长期借款

8．企业费用的发生可能表现为（　　）。

A. 资产的增加　　B. 资产的减少

C. 负债的增加　　D. 负债的减少　　E. 所有者权益的增加

9．工业企业的会计科目按其所反映的经济内容，可以划分为（　　）共同类、损益类六大类。

A. 资产类　　B. 负债类

C. 所有者权益类　　D. 成本类　　E. 收入类

10．账户中记录四种核算指标，即期初余额、本期增加发生额、本期减少发生额和期末余额。其关系式包括（　　）。

A. 期末余额 = 期初余额 + 本期增加发生额 − 本期减少发生额

B. 上期期末余额 = 本期期初余额

C. 本期期初余额 = 本期期末余额

D. 期末余额 = 期初余额 + 本期减少发生额 − 本期增加发生额

模块二：技能训练

实训一：掌握经济业务的发生对会计等式的影响

【资料】某工厂20××年9月发生如下经济业务：

（1）某工厂接受外单位投资的机器设备一台，价值5 000元；

（2）某工厂以银行存款7 000元偿还应付账款；

（3）某工厂收到外单位前欠货款3 000元，存入银行；

（4）前进工厂应付票据2 000元，到期无力支付转为应付账款。

要求：根据上述经济业务分析其对会计恒等式的影响。

实训二：练习收入的核算

【资料一】某律师事务所20×9年现金收入6 000 000元，另有以下项目（单位：元）：

20×8年12月31日：应收账款（97 000），预收账款（42 000）；

20×9年12月31日：应收账款（140 000），预收账款（21 000）。

要求：计算该律师事务所20×9年的服务收入应该为多少？

【资料二】某企业7月初的资产总额为1 000 000元，负债总额为300 000元，所有者权益总额为700 000元，7月份从银行借入借款期为3个月的短期借款400 000元，应当由7月份承担的费用为60 000元，7月末的资产总额为1 420 000元，假设7月份没有其他经济业务。

要求：计算7月份的收入为多少？

模块三：思维拓展

林祥是一所大学的会计学教授，尽管他已经有10多年大学教龄，但他从来没有亲自实践过会计。于是，他选择了一年，对自己的收支、拥有财产债务的情况进行了详细记录。

1月1日，林祥坐在书桌边列出了现有的财产及货币价值，如下表所示：

林祥年初的财务状况

单位：元

有关财产及债务	金额
一栋与他人相连的房屋	80 000
家具、家庭用品	8 000
一辆已用了3年的小汽车	24 000
银行往来账户	500
欠银行的借款	30 000

12月31日，林祥总结了他一年所发生的财务交易，如下表所示：

林祥一年的财务交易 单位：元

有关事项	金额
收入	
工资（扣除所得税）	14 000
支出	
偿还银行欠款（其中2 000为利息）	5 000
电费、电话费和取暖费	2 800
家庭日常性开销	1 000
汽车日常养护费	1 000
衣服、旅游等	1 600
收支相抵后的盈余	2 600

同时，林祥又将年末的财产列了一张表，如下表所示：

林祥年末的财务状况 单位：元

有关财产及债务	金额
一栋与他人相连的房屋	92 000
家具、家庭用品	7 200
一辆已用了4年的小汽车	18 000
银行往来账户	1 700
欠银行的借款	27 000

要求：假如你是林祥教授，请判断你的财富是增加还是减少。若增加，分析财富是如何增加的；若减少，分析财富是如何减少的。

推荐阅读

http://www.imanet.org/

http://www.cn.pwcglobal.com/cn/chn/main/home/index.html

http://www.kpmg.com.cn/

第三章　复式记账

☞ **学习目标**

（一）知识目标

1. 了解复式记账的概念、作用及其种类；
2. 熟悉复式记账的原理；
3. 掌握借贷记账法的账户结构、记账规则、会计分录和试算平衡。

（二）技能目标

1. 能够编制简单经济业务的会计分录；
2. 能够登记“T”形账户并能够说明账户之间的对应关系；
3. 能够根据简单的经济业务编制试算平衡表。

☞ **引导案例**

国盛和查尔斯决定合伙开一家会计师事务所，公司起名为“兴兴会计师事务所”。两人积极筹备会计师事务所开办事宜。首先解决注册资金问题，国盛为企业投资 1.5 万元，查尔斯出资 1.5 万元；此外，又以公司的名义从银行借款 2 万元，两年后一次还本付息，所有资金均存入开立的银行账户。款项到位后，去专门的写字楼租了一间办公室，租金每月 5 000 元。购置了四套办公设备，每套 500 元；电脑四台，每台 4 500 元；装修材料一批，价款 6 000元。通过熟人招聘了两名员工。经过精心准备后，兴兴会计师事务所正式挂牌营业。

◈ **问题：**

（1）说出本案例中资金的来源和去向。

（2）本案例中涉及哪些会计要素，这些会计要素之间的关系怎样？

（3）本案例中可用什么方法记录和反映兴兴会计师事务所开办事宜资金的增减变化？

第一节　复式记账原理

一、记账方法

经济业务发生以后，要对其进行核算和监督，在设置会计科目和账户的同时，我们必须运用记账方法，来记录计量发生的经济业务。记账方法是指将已发生的经济业务所引起的各会计要素的增减变化记录在会计账簿中的方法。从早期会计到现代会计，人类在长期实践中采用过的记账方法有两种：单式记账法和复式记账法。

（一）单式记账法

单式记账法是一种古老的记账方法，它对经济业务只作单方登记，而不反映其来龙去脉，不体现账户之间的对应关系。它的主要特点是：通常只将现金、银行存款的收付业务和应收应付等往来账款业务在账户中登记，而对实物的收付业务一般不作登记。因此单式记账法下一般只设置库存现金、银行存款、应收账款、应付账款四本账簿。例如：用现金600元购买原材料，对于这项经济业务，在单式记账法下，就只在现金账户中记录现金减少600元，而不记录原材料的增加；又如购买原材料，计价1 000元，款未付，对于这项经济业务，在单式记账法下，就只在应付账款账户中记录应付账款增加1 000元，而不记录原材料的增加。

单式记账法手续简单，但它的记录是不完整的，账户之间不存在平衡关系，因而不能检查账簿记录是否正确，它是一种不科学、不够严密的记账方法。因此，这种记账方法只适用于经济业务非常简单的单位，目前很少采用。

（二）复式记账法

复式记账法是由单式记账法发展而来的。所谓复式记账法，就是对发生的每一项经济业务都以相等的金额同时在两个或两个以上相互联系的账户中进行登记，以系统、全面地反映每一项经济业务所引起的资产和权益的变化情况和结果的一种方法。按照记账符号、记账规则、试算平衡的不同，复式记账法可分为借贷记账法、收付记账法、增减记账法。我国《企业会计准则》明确规定，企业会计核算必须采用借贷记账法。

现仍以前例对复式记账法加以简要说明。例如：用现金600元购买原材料，已入库（假定不考虑税费），对于该项经济业务，采用复式记账法，就既要在库存现金账户中记录现金减少600元，又要在原材料账户中记录增加600元；再如，购买原材料1 000元，款未付，采用复式记账法，则这笔经济业务既要在应付账款账户中记录增加1 000元，又要在原材料账户中记录增加1 000元。

二、复式记账原理

上一章讲述会计等式时曾说明会计等式是设置会计科目和账户的基础，同时也为复式记账提供了理论依据。会计等式的平衡原理说明，任何经济业务所引起的会计要素的增减变动都不会破坏资产与权益的平衡关系。从上述关于复式记账的举例中，我们可以看出复式记账法的重要特征是：对每一项经济业务进行双重记录后，都会形成新的平衡关系，即资产或权益总额可能发生变化，但平衡关系不变。所以，复式记账法的理论依据是会计等式的平衡原理。

三、复式记账的作用

复式记账法作为一种科学的记账方法，在会计核算中具有非常重要的作用：

（1）便于全面反映经济业务的来龙去脉。无论发生何种经济业务，总会引起一定量的资金从某一处来，到某一处去。运用复式记账在相互联系的账户作出双重记录，能够全面反映经济业务的来龙去脉，有利于企业对经济业务进行分析。

（2）便于全面反映会计主体经济活动的全过程及其结果。运用复式记账，不仅可以反映每一项经济业务活动，还可以把全部经济业务联系起来进行系统、全面、综合的描述，全面地反映会计主体经济活动的全过程及其结果。

（3）便于检查账户记录的正确性。复式记账法对每项经济业务都是以相等的金额在有关账户中进行记录。因而，根据这个原则可以进行试算平衡，以检查账户的记录是否正确。

第二节　借贷记账法

借贷记账法起源于13世纪的意大利，在清朝末期的光绪年间从日本传入中国。在各种复式记账法中，借贷记账法是产生最早，并在当今世界应用最广泛、最科学的记账方法。目前，我国企业、事业单位的会计记账都采用借贷记账法。

一、借贷记账法的含义

借贷记账法是以复式记账法为原理，以资产与权益的平衡关系为基础，以“借”、“贷”二字为记账符号，在两个或两个以上相互联系的账户中，对每一项经济业务以相等的金额全面进行记录的一种复式记账方法。

二、借贷记账法的记账符号

记账符号反映的是各种经济业务数量的增加和减少，在借贷记账法下，以“借”、“贷”为记账符号，账户的左方标记为“借方”，右方标记为“贷方”。

“借”和“贷”作为记账符号，都具有增加和减少的双重含义。“借”和“贷”何时为增加、何时为减少，必须结合账户的具体性质才能准确说明。

三、借贷记账法下账户的结构

按照复式记账法的要求，任何一笔经济业务都要在两个或两个以上相互联系的账户中同时并同金额登记。在哪些账户中登记增加额、减少额，分别记在账户的哪个方向，就成为借贷记账法中的核心问题。

在会计等式中，资产在会计等式的左边，其增加额就登记在借方，减少额登记在贷方；负债和所有者权益在会计等式的右边，其增加额就登记在贷方，减少额登记在借方。按照这种方法登记，保证了借方金额等于贷方金额，也保证了会计等式的平衡。这是借贷记账法记录方法的关键所在。

对会计等式进行扩展，又涉及到了收入和费用，由于它们均与所有者权益相关，因此其记录方法由所有者权益项目的记录方法决定。收入使所有者权益增加，故其增加额记贷方，减少额记借方；费用使所有者权益减少，故其增加额记借方，减少额记贷方。

归纳起来就是：资产项目的增加额记入借方，减少额记入贷方；负债项目的增加额记入贷方，减少额记入借方；所有者权益项目的增加额记入贷方，减少额记入借方；收入项目的增加额记入贷方，减少额记入借方；费用项目的增加额记入借方，减少额记入贷方。五种要素项目的记录方位如图 3－1 所示：

借方　　　　账户名称（会计科目）	贷方
资产增加额	资产减少额
费用增加额	费用减少额
成本增加额	成本减少额
负债减少额	负债增加额
所有者权益减少额	所有者权益增加额
收入减少额	收入增加额

图 3－1　五种要素项目的记录方位

由此可见，对于一笔经济业务，其记录涉及哪些会计科目，登记时记入涉及账户的哪个方向，取决于经济业务的内容和账户的性质。下面对借贷记账法下各类账户的结构及其记录方法分别加以说明。

（一）资产类和费用成本类账户的结构

1. 资产类账户的结构

资产类账户的记录方法是：资产的增加额记入借方，减少额记入贷方，余额一般在借方，表示资产的实际结存数。资产类账户的结构如图 3－2 所示：

借方　　　　资产类账户	贷方
期初余额 本期增加额	本期减少额
本期增加发生额合计	本期减少发生额合计
期末余额	

图 3－2　资产类账户的结构

资产类账户的余额与发生额之间的关系为：

借方期末余额 ＝ 借方期初余额＋借方本期增加额合计－贷方本期减少额合计

2. 费用类账户的结构

费用类账户的记录方法与所有者权益类账户相反。费用的增加额记入借方，减少额记入贷方，会计期末，借方和贷方费用发生额相抵后从相反方向转出，即为转销额，转入本年利润账户，所以，该类账户一般没有期末余额。其账户结构如图 3－3 所示：

借方　　费用类账户　　贷方

借方	贷方
本期增加额	本期减少额（结转额）
本期增加额合计	本期减少额合计
期末无余额	

图 3－3　费用类账户的结构

3. 成本类账户的结构

成本类账户的记录方法是：成本的增加额记入借方，减少额记入贷方，余额在借方。成本类账户的结构如图 3－4 所示：

借方　　成本类账户　　贷方

借方	贷方
期初余额 本期增加额	本期减少额
本期增加发生额合计	本期减少发生额合计
期末余额	

图 3－4　成本类账户的结构

成本类账户的余额与发生额之间的关系为：

借方期末余额 ＝ 借方期初余额＋借方本期增加额合计－贷方本期减少额合计

（二）负债类和收入权益类账户的结构

1. 负债类账户的结构

负债类账户与资产类账户的记录方法正好相反，其记录方法是：负债的增加额记入贷方，减少额记入借方，余额在贷方。负债类账户的结构如图 3－5 所示：

借方　　负债类账户　　贷方

借方	贷方
本期减少额	期初余额 本期增加额
本期减少发生额合计	本期增加发生额合计
	期末余额

图 3－5　负债类账户的结构

负债类账户的余额与发生额之间的关系为：

贷方期末余额 ＝ 贷方期初余额＋贷方本期增加额合计－借方本期减少额合计

2. 所有者权益类账户的结构

所有者权益类账户的结构与负债类账户相同，其记录方法是：所有者权益的增加额记入贷方，减少额记入借方，余额在贷方。所有者权益类账户的结构如图 3 -6 所示：

借方	所有者权益类账户　　贷方
	期初余额
本期减少额	本期增加额
本期减少发生额合计	本期增加发生额合计
	期末余额

图 3 -6　所有者权益类账户的结构

所有者权益类账户的余额与发生额之间的关系为：

贷方期末余额 = 贷方期初余额 + 贷方本期增加额合计 - 借方本期减少额合计

3. 收入类账户的结构

收入类账户的结构与所有者权益类账户基本相同，即收入的增加额登记在贷方，减少额登记在借方，期末贷方和借方相抵后产生的余额从相反方向转入本年利润账户，因此，该类账户一般没有期末余额，其账户结构如图 3 -7 所示：

借方	收入类账户　　贷方
本期减少额（结转额）	本期增加额
本期减少额合计	本期增加额合计
	期末无余额

图 3 -7　收入类账户的结构

（三）双重性质账户的结构

在日常会计核算中，可能遇到用一个账户表示性质不同的经济内容的情况，即用资产账户表示负债，或用负债账户表示资产，这样的账户称为双重性质账户，如本年利润和利润分配账户，其余额在借方时表示资产，余额在贷方时表示负债。资产负债双重性质账户结构如图 3 -8 所示：

借方	资产负债双重性质账户　　贷方
资产的增加额	资产的减少额
负债的减少额	负债的增加额
借方余额表示资产	贷方余额表示负债

图 3 -8　资产负债双重性质账户的结构

1. 本年利润账户

该账户的贷方登记转入的各项收入、收益，借方登记转入的各项费用，借贷相抵后，如为贷方余额则表示形成的当期利润，如为借方余额则表示形成的当期亏损。无论余额在哪一边，都要在年终从相反方向转入利润分配账户。其账户结构如图3－9所示：

借方　　　　本年利润账户	贷方
期初余额：年度内亏损 成本费用转入数	期初余额：年度内利润 收入转入数
本期发生额合计数	本期发生额合计数
期末余额：年度内亏损	期末余额：年度内利润

图3－9　本年利润账户的结构

2. 利润分配账户

年度终了，要将本年利润账户的余额转入利润分配账户进行分配，该账户的贷方登记从本年利润借方转入的当年利润，借方登记对利润进行的各项分配，如果年度内形成的是亏损，则借方登记从本年利润贷方转入的亏损数。利润分配账户的期末余额是一个累计数，如在贷方表示累计的历年未分配利润，如在借方表示累计的历年未弥补亏损。其账户结构如图3－10所示：

借方　　　　利润分配账户	贷方
期初余额：上年未弥补亏损 已分配的利润数	期初余额：上年未分配利润 应弥补的亏损 全年实现利润总额的转销数
本期发生额合计数	本期发生额合计数
期末余额：累计的未弥补亏损	期末余额：累计的未分配利润

图3－10　利润分配账户的结构

对各账户记账方法归纳如下：

（1）任何账户在借贷记账法下都分为借、贷两方。各账户在哪一方登记增加数，哪一方登记减少数，取决于经济业务的内容和账户的性质。

（2）在登记本期经济业务之前，首先要在开设的账户中登记期初余额，再根据经济业务内容和账户性质分别在借、贷两方记录。在会计期末，要根据各类账户余额及发生额的关系，计算结出本期期末余额。本期期末余额转入下期即成为下期期初余额。

四、借贷记账法下的记账规则

借贷记账法以“有借必有贷，借贷必相等”作为记账规则，即在发生每一项经济业务时，都要以相等的金额，同时在两个或两个以上相互联系的账户中按照借、贷方向进行记录。在实际运用借贷记账法时，要按下列步骤思考问题：

（1）分析经济业务涉及了什么要素的变化——分析要素；
（2）根据业务的具体情况选择相应要素下的恰当账户——选择账户；
（3）根据账户性质、结构、业务变化类型确定各账户的记账符号——确定方向；
（4）确认应借应贷双方的金额是否相等——填写金额。

下面举例说明借贷记账法的记账规则。

【例3－1】丰盛公司20××年6月份发生下列经济业务：

（1）企业收到国家投入的货币资金90 000元，存入企业存款户。

这笔经济业务涉及“银行存款”和“实收资本”两个账户，银行存款这项资产增加，记入“银行存款”账户的借方；实收资本这项所有者权益增加，记入“实收资本”账户的贷方，记入借、贷两方的金额相等。这项经济业务在账户中登记的结果如图3－11所示：

（所有者权益类账户）

借方	实收资本	贷方
		90 000

（资产类账户）

借方	银行存款	贷方
90 000		

图3－11

（2）企业收回某单位前欠货款5 000元，存入企业存款户。

这笔经济业务涉及“银行存款”和“应收账款”两个资产类账户，银行存款增加，记入“银行存款”账户的借方；应收账款减少，记入“应收账款”账户的贷方。这项经济业务在账户中登记的结果如图3－12所示：

（资产类账户）

借方	应收账款	贷方
		5 000

（资产类账户）

借方	银行存款	贷方
5 000		

图3－12

（3）企业开出商业汇票8 000元，抵付欠外单位的购料款。

该笔经济业务涉及“应付票据”和“应付账款”两个负债类账户，应付票据增加，记入“应付票据”账户的贷方；应付账款减少，记入“应付账款”账户的借方。这项经济业务在账户中登记的结果如图3－13所示：

（负债类账户）

借方	应付票据	贷方
		8 000

（负债类账户）

借方	应付账款	贷方
8 000		

图3－13

（4）从银行借入短期生产周转款100 000元，存入银行。

这笔经济业务涉及“短期借款”和“银行存款”两个账户，引起银行存款的增加，是资产的增加，记入“银行存款”账户的借方；引起短期借款的增加，是负债的增加，记入“短期借款”账户的贷方。这项经济业务在账户中登记的结果如图3－14所示：

（负债类账户）

借方	短期借款	贷方
		100 000

（资产类账户）

借方	银行存款	贷方
100 000		

图3－14

（5）企业经批准将盈余公积300 000元转增资本。

这笔经济业务涉及“盈余公积”和“实收资本”两个账户，它们同属于所有者权益类账户。盈余公积的减少记入“盈余公积”账户的借方，实收资本的增加记入“实收资本”账户的贷方。如图3－15所示：

（所有者权益类账户）

借方	实收资本	贷方
		300 000

（所有者权益类账户）

借方	盈余公积	贷方
300 000		

图3－15

（6）按投资人协议规定，将购置的一台全新设备，价值100 000元，调拨给另一家公司，协议调整国家资本金。

这笔经济业务涉及“固定资产”和“实收资本”两个账户，引起一项资产（固定资产）的减少，记入“固定资产”账户的贷方；引起一项所有者权益（实收资本）的减少，记入“实收资本”账户的借方。如图3－16所示：

（资产类账户）

借方	固定资产	贷方
		100 000

（所有者权益类账户）

借方	实收资本	贷方
100 000		

图3－16

（7）接到有关部门通知，将一项长期借款200 000元，转作国家追加的投资。

这笔经济业务涉及“长期借款”和“实收资本”两个账户，引起一项负债（长期借款）的减少，记入“长期借款”账户的借方；引起一项所有者权益（实收资本）的增加，记入“实收资本”账户的贷方。如图3－17所示：

（所有者权益类账户）

借方	实收资本	贷方
		200 000

（负债类账户）

借方	长期借款	贷方
200 000		

图 3－17

以上举的例子涉及的都是简单的经济业务，都只涉及两个会计科目，即“一借一贷”；而复杂的经济业务则需要登记在一个账户的借方及几个账户的贷方，或者是登记在一个账户的贷方及几个账户的借方，就是“一借多贷”或者“多借一贷 ”，借贷双方的金额也必须相等。承接丰盛公司20××年6月份发生的经济业务，举例如下：

（8）企业采购材料10 000元，用银行存款支付6 000元，其余4 000元暂欠。

这笔经济业务涉及“原材料”、“银行存款”和“应付账款”三个账户，引起原材料这项资产增加10 000元，记入该账户的借方，引起银行存款这资产项减少6 000元，记入该账户的贷方；引起应付账款这项负债增加4 000元，记入该账户的贷方。这项经济业务在账户中登记的结果如图3－18所示：

（资产类账户）

借方	银行存款	贷方
		6 000

（资产类账户）

借方	原材料	贷方
10 000		

（负债类账户）

借方	应付账款	贷方
		4 000

图 3－18

（9）企业用银行存款5 000元，归还前欠购料款4 000元和其他应付款1 000元。

这笔经济业务涉及“银行存款”、“应付账款”和“其他应付款”三个账户，引起资产（银行存款）减少5 000元，记入该账户的贷方；引起两负债（应付账款和其他应付款）减少，记入两账户的借方，各记4 000元和1 000元。这项经济业务在账户中登记的结果如图3－19所示：

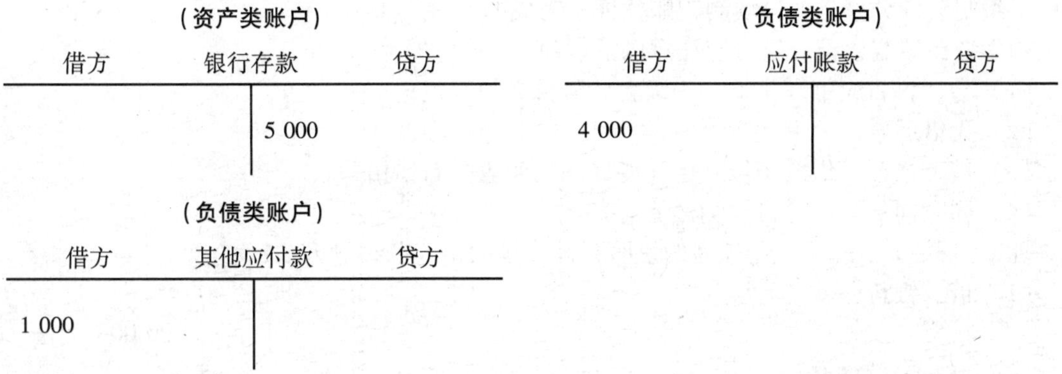

图 3－19

五、借贷记账法下账户的对应关系

采用借贷记账法，经济业务都必然在两个或两个以上的相互联系的账户中进行记录，即要在一个或多个账户的借方登记，同时在多个或一个账户的贷方登记，这样这些账户之间有了一种应借、应贷的关系，我们把由一笔经济业务引起的几个账户之间的相互关系称为账户的对应关系，存在对应关系的账户称为对应账户。在账户格式中增加“对方科目”栏目，便于了解经济业务的来龙去脉，便于查账。此外，某些账户之间的对应关系是固定的，熟悉这种固定的账户对应关系便于进行账务处理。

【例 3－2】从银行借入短期借款 30 000 元存入银行。对这笔经济业务要在“银行存款”账户的借方登记 30 000 元，同时要在“短期借款”账户的贷方登记 30 000 元。这样，“银行存款”账户和“短期借款”账户之间就形成了对应关系，这两个账户互为对应账户，如图 3－20 所示：

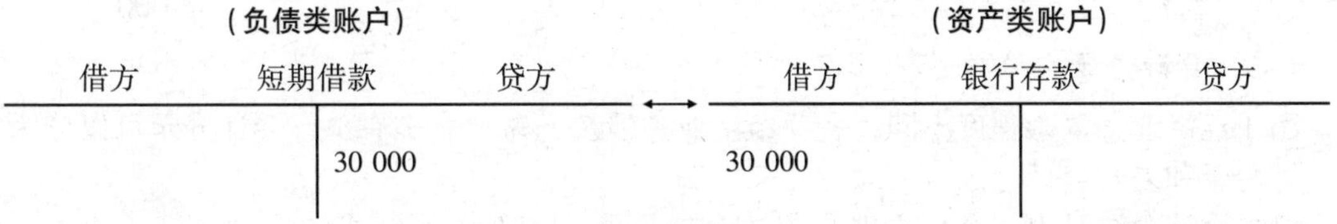

图 3－20

六、会计分录

（一）会计分录的含义

会计分录又称分录，是一种用特定格式指明某项经济业务应借、应贷账户的名称及其金额的记录。会计分录具备三个要素：借贷方向、账户名称和金额。会计分录能否如实地反映经济业务的内容，取决于能否正确确定借贷方向、账户名称和金额。为了防止登记账簿发生错误，需要在经济业务发生时首先编制会计分录，然后再根据会计分录登记账簿。在实际工作中，编制会计分录是通过填制记账凭证来完成的。

初学者在编制会计分录时应注意以下事项：

(1) 会计科目应书写完整，一级会计科目必须规范；

(2) 先借后贷，分上下行书写；

(3) 借贷错开，借贷符号、会计科目和金额应左右错格写；

(4) 同方向的会计科目、金额要对齐。

现以例3-1中的经济业务为例说明会计分录的格式及编制方法：

(1) 借：银行存款	90 000	
贷：实收资本		90 000
(2) 借：银行存款	5 000	
贷：应收账款		5 000
(3) 借：应付账款	8 000	
贷：应付票据		8 000
(4) 借：银行存款	100 000	
贷：短期借款		100 000
(5) 借：盈余公积	300 000	
贷：实收资本		300 000
(6) 借：实收资本	100 000	
贷：固定资产		100 000
(7) 借：长期借款	200 000	
贷：实收资本		200 000
(8) 借：原材料	10 000	
贷：银行存款		6 000
应付账款		4 000
(9) 借：应付账款	4 000	
其他应付款	1 000	
贷：银行存款		5 000

(二) 会计分录的种类

由于经济业务复杂程度不同，各项经济业务涉及的账户有多有少，会计分录可以分为简单会计分录和复合会计分录。

简单会计分录是由一个借方账户与一个贷方账户相对应所组成的会计分录。即“一借一贷”的会计分录。上述举例中的(1)至(7)的会计分录就属于简单会计分录。

复合会计分录是由一个借方账户与几个贷方账户或一个贷方账户与几个借方账户相对应所组成的会计分录，即“一借多贷”或“一贷多借”的会计分录。如果某项经济业务涉及几个账户的借方与几个账户的贷方形成对应关系，这种“多借多贷”的会计分录也属于复合会计分录。实际上，一个复合会计分录是由若干个简单会计分录组成的。如上述举例中的(8)的会计分录，就可以分解成两个简单会计分录：

(1) 借：原材料	6 000	
贷：银行存款		6 000
(2) 借：原材料	4 000	
贷：应付账款		4 000

七、借贷记账法下的试算平衡

试算平衡是指对一定会计期间内已汇总登账的凭证根据会计等式的平衡关系，按照记账规则的要求，编制试算平衡表，以检查各类账户记录是否正确、完整。

企业在每一会计期间内发生大量的经济业务，需要编制大量的会计分录，这些会计分录在编制过程中难免发生错误。为了保证会计核算的准确性，在记账之前，应当检查编制的众多会计分录是否正确无误，这项工作是通过发生额试算平衡来完成的。发生额试算平衡的理论依据是借贷记账法的记账规则，根据借贷记账法的记账规则，如果每一笔经济业务的借方发生额等于贷方发生额，那么，一定会计期间的全部经济业务的借方发生额合计数必然等于贷方发生额合计数。

（一）试算平衡公式

在借贷记账法下，发生额试算平衡公式为：

全部账户本期借方发生额合计数 = 全部账户本期贷方发生额合计数

在实际工作中，发生额试算平衡是通过编制本期发生额试算平衡表进行的，如表 3 – 1 所示：

表 3 – 1　总分类账户本期发生额试算平衡表

会计科目	借方发生额	贷方发生额
合计		

会计期末，为了编制资产负债表，还需要进行余额试算平衡，以此确定各账户余额的正确性。余额试算平衡公式为：

全部账户期初借方余额合计数 = 全部账户期初贷方余额合计数
全部账户期末借方余额合计数 = 全部账户期末贷方余额合计数

在实际工作中，余额试算平衡是通过编制余额试算平衡表进行的，如表 3 – 2 所示：

表 3 – 2　总分类账户余额试算平衡表

会计科目	借方余额	贷方余额
合计		

为了减少编表的工作量，也可将本期发生额试算平衡表和余额试算平衡表合并编制试算平衡表，如表 3 - 3 所示：

表 3 - 3　总分类账户试算平衡表

会计科目	期初余额		本期发生额		期末余额	
	借方	贷方	借方	贷方	借方	贷方
合计						

（二）试算平衡的作用

试算平衡通过核算借贷金额是否平衡来检查账户的记录是否正确。如果借贷不平衡，就可以肯定账户记录或计算有错，应查找原因并予以更正；如果借贷平衡，却不能完全肯定记账就没有错误，因为有些错误并不影响借贷双方的平衡，如重记经济业务导致借贷双方都有记录或者漏记导致借贷双方都没有记录等错误就不能通过账户的平衡关系来检查。因此，为了保证账簿记录正确无误，还需要一些其他的方法来进行控制。

（三）试算平衡表的编制

1. 试算平衡表的编制步骤

在实际工作中，试算平衡通常是在月末结出各账户的本期发生额和期末余额后，通过编制总分类账户本期发生额及余额试算平衡表来进行的。

为便于理解，下面仍以本章例 3 - 1 提供的有关资料，同时已知丰盛公司期初余额如表 3 - 4 所示，系统地说明试算平衡表的编制步骤。

表 3 - 4　丰盛公司 20 × × 年 5 月末资产负债表（简表）　　单位：元

资产类		负债和所有者权益类	
项目	金额	项目	金额
库存现金	2 500	短期借款	5 000
银行存款	200 000	应付账款	20 000
原材料	20 000	其他应付款	2 000
应收账款	250 000	应付票据	2 000
应收票据	3 000	长期借款	250 000
长期投资	253 500	资本公积	200 000
固定资产	1 200 000	盈余公积	500 000
无形资产	50 000	实收资本	1 000 000
合计	1 979 000	合计	1 979 000

第一步，根据表 3－4 开设相应的总分类账户（以“T”形账户代替），并登记期初余额（20××年 5 月末的余额即为 20××年 6 月的期初余额）。

第二步，根据例 3－1 所举的九项经济业务编制会计分录。

第三步，根据编制的会计分录登记各总分类账户。

第四步，结算出各总分类账户的本期发生额和期末余额。

各账户的期初余额、本期发生额及期末余额如图 3－21 所示：

借方　库存现金　贷方

借方		贷方	
期初余额	2 500		
期末余额	2 500		

借方　银行存款　贷方

借方		贷方	
期初余额	200 000		
（1）	90 000	（8）	6 000
（2）	5 000	（9）	5 000
（4）	100 000		
本期发生额	195 000	本期发生额	11 000
期末余额	384 000		

借方　原材料　贷方

借方		贷方	
期初余额	20 000		
（8）	10 000		
本期发生额	10 000		
期末余额	30 000		

借方　应收账款　贷方

借方		贷方	
期初余额	250 000		
		（2）	5 000
		本期发生额	5 000
期末余额	245 000		

借方　应收票据　贷方

借方		贷方	
期初余额	3 000		
期末余额	3 000		

借方　长期投资　贷方

借方		贷方	
期初余额	253 500		
期末余额	253 500		

借方　固定资产　贷方

借方		贷方	
期初余额	1 200 000		
		（6）	100 000
		本期发生额	100 000
期末余额	1 100 000		

借方　无形资产　贷方

借方		贷方	
期初余额	50 000		
期末余额	50 000		

借方　短期借款　贷方

借方		贷方	
		期初余额	5 000
		（4）	100 000
		本期发生额	100 000
		期末余额	105 000

借方　应付账款　贷方

借方		贷方	
		期初余额	20 000
（3）	8 000	（8）	4 000
（9）	4 000		
本期发生额	12 000	本期发生额	4 000
		期末余额	12 000

借方	其他应付款		贷方
		期初余额	2 000
(9)	1 000		
本期发生额	1 000		
		期末余额	1 000

借方	应付票据		贷方
		期初余额	2 000
		(3)	8 000
		本期发生额	8 000
		期末余额	10 000

借方	长期借款		贷方
		期初余额	250 000
(7)	200 000		
本期发生额	200 000		
		期末余额	50 000

借方	资本公积		贷方
		期初余额	200 000
		期末余额	200 000

借方	盈余公积		贷方
		期初余额	500 000
(5)	300 000		
本期发生额	300 000		
		期末余额	200 000

借方	实收资本		贷方
		期初余额	1 000 000
(6)	100 000	(1)	90 000
		(5)	300 000
		(7)	200 000
本期发生额	100 000	本期发生额	590 000
		期末余额	1 490 000

图 3－21

根据以上各账户记录编制总分类账户本期发生额及余额试算平衡表，如表 3－5 所示：

表 3－5　总分类账户本期发生额及余额试算平衡表

20××年 6 月　　单位：元

账户名称	期初余额		本期发生额		期末余额	
	借方	贷方	借方	贷方	借方	贷方
库存现金	2 500				2 500	
银行存款	200 000		195 000	11 000	384 000	
原材料	20 000		10 000		30 000	
应收账款	250 000			5 000	245 000	
应收票据	3 000				3 000	
长期投资	253 500				253 500	
固定资产	1 200 000			100 000	1 100 000	
无形资产	50 000				50 000	
短期借款		5 000		100 000		105 000

（续上表）

账户名称	期初余额		本期发生额		期末余额	
	借方	贷方	借方	贷方	借方	贷方
应付账款		20 000	12 000	4 000		12 000
其他应付款		2 000	1 000			1 000
应付票据		2 000		8 000		10 000
长期借款		250 000	200 000			50 000
资本公积		200 000				200 000
盈余公积		500 000	300 000			200 000
实收资本		1 000 000	100 000	590 000		1 490 000
合计	1 979 000	1 979 000	818 000	818 000	2 068 000	2 068 000

2. 进行试算平衡应注意的问题

上述试算平衡表表示了发生额与余额都存在着借贷的平衡关系，说明账户记录是正确的，但我们只能初步判断是基本正确的，因为有些错误通过编制试算平衡表是不能被发现的，如：

（1）一笔经济业务借、贷双方都漏记了；

（2）一笔经济业务借、贷双方都重复登记了；

（3）一笔经济业务借、贷双方都错记了相同的金额；

（4）一笔经济业务借、贷双方科目名称用错或颠倒了借、贷方向；

（5）一笔经济业务过账时金额有错误，但错误金额恰好抵消，等等。

以上错误都不影响试算表的平衡，通过试算平衡是不能被发现的，因此，还需要进行日常的会计检查以保证账户记录的正确性。尽管如此，试算平衡仍然是检查账户记录正确性的重要方法，是借贷记账法的重要组成部分。

八、借贷记账法的主要特点

综上所述，借贷记账法具有以下主要特点：

（1）以“借”和“贷”作为记账符号。用“借”（借方）表示资产、费用、成本的增加及负债、所有者权益、收入的减少；用“贷”（贷方）表示资产、费用、成本的减少及负债、所有者权益、收入的增加。

（2）以“有借必有贷，借贷必相等”作为记账规则。

（3）借贷记账法不要求账户固定分类，允许设置双重账户。

（4）借贷记账法采用借贷直接试算平衡，即发生额合计借贷平衡和余额合计借贷平衡。

从上述特点可以看出，采用借贷记账法，账户运用比较灵活，账户对应关系清楚，试算平衡一目了然。因此，它是世界上广泛采用的一种科学的记账方法。

第三节 总分类账户和明细分类账户

为了更好地为企业经营管理服务，会计核算不仅需要提供总括的会计资料，还要提供比较具体、详细的会计资料。所以企业必须分别设置总分类账户和明细分类账户。

一、总分类账户

总分类账户是按照总分类科目开设，对总分类科目的经济内容进行总括地核算，提供总括性经济指标的账户，总分类账户又称一级账户。总分类账户提供总括性资料，便于使用者了解单位资产、负债、所有者权益、成本、费用和收入的增减变动情况，是编制财务报表的主要依据。例如："原材料"账户，是总括反映一个单位所有原材料增减变动和余额情况的账户，因而是总分类账户。对各项经济业务，在总分类账户中进行的核算，叫做总分类核算。

总分类账户的特点是：第一，总分类账户提供总括性的经济指标；第二，总分类账户只能用货币进行计量。

总分类账户不能具体反映各项会计要素增减变动的具体情况，不能满足经济管理的具体要求，因此，企业还需要设置明细分类账户。

二、明细分类账户

明细分类账户是按照明细分类科目开设的，对总分类账户的经济内容进行详细分类核算，提供具体而详细核算资料的账户。明细分类账户是用来详细、具体地说明企业各项资产、负债、所有者权益、成本、费用和收入的增减变动情况及其结果的账户。例如："原材料"账户，除了要总括反映一个企业所有原材料增减变动的总体情况，还应按照原材料的品种、规格、花色等情况，分别设置明细分类账户。对各项经济业务，在明细分类账户进行的核算，叫做明细分类核算。

明细分类账户的特点是：第一，明细分类账户提供详细核算资料；第二，明细分类账户的核算，除使用货币进行计量外，还可能使用实物计量指标（如个、件、吨等）进行计量。

由于需要设置明细分类账户，在进行账务处理时，需将明细科目写入编制的会计分录。例如，丰盛公司从大通工厂购入 A 材料 20 吨，每吨 4 000 元，购入 B 材料 30 吨，每吨 5 000 元，材料已验收入库，货款已通过中国工商银行转账支付，假设不考虑税费影响，对该项业务应编制的会计分录为：

借：原材料——A 材料　　80 000
　　　　　——B 材料　　150 000
　贷：银行存款——中国工商银行　　230 000

三、总分类账户和明细分类账户的关系

总分类账户和明细分类账户是既有内在联系，又有区别的两类账户。这两类账户之间的联系如下：

（1）二者反映的经济业务内容相同。如“原材料”总分类账户与其所属的各种主要材料、辅助材料等明细分类账户都是用以反映原材料的收发及结存业务的账户。

（2）二者登记账簿的原始依据相同。登记总分类账户和登记明细分类账户的记账凭证和原始凭证是相同的。

总分类账户和明细分类账户的区别如下：

（1）二者反映经济内容的详细程度不一样。总分类账户反映资金增减变化的总括情况，提供总括资料；明细分类账户反映资金运动的详细情况，提供某一方面的详细资料。

（2）二者的作用不同。总分类账户提供的经济指标是明细分类账户资料的综合，对下属明细分类账户起着统驭作用；明细分类账户是对有关总分类账户的补充，起着详细说明的作用。

本章小结

本章主要讲述借贷记账法。借贷记账法是以复式记账法为原理，以资产与权益的平衡关系为基础，以“借”、“贷”二字为记账符号，在两个或两个以上相互联系的账户中，对每一项经济业务以相等的金额全面进行记录的一种复式记账方法。记账规则是“有借必有贷，借贷必相等”。会计分录是一种用特定格式指明某项经济业务应借、应贷账户的名称及其金额的记录，会计分录由三要素组成，会计分录包括简单会计分录和复合会计分录。为检查账户记录的正确性，需要对所记录的经济业务进行试算平衡，借贷记账法下的试算平衡分为发生额试算平衡和余额试算平衡两种。会计核算不仅需要提供总括的会计资料，还要提供比较具体、详细的会计资料，须分别设置总分类账户和明细分类账户，二者所反映的经济业务内容相同，登记账簿的原始依据相同，但是二者反映经济内容的详细程度不一样，二者的作用不完全相同。

本章实训

模块一：知识理解

一、简答题

1. 什么是复式记账法？复式记账法有什么作用？
2. 什么是借贷记账法？借贷记账法的特点是什么？
3. 什么是会计分录？会计分录如何分类？编写会计分录一般有哪些步骤？

4. 什么是试算平衡？如何编制试算平衡表？

5. 总分类账户与明细分类账户的联系和区别是什么？

二、判断题（正确的画“√”，错误的画“×”）

1. 采用借贷记账法，账户期末余额的方向和本期增加额登记的方向一般来说是一致的，但也有可能出现不一致的情况。（ ）

2. 为了保持账户对应关系清楚，一般不宜把不同经济业务合并在一起编制多借多贷的会计分录，但在个别情况下，只要账户对应关系清楚，也可以编制多借多贷的会计分录。（ ）

3. 在借贷记账法下，资产类账户的结构是贷方记增加，借方记减少，余额在贷方。（ ）

4. 会计期末通过编制试算平衡表可以检查所有账户记录的正确性，如果借贷平衡说明记账工作没有差错。（ ）

5. 会计分录是分别指明每笔经济业务应使用的账户名称、应借应贷的方向及其金额的一种记录形式。（ ）

6. 借贷记账法下的试算平衡方法有发生额试算平衡、余额试算平衡，其理论依据是借贷记账法的记账规则和会计恒等式。（ ）

7. 在借贷记账法下，账户在哪一方登记增加数，哪一方登记减少数，取决于经济业务的内容和账户的性质。（ ）

8. 借贷记账法中的“借”、“贷”分别表示增加和减少。（ ）

9. 试算平衡能发现一笔经济业务借、贷双方都漏记了的错误。（ ）

10. 借贷记账法是复式记账法的具体体现，是以“借 ”、“贷”为记账符号，以会计等式为理论依据，以“有借必有贷，借贷必相等”为记账规则，对每一项经济业务在两个或两个以上相互联系的账户中全面、系统地进行记录的一种复式记账方法。（ ）

三、单项选择题

1. 在借贷记账法下，将账户划分为借贷两方，哪一方记增加，哪一方记减少，取决于（ ）。

A. 账户的性质　　B. 记账方法

C. 会计等式　　D. 借贷记账法的记账规则

2. 经济业务发生后，确定记入的会计科目、应借应贷的方向及其金额的记录称为（ ）。

A. 会计分录　　B. 记账凭证

C. 记账方法　　D. 会计方法

3. 下列会计分录中，属于简单分录的有（ ）的会计分录。

A. 一贷多借　　B. 一借多贷

C. 一借一贷　　D. 多借多贷

4. 下列会计分录中，属于复合会计分录的是（ ）。

A. 借：管理费用——差旅费　　300
　　贷：其他应收款——李明　　300

B. 借：库存现金　　10 000
　　贷：银行存款　　10 000

C. 借：在途物资——丰盛公司　　30 000

应交税费——应交增值税（进项税额）　　5 100

贷：银行存款　　35 100

D. 借：原材料　　10 000

贷：应付账款　　10 000

5. 每一项经济业务的发生，都会影响（　　）项目发生增减变化。

A. 两个　　B. 两个或两个以上

C. 一个　　D. 全部

6. 下列各项，能通过试算平衡发现的错误有（　　）。

A. 一笔经济业务在登记入账时，只在贷方登记了金额

B. 一笔经济业务在登记入账时，借贷双方金额一致，但所登记金额大于应登记金额

C. 一笔经济业务在登记入账时，应借、贷账户名称用错

D. 漏记一项经济业务

7. 借贷记账法的试算平衡有（　　）。

A. 余额平衡　　B. 发生额平衡

C. 借贷方向平衡　　D. 明细账平衡

8. 借贷记账法的理论依据是（　　）。

A. 会计制度　　B. 会计等式

C. 持续经营　　D. 会计假设

9. 存在对应关系的账户，称为（　　）。

A. 性质相同账户　　B. 对应账户

C. 联系账户　　D. 数量相等

10. 在复合分录"借：银行存款 91 260；贷：主营业务收入——A 产品 78 000，应交税费——应交增值税（销项税额）13 260"中"主营业务收入"账户的对应账户是（　　）。

A. 应交税费　　B. 主营业务收入

C. 银行存款　　D. 银行存款和主营业务收入

四、多项选择题

1. 在借贷记账法下，账户的借方用以登记（　　）。

A. 资产的增加　　B. 负债的增加

C. 成本的增加　　D. 费用的增加

2. 在借贷记账法下，账户的贷方用以登记（　　）。

A. 负债的增加　　B. 收入的增加

C. 成本的增加　　D. 所有者权益的增加

3. 对于资产类账户，下列说法正确的有（　　）。

A. 借方登记减少额，贷方登记增加额

B. 借方登记增加额，贷方登记减少额

C. 期末余额一般在贷方

D. 期末余额一般在借方

4. 对于负债类和所有者权益类账户，下列说法正确的有（　　）。

A. 借方登记减少额，贷方登记增加额

B. 借方登记增加额，贷方登记减少额
C. 期末余额一般在贷方
D. 期末余额一般在借方

5. 对于收入类账户，下列说法正确的有（　　）。
A. 借方登记减少额，贷方登记增加额
B. 借方登记增加额，贷方登记减少额
C. 期末余额一般在贷方
D. 期末余额一般在借方

6. 对于成本类和费用类账户，下列说法正确的有（　　）。
A. 借方登记减少额，贷方登记增加额
B. 借方登记增加额，贷方登记减少额
C. 期末余额一般在借方
D. 期末一般无余额

7. 下列账户中，期末一般无余额的有（　　）。
A. 收入类账户　　B. 费用类账户
C. 资产类账户　　D. 负债类账户

8. 在借贷记账法下，账户中各项余额的关系可用（　　）表示。
A. 本期期末余额 = 本期增加发生额 + 本期减少发生额
B. 本期期末余额 = 本期增加发生额 − 本期减少发生额
C. 本期期末余额 = 期初余额 + 本期增加发生额 − 本期减少发生额
D. 本期期末余额 + 本期减少发生额 = 期初余额 + 本期增加发生额

9. 有关试算平衡，下列说法正确的有（　　）。
A. 根据“资产 = 负债 + 所有者权益”，可进行余额试算平衡
B. 根据记账规则“有借必有贷，借贷必相等”，可进行发生额试算平衡
C. 试算平衡，是借贷记账法下检查账户记录是否正确的方法
D. 试算不平衡，表明记账一定有误；试算平衡，表明记账一定正确

10. 下列各项不能通过试算平衡发现的错误有（　　）。
A. 一笔经济业务借、贷双方都漏记了
B. 一笔经济业务借、贷双方都重复登记了
C. 一笔经济业务借、贷双方都错记了相同的金额
D. 一笔经济业务借、贷双方科目名称用错或颠倒了借、贷方向
E. 一笔经济业务过账时金额有错误，但错误金额恰好抵消

模块二：技能训练

实训一：练习账户的结构

【资料】通达公司 20××年 3 月份部分账户记录如下表所示：

总分类账户本期发生额及余额试算平衡表

20××年3月　　　　单位：元

账户名称	期初余额	本期借方发生额合计	本期贷方发生额合计	期末余额
库存现金	500		200	800
银行存款	30 000	15 000		20 000
应收账款		50 000	20 000	60 000
预付账款	45 000	0		40 000
管理费用		50 000	12 000	68 000
销售费用	39 000	13 000		32 000
预收账款	0	30 000	50 000	
应付账款		12 000	18 000	10 000
实收资本	600 000	0	30 000	
资本公积	6 000		25 000	10 000
固定资产	180 000	30 000		150 000
短期借款	250 000	160 000		300 000

要求：根据各类账户发生额与余额的关系填写空白处金额。

实训二：练习借贷记账法的会计分录、登记账户及试算平衡

【资料一】华丰企业20××年4月份发生如下经济业务：

（1）1日，从银行提取现金1 000元，以备日常开支；

（2）2日，收到投资者投入的机器一台，价值20 000元；

（3）3日，取得短期借款5 000元，存入银行；

（4）5日，购买材料一批6 000元，材料已入库，款未付；

（5）7日，用银行存款50 000元支付广告费；

（6）8日，收到以前销售产品的应收货款30 000元存入银行；

（7）10日，将库存现金500元存入银行；

（8）11日，用库存现金500元购买办公用品；

（9）15日，用银行存款偿还前欠材料款4 000元；

（10）18日，销售A产品一批3 000元，货款暂未收到；

（11）20日，用资本公积20 000元转增实收资本；

（12）21日，用银行存款2 500元上交税金；

（13）25日，用现金支付应付工资3 000元；

（14）30日，用银行存款购买机器设备6 500元。

要求：根据上述经济业务，编制会计分录。

【资料二】丰盛公司20××年5月份有关账户的期初余额如下表所示：

丰盛公司20××年4月资产负债表（简表） 单位：元

项目	金额	项目	金额
库存现金	1 000	短期借款	70 000
银行存款	60 000	应付账款	41 000
固定资产	400 000	长期借款	350 000
合计	461 000	合计	461 000

5月份丰盛公司发生如下经济业务：

（1）1日，购入一台机床，用银行存款30 000元支付价款；

（2）5日，向银行借款50 000元并存入银行；

（3）10日，以银行存款20 000元偿还前欠货款；

（4）14日，接受投资转入一台车床，价值80 000元；

（5）20日，从银行提取现金5 000元备用；

（6）30日，所欠星星工厂的货款10 000元转作星星工厂对本企业的投入资本。

要求：

（1）根据上述经济业务，编制会计分录。

（2）设置账户，登记期初余额和本期发生额。月末，结算各账户本期发生额合计和期末余额。

（3）编制本期发生额及余额试算平衡表。

【资料三】丰盛公司20××年9月份发生的全部经济业务如下：

（1）1日，收到投资者投入设备一台，价值500 000元，收到投资者投入现金100 000元，已经存入银行；

（2）6日，向银行取得5年期借款3 000 000元；

（3）8日，购入材料一批，总价值11 700元，材料已经验收入库，材料款尚未支付；

（4）11日，以银行存款支付上述材料价款；

（5）14日，以银行存款3 500元购买办公用品；

（6）21日，从银行提取现金10 000元备用；

（7）30日，将8日购进的材料以20 000元的价格售出，款项尚未收到。

要求：

（1）根据上述经济业务，编制会计分录。

（2）编制本期发生额试算平衡表。

模块三：思维拓展

【资料】大学生小张20××年9月份返校时的几项现金收支情况如下：

（1）4日，父母给了5 000元的生活费；

（2）10日，购买电脑花去了3 500元；

（3）13日，购买日用品花去了350元；

（4）16日，购买服装花去了300元；

(5) 20 日，同学聚餐花去了 250 元；

(6) 22 日，买部手机花去了 600 元；

(7) 30 日，生活费不够了，找同学借了 500 元。

要求：

(1) 指出资金的来源和去向。

(2) 指出资料中所涉及的会计要素。

(3) 分别采用单式记账法和复式记账法对小张的现金收支进行记账。哪种记账法更能体现资金的来龙去脉？

推荐阅读

http://zhidao.baidu.com/question/143992325.html

http://www.chinaacc.com/

第四章　工业企业主要经营过程核算

☞ 学习目标

（一）知识目标

1. 了解工业企业主要经营过程；
2. 了解工业企业资金筹集业务的开展过程；
3. 掌握工业企业资金筹集方式、主要账户设置及账务处理；
4. 了解工业企业供应过程业务开展过程；
5. 掌握工业企业供应过程成本核算、主要账户设置及账务处理；
6. 了解工业企业生产过程业务开展过程；
7. 掌握工业企业生产过程成本核算、主要账户设置及账务处理；
8. 了解工业企业销售业务开展过程；
9. 掌握工业企业销售核算、主要账户设置及账务处理；
10. 了解工业企业财务成果核算业务开展过程；
11. 掌握工业企业财务成果核算程序、主要账户设置及账务处理。

（二）技能目标

1. 能正确描述工业企业各阶段主要经济业务；
2. 能填制工业企业各阶段经济业务会计凭证；
3. 能正确核算工业企业供应过程材料成本；
4. 能正确核算工业企业生产成本；
5. 能正确核算工业企业销售收入与成本；
6. 能正确核算财务成果并进行利润分配。

☞ 引导案例

20××年9月1日，实习会计小王所在的云珠电脑有限公司从佛山星光电子厂购入电子材料50吨，单价8 000元，价款400 000元，对方是一般纳税人，增值税税率为17%，约定3日内付款，用支票支付市内运杂费20 000元，中途发生损耗0.01吨。材料运达公司，并已由仓管部门验收入库。采购部门和仓管部门分别把单据传递给了小王。

◆ 问题：

（1）小王该如何核算这项经济业务中的材料成本？

（2）小王在处理该项经济业务的过程中应当履行什么手续？

（3）小王具体应当怎样记载这项经济业务？

（4）小王对这项经济业务的处理会对以后的生产、销售带来什么影响？

（5）通过对此项经济业务的处理，你认为作为一名会计人员应当具备怎样的专业知识与技能？

第一节　制造业的主要经济业务

制造业（通常我们称之为工业企业）是从事产品生产经营活动的经济实体，其主要任务是为社会提供合格产品，满足各方面需要。为了独立地进行生产经营活动，每个企业都必须拥有一定数量的经营资金，作为从事生产经营活动的物质基础。这些资金都是从一定的渠道取得的，并在经营活动中被具体运用，表现为不同的占用形态。

企业从各种渠道筹集的资金，首先表现为货币资金形态。企业以货币资金建造或购买厂房、机器设备和各种材料物资，为进行产品生产提供必要的生产资料，这时资金就从货币资金形态转化为固定资金形态和储备资金形态。

在生产过程中，劳动者借助于劳动资料加工劳动对象，制造出各种适合社会需要的产品。在生产过程中发生的各种材料消耗、固定资产折旧费、工资费用以及其他费用等形成生产费用。生产费用具有不同的经济内容和用途，但最终都要归集和分配到各种产品中去，形成产品的制造成本。这一过程，资金首先从固定资金、储备资金和货币资金形态转化为生产资金形态，随着产品的制成和验收入库，资金又从生产资金形态转化为成品资金形态。

在销售过程中，企业将产品销售出去，收回货币资金，同时要发生销售费用，计算并交纳有关税费，与产品的购买单位发生货款结算关系等，这时资金从成品资金形态转化为货币资金形态。

为了及时总结企业在一定时期内的经营成果，必须定期计算企业实现的利润或发生的亏损。如为利润，应按照国家有关规定计算并上交企业所得税、提取留存收益等，一部分资金退出企业，另一部分资金重新投入生产周转；如为亏损，要进行弥补。

在上述企业生产经营活动中，资金的筹集和资金的回收或退出企业，与供应过程、生产过程和销售过程首尾相接，构成了企业的主要经济业务。随着企业生产经营活动的进行，资金的占用形态不断转化，周而复始，形成资金的循环与周转。这个过程如图 4－1 所示：

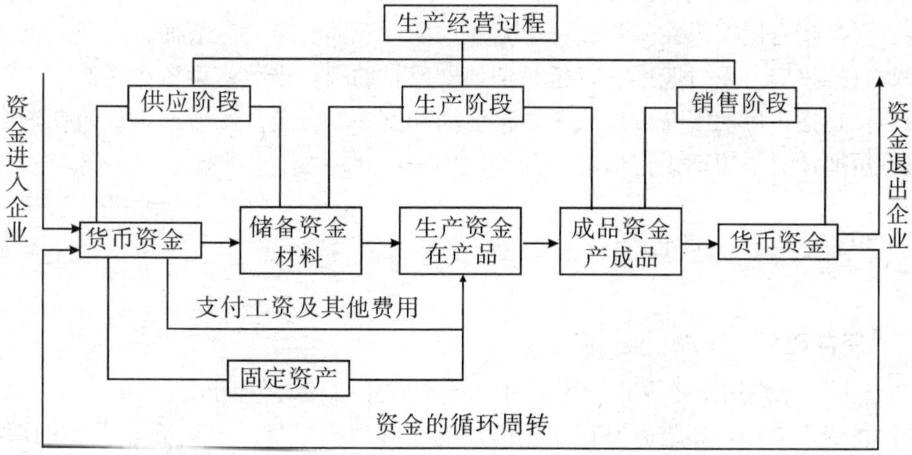

图 4－1　工业企业资金周转过程

为了全面、连续、系统地反映和监督由上述企业主要经济业务所形成的生产经营活动过程和结果，也就是企业再生产过程中的资金运动，企业必须根据各项经济业务的具体内容和管理要求，相应地设置不同的账户，并运用借贷记账法，对各项经济业务的发生进行账务处理，以提供管理上所需要的各种会计信息。

由于工业企业的生产经营活动复杂、涉及的环节多，本章将以工业企业的基本经济业务为例，阐述账户和借贷记账法的应用。

第二节　资金筹集业务核算工作

一、资金筹集业务核算的内容

（一）工业企业资金筹集业务概述

筹资是通过一定渠道、采取适当方式筹措资金的财务活动，是实现企业目标的首要环节。为了进行生产经营活动，企业必须拥有一定数量的资金，作为生产经营活动的物质基础。企业筹集资金的渠道是指企业取得资金的方式。目前，我国企业筹集资金的渠道主要有两个，一是投资者向企业投入，二是企业向银行等金融机构借款或贷款、发行债券等。因此，实收资本和借款业务的核算，就构成了资金筹集业务核算的主要工作内容。

（二）工业企业资金的分类及其相应的筹集方式

1. 按性质不同，资金可分为自有资金和负债资金

自有资金又称为主权资金或权益资金，是企业依法筹集并长期拥有、自主支配的资金。一般而言，权益资金的筹集方式有吸收直接投资、发行股票、留存收益等。

负债资金又称为借入资金或债务资金，是企业依法筹集并依约使用、按期偿还的资金。一般而言，负债资金的筹集方式有发行债券、银行借款、融资租赁、商业信用等。

2. 按期限不同，资金可分为长期资金和短期资金

长期资金是指占用期限在一年或一个营业周期以上的资金。一般而言，长期资金的筹集方式有吸收直接投资、发行股票、发行长期债券、长期银行借款、融资租赁等。

短期资金是指占用期限在一年或一个营业周期以内的资金。一般而言，短期资金的筹集方式有发行短期债券、短期银行借款、商业信用等。

二、资金筹集业务核算的账户设置

（一）“库存现金”账户

“库存现金”账户用来核算企业库存现金的增减变动和结存情况。

本账户是资产类账户，借方登记企业增加的库存现金；贷方登记企业减少的库存现金；期末借方余额，反映企业持有的库存现金。

企业应当设置库存现金日记账，一般采用专用的三栏式库存现金日记账，根据收付款记账凭证，按照业务发生顺序逐日逐笔登记。

（二）“银行存款”账户

“银行存款”账户用来核算企业存入银行或其他金融机构的各种款项。

本账户是资产类账户，借方登记企业增加的银行存款；贷方登记企业减少的银行存款；期末借方余额，反映企业存在银行或其他金融机构的各种款项的结存数。

企业应该设置银行存款日记账，一般采用专用的三栏式银行存款日记账，根据收付款记账凭证，按照业务的发生顺序逐日逐笔登记。

（三）“实收资本”账户

实收资本是指企业实际收到投资者投入的资本，是企业所有者权益中的主要组成部分。

“实收资本”账户用来核算企业实收资本的增减变动情况及其结果，股份有限公司应将本账户改为“股本”。

本账户是所有者权益类账户，贷方登记企业实际收到投资者投入的资本数；借方登记企业按法定程序报经批准减少的注册资本数；期末贷方余额，表示企业实收资本或股本总额。

本账户应按投资者设置明细账，进行明细分类核算，适合采用三栏式明细账。

企业收到所有者的投资都应按实际投资数额入账。其中，以货币资金投资的，应按实际收到的款项作为投资额入账；以固定资产、原材料等实物资产投资或以专利权、商标权等无形资产投资的，应按照投资各方共同确认的价值（或评估价值）作为实际投资额入账。企业在生产经营过程中取得的收入或收益、发生的费用或损失，不得直接增减实收资本或股本。

（四）“固定资产”账户

“固定资产”账户用来核算企业持有的固定资产原价。

本账户是资产类账户，借方登记企业增加（包括购进、接受投资、盘盈等原因增加）的固定资产原始价值；贷方登记因各种原因减少（包括处置、投资转出、盘亏等原因减少）的固定资产原始价值；期末借方余额，表示企业实际持有的固定资产原始价值。

本账户应按固定资产的类别和项目设置明细账，进行明细分类核算，适合采用专用的固定资产及折旧明细账。

（五）“无形资产”账户

“无形资产”账户用来核算企业持有的无形资产成本，无形资产包括专利权、非专利技术、商标权、著作权、土地使用权等。

本账户是资产类账户，借方登记取得无形资产的实际成本；贷方登记减少无形资产的实际成本；期末借方余额，表示企业实际持有的无形资产成本。

本账户应按无形资产的项目设置明细账，进行明细分类核算，适合采用三栏式明细账。

（六）“短期借款”账户

“短期借款”账户用来核算企业向银行或其他金融机构等借入的期限在 1 年以内（含 1 年）的各种借款。

本账户是负债类账户，贷方登记企业借入的各种短期借款数额；借方登记归还的短期借款数额；期末贷方余额，表示期末尚未偿还的短期借款数额。

本账户应按借款种类、贷款单位和币种设置明细账，进行明细分类核算，适合采用三栏式明细账。

（七）“长期借款”账户

“长期借款”账户用来核算企业向银行或其他金融机构借入的期限在 1 年以上（不含 1

年）的各种借款。

本账户是负债类账户，贷方登记企业借入的各种长期借款数（包括本金和利息）；借方登记各种长期借款归还数（包括本金和利息）；期末贷方余额，表示企业尚未归还的长期借款本金和利息数。

本账户应按贷款单位和贷款种类设置明细账，分别通过“本金”、“利息调整”等进行明细分类核算，适合采用贷方多栏式明细账。

三、资金筹集业务核算的会计处理

工业企业筹集资金的渠道主要有投资者投入资本，以及通过负债方式向债权人借入资金两种渠道。

（一）投入资本

【例4－1】接受A有限公司投入的资本金500 000元，存入银行。

此项经济业务一方面使企业银行存款增加，应借记“银行存款”科目；另一方面，收到了A有限公司投入的货币资金，投资者投入的实收资本增加，应贷记“实收资本”科目。因此，编制会计分录如下：

借：银行存款　　500 000
　贷：实收资本——A公司　　500 000

【例4－2】收到B有限公司投入机器设备一台，原值400 000元，已计提折旧100 000元，投资协议作价250 000元。

此项经济业务一方面使得企业固定资产增加，应按固定资产的成本借记“固定资产”科目；另一方面，收到了B有限公司投入的实物资产，投资者投入的实收资本增加，应贷记“实收资本”科目。而投资者投入的固定资产的成本，应当按照投资合同或协议约定的价值确定。因此，编制会计分录如下：

借：固定资产——机器设备　　250 000
　贷：实收资本——B公司　　250 000

【例4－3】收到B有限公司投入专利权一项，投资协议作价100 000元。

此项经济业务一方面使得企业无形资产增加，应按无形资产的成本借记“无形资产”科目；另一方面，收到了B有限公司投入的无形资产，投资者投入的实收资本增加，应贷记“实收资本”科目。投资者投入的无形资产的成本，应当按照投资合同或协议约定的价值确定。因此，编制会计分录如下：

借：无形资产——专利权　　100 000
　贷：实收资本——B公司　　100 000

（二）银行借款

【例4－4】企业从银行取得流动资金贷款200 000元，期限6个月，年利率4.8%，按季付息，到期还本。

根据相关规定，企业向银行借入的贷款，应先转入企业在贷款银行开立的账户后再支用。因而，此项经济业务一方面使得企业银行存款增加，应借记“银行存款”科目；另一方面，企业向银行借入的期限在一年以下的借款增加，应贷记“短期借款”科目。因此，编制会计分录如下：

借：银行存款　　200 000

　贷：短期借款　　200 000

【例4－5】企业为建造厂房向银行取得固定资产贷款700 000元，期限三年，年利率7.2%，按年计息，到期一次还本付息。

此项经济业务一方面使企业银行存款增加，应借记“银行存款”科目；另一方面，企业向银行借入的期限在一年以上的借款增加，应贷记“长期借款”科目。因此，编制会计分录如下：

借：银行存款　　700 000

　贷：长期借款　　700 000

第三节　供应过程业务核算工作

一、供应过程业务核算的内容

（一）采购业务概述

供应过程是生产的准备阶段。在这个过程中，企业一方面要从供应单位购进各种材料物资，形成生产储备；另一方面要支付材料物资的买价、采购费用和增值税，与供应单位发生结算关系。因此，核算和监督材料的买价和采购费用，确定材料采购成本，考核有关采购计划的执行情况，核算和监督与供应单位的货款结算，以及核算和监督供应阶段材料储备资金的占用，就构成了供应过程业务核算的主要工作内容。

材料采购成本项目包括：

（1）材料的买价。材料的买价即供货单位开具发票的金额。企业如为增值税一般纳税人，购买材料时支付的增值税不能计入采购成本，应计入“应交税费”单独核算；如果属于小规模纳税人，则购买材料时支付的增值税应计入采购成本。本教材如无特殊提示，均为一般纳税人。

（2）外地运杂费。外地运杂费包括采购材料时发生的运输费、装卸费、保险费、包装费和仓储费等。外地采购材料的运费，可按照运费的7%抵扣增值税，但不包括杂费。采购人员的差旅费，以及市内零星运杂费不计入材料采购成本，作为管理费用列支。

（3）运输途中发生的合理损耗。

（4）入库前的加工整理或挑选费用等。

（5）应负担的其他费用，如进口关税等。

上述第（2）项至第（5）项构成采购费用。

（二）采购业务主要流程

企业采购工作主要包含收集信息、询价、比价、议价、评估、索样、决定、请购、订购、协调与沟通、催交、进货检收、整理付款。一般供应过程流程图如图4－2所示：

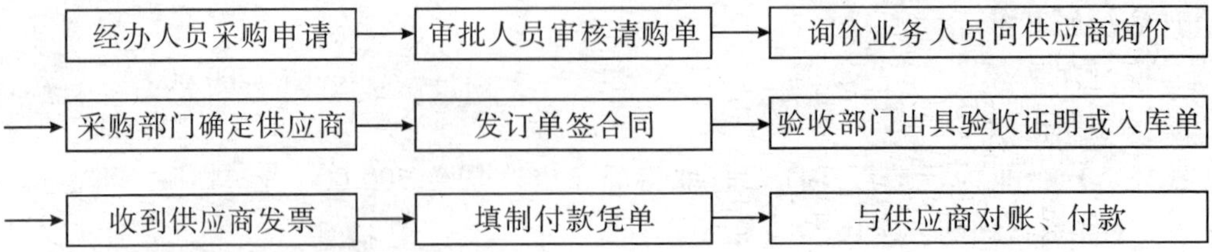

图4－2　供应过程流程图

二、供应过程业务核算的账户设置

（一）“在途物资”账户

“在途物资”账户用来核算企业已经付款但尚未运抵企业，或虽已运抵企业但尚未验收入库的外购材料的实际采购成本。

本账户是资产类账户，借方登记外购材料成本的增加数；贷方登记到货验收后转入“原材料”账户的采购成本数；期末借方余额，表示在途材料的实际成本。

“在途物资”账户应按材料品种设置明细账，进行明细分类核算，适合采用专用的在途物资明细账，采用横线登记法。

（二）“应交税费”账户

“应交税费”账户用来核算企业按照税法等规定计算的应交纳的各种税费，包括增值税、营业税、消费税、城市维护建设税、教育费附加、企业所得税、个人所得税等。

本账户是负债类账户，贷方登记按规定计算的各种应交税费和增值税销项税额；借方登记已交纳的各种税费和增值税进项税额。期末如果是贷方余额，则为应交而未交的税费；如果是借方余额，则为多交的税费。

本账户应按税费的种类设置明细账，进行明细分类核算。“应交增值税”是应交税费下属的明细账之一，用来核算和监督企业应交和实交增值税的结算情况。企业购买材料物资时交纳的增值税进项税额记入本账户的借方；企业销售产品时向购买单位代收的增值税销项税额记入本账户的贷方。期末如果是贷方余额，表示应交而未交的增值税；如果是借方余额，则表示尚未抵扣的增值税。“应交增值税”账户适合采用专用的借贷双方多栏式明细账。

（三）“原材料”账户

“原材料”账户用来核算企业各种库存材料的增减变动及其结存情况。

本账户是资产类账户，借方登记已验收入库材料的实际成本；贷方登记发出材料的实际成本；期末借方余额，表示库存各种材料的实际成本。

“原材料”账户应按材料的类别、品种及规格设置明细账，进行明细分类核算，适合采用数量金额式明细账。

（四）“预付账款”账户

“预付账款”账户用来核算企业按照合同规定预付的款项。

本账户是资产类账户。企业因购货而预付的款项、补付预付不足的款项记在本账户的借方；结算时记在本账户的贷方。本账户期末如为借方余额，表示企业预付的款项；期末如为贷方余额，表示企业尚未补付的款项。

本账户可按供货单位进行明细核算，适合采用三栏式明细账。

如果预付款项情况不多，可以不设置本账户，将预付的款项直接记入“应付账款”账户的借方，结算时记在“应付账款”账户的贷方。

（五）“应付票据”账户

“应付票据”账户用来核算企业因购买材料、商品和接受劳务供应等开出、承兑的商业汇票，包括银行承兑汇票和商业承兑汇票。

本账户是负债类账户。企业开出、承兑商业汇票，或以承兑商业汇票抵付货款、应付账款，登记在本账户的贷方；到期支付时记在本账户的借方；期末余额为贷方性质，反映企业尚未到期的商业汇票票面金额。

本账户可按债权人进行明细核算，适合采用三栏式明细账。

（六）“应付账款”账户

“应付账款”账户用来核算企业因购买材料、商品或接受劳务供应等而应付给供应单位的款项。

本账户是负债类账户，贷方登记因购买材料、商品或接受劳务供应等而发生的应付未付的款项；借方登记已经支付或已开出商业承兑汇票抵付的应付款项；期末贷方余额，表示尚未偿还的款项。

“应付账款”账户应按供应单位（债权人）设置明细账，进行明细分类核算，适合采用三栏式明细账。

三、供应过程业务核算的会计处理

【例4－6】企业向A公司购入甲材料2 000公斤，单价100元，增值税专用发票上注明的增值税税额为34 000元；乙材料3 000公斤，单价20元，增值税专用发票上注明的增值税税额为10 200元。材料未验收入库，材料款项以商业汇票支付。

此项采购业务一方面发生了采购价款，应记入材料的采购成本，借记“在途物资”科目；同时，增值税专用发票上注明的因采购材料而支付的增值税进项税额，可以在销项税额中进行抵扣，借记“应交税费——应交增值税（进项税额）”科目；另一方面，企业以商业汇票支付了账款，使得应付票据这项负债增加，应贷记“应付票据”科目。因此，编制会计分录如下：

借：在途物资——甲材料	200 000	
——乙材料	60 000	
应交税费——应交增值税（进项税额）	44 200	
贷：应付票据——A公司		304 200

【例4－7】企业以银行存款支付从A公司采购材料的运杂费4 000元。

此项经济业务一方面发生了记入材料采购成本的运杂费，应借记“在途物资”科目；另一方面使得企业银行存款减少，应贷记“银行存款”科目。

由于材料采购需按材料的供应单位和品种进行明细核算，因此对于由甲乙材料共同负担的采购费用需采用一定的标准进行分配后，分别记入甲乙材料的采购成本。若选择材料重量为分配标准，则：

每公斤材料应负担的运杂费 $=\frac{4\ 000}{2\ 000+3\ 000}=0.8$（元/公斤）

甲材料应负担的运杂费 $=2\ 000\times0.8=1\ 600$（元）

乙材料应负担的运杂费 $=3\ 000\times0.8=2\ 400$（元）

因此，编制会计分录如下：

借：在途物资——甲材料　　　　1 600

　　　　　　——乙材料　　　　2 400

　贷：银行存款　　　　4 000

【例4－8】企业向某电子有限公司购入丙材料5 000件，单价16元，增值税专用发票上注明的增值税税额为13 600元，代垫运费2 000元，款项以银行存款支付，材料尚未运至企业。

此项经济业务与前述采购业务类似，应注意的是其中的代垫运费，它是指由供货方支付但应由购买方负担的运杂费，从购买方的角度，一方面发生了采购材料的运杂费，应借记“在途物资”科目；另一方面由于此运费已由供货方代为垫付给运输单位，因此，需根据采购账款的结算情况，分别贷记“银行存款”、“应付账款”或“应付票据”等科目，将运费与购货账款等一并支付给供货单位。此例中，应贷记“银行存款”科目。编制会计分录如下：

借：在途物资——丙材料　　　　82 000

　　应交税费——应交增值税（进项税额）　　　　13 600

　贷：银行存款　　　　95 600

【例4－9】企业订购甲材料，开出转账支票预付给珠江有限公司1 000元。

该项经济业务发生后，引起企业资产要素中两个项目一增一减发生变化。一方面，企业开具的专用收款收据表明企业因预付定金而使本企业索取货物或定金的权利增加，即资产要素中的预付账款项目增加了32 000元，应借记“预付账款”。另一方面，转账支票存根表明企业通过转账付款，银行存款减少了32 000元，应贷记“银行存款”账户。因此，该笔经济业务应作如下分录：

借：预付账款——珠江有限公司　　　　1 000

　贷：银行存款　　　　1 000

【例4－10】向某机械厂购入不需安装的设备一台，价款300 000元，增值税专用发票上注明的增值税税额为51 000元，设备已运至企业并交付使用，款项尚未支付。

此项经济业务一方面使企业固定资产增加，应按其成本借记“固定资产”科目；另一方面，由于企业尚未支付采购账款，使得应付账款这项负债增加，应贷记“应付账款”科目。因此，编制会计分录如下：

借：固定资产——某设备　　　　300 000

　　应交税费——应交增值税（进项税额）　　　　51 000

　贷：应付账款——某机械厂　　　　351 000

【例4－11】以银行存款支付前欠机械厂采购设备账款。

此项经济业务一方面偿还了前欠账款使得负债减少，应借记“应付账款”科目；另一方面企业的银行存款减少，应贷记“银行存款”科目。因此，编制会计分录如下：

借：应付账款——某机械厂　　　　351 000

　贷：银行存款　　　　351 000

【例4－12】收到珠江有限公司发来的甲材料及增值税专用发票，单价200元，数量100套，金额20 000元，增值税3 400元，已预付定金，尚欠部分款项，约定次日付款，材料运达企业并已验收入库。

该项经济业务发生后，引起企业资产要素和负债要素发生变化。一方面，因为原材料入库20 000元，应借记“原材料”20 000元；同时，应交增值税3 400元由卖方代收代缴，应借记“应交税费”账户；另一方面，由于预付定金，结算时应该把价税合计23 400元全部记在“预付账款”账户的贷方（此时“预付账款”账户出现贷方性质余额，表示应该补付的金额）。因此，该笔经济业务应作如下会计分录：

借：原材料——甲材料　　20 000
　　应交税费——应交增值税（进项税额）　　3 400
　贷：预付账款——珠江有限公司　　23 400

【例4－13】开出转账支票，补付珠江有限公司预付不足款22 400元，收到对方开具的专用收款收据。

该项经济业务发生后，引起企业资产要素中两个项目发生变化。一方面，因为补付预付不足款22 400元，应借记“预付账款”，这样预付账款账户余额为零；同时，银行存款减少22 400元，应贷记“银行存款”账户。因此，该笔经济业务应作如下会计分录：

借：预付账款——珠江有限公司　　22 400
　贷：银行存款　　22 400

【例4－14】结转本期验收入库材料的采购成本。

对那些已经完成了采购过程并验收入库的外购材料，应根据材料采购账户归集的买价和采购费用，计算出其实际采购成本，并按实际采购成本将其从“在途物资”账户的贷方结转到“原材料”账户的借方，以反映库存原材料的增加。由于企业采购业务发生频繁，为了简化入库材料的日常核算工作，企业一般在月末对本月入库材料进行汇总后，编制“收料凭证汇总表”，并据以编制结转入库材料成本的会计分录。

根据前述各项经济业务，本月向A公司购入的甲、乙材料已完成采购过程验收入库。通过计算，甲材料2 000公斤，总成本201 600元，单位成本100.8元；乙材料3 000公斤，总成本62 400元，单位成本20.8元。对以上材料进行采购成本的结转，编制会计分录如下：

借：原材料——甲材料　　201 600
　　　　　——乙材料　　62 400
　贷：在途物资——甲材料　　201 600
　　　　　　——乙材料　　62 400

向某电子有限公司购入的丙材料尚未完成采购过程，不能进行采购成本的结转，保留在“在途物资”账户中，反映在途丙材料的实际成本。

第四节　生产过程业务核算工作

一、生产过程业务核算的内容

生产过程是制造业重要的生产经营活动。生产过程既是产品的制造过程，又是物化劳动和活劳动的耗费过程。其基本流程如图 4－3 所示：

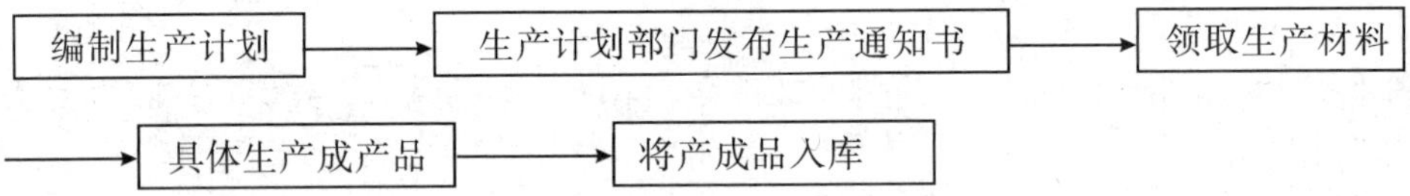

图 4－3　生产过程基本流程

一方面，劳动者借助于劳动资料对劳动对象加工制造产品，以满足社会需要。另一方面，制造产品过程必然要发生各种耗费，如消耗各种材料，支付工人工资及福利，使用厂房、机器设备等劳动资料而发生折旧费、修理费等，这些耗费构成了生产费用；与此同时，销售商品等经营活动会发生广告费、借款利息、办公费等各项支出，这些耗费构成了期间费用。

费用按是否计入成本可分为计入成本的费用和计入损益的费用。

（一）计入成本的费用

计入成本的费用又称生产费用，是指在生产领域发生的各项耗费。按照其与产品之间的关系，可以分为直接费用和间接费用。

1. 直接费用

直接费用是指直接为生产产品或提供劳务而发生的费用，包括直接材料、直接人工和其他直接费用。直接费用直接记入“生产成本”账户。

（1）直接材料，是指直接用于产品生产、构成产品主要实体的原材料、主要材料以及有助于产品形成的辅助材料，包括直接耗用的原材料、辅助材料、外购配件、燃料、包装物等。

（2）直接人工，是指直接参加产品生产的工人的工资、福利、奖金、津贴等支出。

（3）其他直接费用，是指直接用于产品生产的、不能归入直接材料和直接人工中的各种耗费，如能够直接计量的生产产品用电、用水的耗费。

2. 间接费用

间接费用是指企业各生产单位（分厂、车间）为组织和管理生产所发生的共同费用，如车间管理人员的工资、福利、奖金、津贴等支出，车间固定资产的折旧费、保险费，车间办公费、水费、电费、电话费、修理费等支出。生产车间发生的间接费用，平时记入“制造费用”账户，月末将全月发生的制造费用按照一定的标准在不同产品中进行分配，结转记入“生产成本”账户。

在生产一种产品的车间中，制造费用可直接计入该种产品成本。在生产多种产品的车间中，需采用合理的分配方法，将制造费用分配计入各种产品成本。制造费用的分配方法主要有：①按生产工人工资比例分配；②按生产工人工时比例分配；③按机器工时比例分配；④按耗用原材料的数量和成本比例分配；⑤按直接成本（原材料、燃料、动力、生产工人工薪费用）比例分配；⑥按产品产量比例分配等。制造费用分配的计算公式如下：

$$分配率=\frac{待分配制造费用总额}{各种产品的分配标准之和}$$

$$某产品分摊的制造费用 = 分配率\times该种产品的分配标准$$

企业应当根据制造费用的性质、产品的性质以及生产方式，结合自身的实际情况，合理选择分配方法。所谓合理，是指选择的制造费用分配方法，与制造费用的发生具有较高的相关性，采用该方法分配到各种产品中的制造费用金额基本合理，同时还应适当考虑计算的简便。制造费用的分配方法一经确定，不得随意变更，如需变更，需在财务会计报表的附注中予以说明。

例如，企业生产车间生产 A、B 两种产品，本月归集的成本费用如下：

A 产品：直接材料 210 000 元　　直接人工　50 000 元

B 产品：直接材料 120 000 元　　直接人工　30 000 元

制造费用：150 000 元

若企业的制造费用按产品的机器工时比例进行分配，根据生产记录，A 产品耗用的机器工时为 6 000 小时，B 产品耗用的机器工时为 4 000 小时，则：

$$每机器工时应分摊的制造费用=\frac{150\,000}{6\,000+4\,000}=15\ （元/小时）$$

A 产品分摊的制造费用 ＝ 6 000 × 15 ＝ 90 000（元）

B 产品分摊的制造费用 ＝ 4 000 × 15 ＝ 60 000（元）

A 产品生产成本 ＝ 210 000 ＋ 50 000 ＋ 90 000 ＝ 350 000（元）

B 产品生产成本 ＝ 120 000 ＋ 30 000 ＋ 60 000 ＝ 210 000（元）

生产费用按一定种类和数量的产品进行归集，就形成了产品的生产成本。因此，在产品生产过程中费用的发生、归集和分配，以及产品成本的形成，就构成了生产过程核算的主要内容。

（二）计入损益的费用

计入损益的费用又称期间费用，是指发生在非生产领域、不计入生产成本、在发生的会计期间直接计入当期损益的费用，包括销售费用、管理费用和财务费用。

1. 销售费用

销售费用是指企业在商品销售过程中发生的费用以及专设的销售机构经费。本科目的核算内容包括保险费、包装费、展览费和广告费、商品维修费、预计产品质量保证损失、运输费、装卸费等以及为销售本企业商品而专设的销售机构（含销售网点、售后服务网点等）的职工薪酬、业务费、折旧费等经营费用。

2. 管理费用

管理费用是指企业行政管理部门为组织和管理生产经营活动而发生的费用。本科目的核算内容包括企业的董事会和行政管理部门在企业的经营管理中发生的或者应由企业统一负担的公司经费（包括行政管理部门职工薪酬、修理费、物料消耗、低值易耗品摊销、办公费和差旅费等）、工会经费、董事会费（包括董事会成员津贴、会议费和差旅费等）、聘请中介机构费、咨询费（含顾问费）、诉讼费、业务招待费、房产税、车船使用税、土地使用税、印花税、技术转让费、矿产资源补偿费、研究费用、排污费等。

商品流通企业管理费用不多的，可不设置本科目，本科目的核算内容可并入销售费用科目核算。

企业与固定资产有关的后续支出，包括固定资产发生的日常修理费、大修理费用、更新改造支出、房屋的装修费用等，没有满足固定资产准则规定的固定资产确认条件的，也在本科目核算。

本科目应当按照费用项目进行明细核算。

3. 财务费用

财务费用是指企业为筹集生产经营资金而发生的各项费用。本科目的核算内容包括利息支出（减利息收入）、汇兑差额以及相关的手续费、企业发生的现金折扣或收到的现金折扣等。

为购建或生产满足资本化条件的资产发生的应予资本化的借款费用，在在建工程、制造费用等科目核算，不在本科目核算。

本科目应当按照费用项目进行明细核算。

二、生产过程业务核算的账户设置

与生产过程业务紧密相关的账户主要包括“生产成本”、“制造费用”、“应付职工薪酬”、“累计折旧”、“库存商品”等账户，但由于分配工资、计提折旧等业务都会牵涉其他账户，因此，在此一并介绍“管理费用”、“销售费用”、“财务费用”等与生产过程有一定关系的账户。

（一）“生产成本”账户

“生产成本”账户用来归集和分配产品生产过程中所发生的各项费用，包括生产各种产品（产成品、自制半成品等）、自制材料、自制工具、自制设备等发生的费用。

本账户是成本类账户，借方登记应计入产品生产成本的各项直接费用和月末分配转入的制造费用；贷方登记完工入库产品的生产成本；期末借方余额，表示企业尚未加工完成的在产品成本。

对于小型企业，本账户可按产品品种设置明细账，选择借方多栏式明细账；对于大中型企业，本账户可按基本生产成本和辅助生产成本设置明细账，适合采用专用的多栏式生产成本明细账进行明细分类核算。

（二）“制造费用”账户

“制造费用”账户用来核算企业生产车间为生产产品和提供劳务而发生的各项间接费用，包括生产车间管理人员的工资等职工薪酬、生产车间计提的固定资产折旧、办公费、水电费、修理费、机物料消耗等。

本账户是成本类账户，借方登记实际发生的各项制造费用；贷方登记分配转入产品生产成本的制造费用；期末结转后，本账户一般没有余额。

本账户应按不同车间设置明细账（小型企业可按费用项目设置明细账），进行明细分类核算，适合采用借方多栏式明细账，也有专用的明细账。

（三）“应付职工薪酬”账户

职工薪酬是指企业因获得职工提供的服务而给予职工的各种形式的报酬。“应付职工薪酬”账户用来核算企业根据有关规定应付给职工的各种薪酬，包括：①职工工资、奖金、津贴和补贴；②职工福利；③各项保险待遇（医疗、养老、失业、工伤、生育保险费等社会保险以及企业为职工购买的各种商业保险）和住房公积金；④工会经费和职工教育经费等。

本账户是负债类账户，贷方登记应由本月负担但尚未支付的职工薪酬；借方登记本月实际支付的职工薪酬；期末通常是贷方余额，表示企业应付未付的职工薪酬。

本账户可按“工资”、“职工福利”、“社会保险费”、“住房公积金”、“工会经费”等设置明细账，进行明细分类核算，适合采用贷方多栏式明细账，也有专用的明细账。

（四）“累计折旧”账户

在会计核算中，为了反映企业固定资产的增减变动及其结果，提供管理需要的有用会计信息，除了核算固定资产原始价值的增减变动情况与结存情况，还应核算固定资产在其使用期限内价值随着固定资产的损耗而逐渐减少的金额。固定资产由于损耗而减少的价值就是固定资产的折旧，将每月计提的折旧加起来，就是累计折旧。

固定资产的折旧应该作为折旧费用计入产品的成本和期间费用，通过销售产品得到补偿。这样做不仅是为了使企业在将来有能力重置固定资产，更主要的是为了实现期间收入与费用的正确配比。

为了不影响“固定资产”账户按固定资产的原始价值反映期间增减变动和结存情况，同时又能够核算固定资产因损耗而减少的价值，需要另外设置一个专门账户，即“累计折旧”账户。“累计折旧”账户用来核算企业固定资产的累计折旧。

本账户是资产类账户，每月计提的固定资产折旧，记入本账户的贷方，表示固定资产因损耗增加而减少的价值；对于固定资产因出售、报废等原因引起的价值减少，在注销固定资产的原始价值（即贷记“固定资产”账户）的同时，应借记“累计折旧”账户，注销其已提取的折旧额；期末贷方余额，表示现有固定资产已提取的累计折旧额。

本账户可按固定资产的类别或项目进行明细分类核算，适合采用专用的固定资产及折旧明细账。

（五）“库存商品”账户

“库存商品”账户用来核算企业库存的各种商品的实际成本。

本账户是资产类账户，借方登记已验收入库商品的实际成本；贷方登记发出商品的实际成本；期末借方余额，表示库存商品的实际成本。

本账户应按商品的种类、品种和规格设置明细账，进行明细分类核算，适合采用数量金额式明细账。

（六）“管理费用”账户

“管理费用”账户用来核算企业行政管理部门为组织和管理生产经营活动而发生的费用，包括企业在筹建期间发生的开办费、董事会和行政管理部门在企业的经营管理中发生的或者应由企业统一负担的公司经费（包括行政管理部门职工工资及福利费、办公费和差旅费等）、工会经费、董事会费、聘请中介机构费、咨询费（含顾问费）、诉讼费、业务招待费、房产税、车船使用税、土地使用税、印花税、技术转让费、矿产资源补偿费、研究费用、排污费等。

本账户是损益类账户，借方登记发生的各种管理费用；贷方登记期末转入“本年利润”账户的管理费用；期末结转后，本账户无余额。

本账户应按费用项目设置明细账，进行明细分类核算，适合采用借方多栏式明细账，也有专用明细账。

（七）“销售费用”账户

“销售费用”账户用来核算企业在销售商品过程中发生的各种费用，包括保险费、包装费、展览费和广告费、运输费、装卸费，以及为销售本企业商品而专设销售机构（含销售网点、售后服务网点等）的职工薪酬、业务费、折旧费等经营费用。

本账户是损益类账户，借方登记发生的各种销售费用；贷方登记转入“本年利润”账户的销售费用；期末结转后，本账户无余额。

本账户应按照费用项目设置明细账，进行明细分类核算，适合采用借方多栏式明细账。

（八）“财务费用”账户

“财务费用”账户用来核算企业为筹集生产经营资金而发生的各种费用，包括利息支出（减利息收入）、汇兑损益以及相关的手续费等。

本账户是损益类账户，借方登记发生的各种财务费用；贷方登记发生的应冲减财务费用的利息收入、汇兑收益和结转到“本年利润”账户的财务费用；期末结转后，本账户无余额。

本账户应按照费用项目设置明细账，进行明细分类核算，适合采用借方多栏式明细账。

（九）“长期待摊费用”账户

长期待摊费用是指企业已经支出，但摊销期限在1年以上（不含1年）的各项费用。长期待摊费用不能全部计入当年损益，应当在以后年度内分期摊销，具体包括租入固定资产的改良支出及摊销期限在一年以上的其他待摊费用。根据《企业会计准则》的规定，开办费和修理费均一次性计入当期损益，其中开办费计入当期管理费用，修理费计入销售费用或管理费用（即修理费一律费用化）。开办费是指企业在筹建期间发生的费用，包括职工薪酬、办公费用、培训支出、差旅费、印刷费、注册登记费以及不计入固定资产价值的借款费用等。摊销期限在一年以上的待摊费用，都在本科目按规定进行摊销。其在资产负债表中的数额，反映的是企业各项尚未摊销完的长期待摊费用的摊余价值。

三、生产过程业务核算的会计处理

（一）材料费用的核算

【例4－15】月末，根据本月领料凭证进行汇总，编制发出材料汇总表如表4－1所示：

表4－1　发出材料汇总表

项目	甲材料		乙材料		合计（元）
	数量（公斤）	金额（元）	数量（公斤）	金额（元）	
生产车间领用					
A产品耗用	500	50 400.00	1 500	31 200.00	81 600.00
B产品耗用	600	60 480.00	400	8 320.00	68 800.00

（续上表）

项目	甲材料		乙材料		合计（元）
	数量（公斤）	金额（元）	数量（公斤）	金额（元）	
车间一般耗用	800	80 640.00	600	12 480.00	93 120.00
小　　计	1 900	191 520.00	2 500	52 000.00	243 520.00
销售部门领用	25	2 520.00			2 520.00
行政管理部门领用			10	208.00	208.00
合　　计	1 925	194 040.00	2 510	52 208.00	246 248.00

根据本月发出材料汇总表，本月发出材料费用包括：

（1）A 产品耗用：为生产 A 产品耗费的直接材料，应直接计入 A 产品生产成本，借记“生产成本——A 产品”科目；

（2）B 产品耗用：为生产 B 产品耗费的直接材料，应直接计入 B 产品生产成本，借记“生产成本——B 产品”科目；

（3）生产车间一般耗用：为生产 A、B 两种产品共同耗费的间接材料，应先归集在制造费用中，待期末采用一定的方法在 A、B 两种产品间进行分配，借记“制造费用”科目；

（4）销售部门领用：销售部门发生的物料消耗，应计入当期销售费用，借记“销售费用”科目；

（5）行政管理部门领用：行政管理部门发生的物料消耗，应计入当期的管理费用，借记“管理费用”科目。

另一方面，由于各部门领用了原材料，使得仓库中库存的原材料减少，应贷记“原材料”科目。因此，编制会计分录如下：

借：生产成本——A 产品	81 600	
——B 产品	68 800	
制造费用	93 120	
销售费用	2 520	
管理费用	208	
贷：原材料——甲材料		194 040
——乙材料		52 208

（二）职工薪酬的核算

职工薪酬是指企业为获得职工提供的服务而给予的各种形式的报酬以及其他相关支出，包括：

（1）职工工资、奖金、津贴和补贴。职工工资、奖金、津贴和补贴是指构成职工工资总额的各个部分。

（2）职工福利费。职工福利费是指为职工集体提供的福利，如补助生活困难职工等。非独立法人和非对外营利性的职工医院、浴室、食堂餐饮等发生的支出均可在福利费中列支。

（3）社会保险费。社会保险费指企业按国家规定的基准和比例计算的，向社会保险经办机构缴纳的医疗保险费、基本养老保险费、补充养老保险费、失业保险费、工伤保险费和生育保险费等社会保险费，以及以商业保险形式提供给职工的各种保险待遇。

（4）住房公积金。住房公积金是指企业按国家规定的基准和比例计算的，向住房公积金管理机构缴纳的住房公积金。

（5）工会经费和职工教育经费。工会经费和职工教育经费是指根据国家规定的基准和比例计算的，用于开展工会活动和职工教育及技能培训的开支。

（6）非货币性福利。非货币性福利是指企业提供给职工的实物福利、服务性福利、优惠性福利及有偿休假性福利等。

（7）其他职工薪酬。其他职工薪酬是指因解除与职工的劳动关系而给予的补偿，以及其他与获得职工服务相关的支出。

企业应在职工为其服务的会计期间，将应付的职工薪酬确认为负债，并根据职工提供服务的受益对象，分别计入产品生产成本或当期损益。具体分别以下情况进行处理：

（1）直接生产工人的职工薪酬：为生产产品耗费的直接人工，直接计入产品生产成本，借记“生产成本”科目；

（2）生产车间管理及技术人员的职工薪酬：为生产产品耗费的间接人工，计入制造费用，借记“制造费用”科目；

（3）销售人员的职工薪酬：借记“销售费用”科目；

（4）行政管理人员的职工薪酬：借记“管理费用”科目。

为了反映职工薪酬的提取、结算、使用等情况，企业应设置“应付职工薪酬”账户。该账户根据负债类“应付职工薪酬”科目设置，用以核算企业根据有关规定应付给职工的各种薪酬，企业计算出的各项应付职工薪酬记入该账户的贷方，实际发放职工薪酬时记入该账户的借方。该账户的期末余额在贷方，反映企业应付未付的职工薪酬。该账户可按“工资”、“职工福利”、“社会保险费”、“工会经费”、“职工教育经费”、“非货币性福利”等设置明细账进行明细核算。

企业在确认各项应付职工薪酬时，应注意区分其是否有国家明确规定的相关计提标准：

（1）对于国家规定了计提基础和计提比例的，应当按照国家规定的标准计提。例如，应向社会保险经办机构等缴纳的医疗保险费、养老保险费、失业保险费、工伤保险费、生育保险费等社会保险费，应向住房公积金管理机构缴存的住房公积金，以及工会经费和职工教育经费等。

（2）对于国家没有规定计提基础和计提比例的，企业应当根据历史数据和实际情况，合理预计当期的应付职工薪酬。当期实际发生金额大于预计金额的，应当补提应付职工薪酬；当期实际发生金额小于预计金额的，应当冲回多提的应付职工薪酬。

【例4－16】结算本月应付职工工资103 000元，其中A产品生产工人25人，工资40 000元；B产品生产工人10人，工资15 000元；车间管理人员5人，工资20 000元；销售部门人员2人，工资10 000元；行政管理部门4人，工资18 000元。

企业结算出的职工工资，应在职工为其服务的当月，一方面将其确认为应付职工薪酬这项负债，贷记“应付职工薪酬——工资”科目；另一方面，根据职工提供服务的受益对象，分别计入产品生产成本或当期损益，其中从事产品生产的直接生产工人工资借记“生产成本”科目，车间管理人员工资借记“制造费用”科目，销售部门人员工资借记“销售费用”科目，行政管理部门人员工资借记“管理费用”科目。因此，编制会计分录如下：

借：生产成本——A 产品　　40 000

　　　　　　——B 产品　　15 000

　　制造费用　　20 000

　　销售费用　　10 000

　　管理费用　　18 000

　贷：应付职工薪酬——工资　　103 000

【例 4－17】根据国家规定的计提标准，分别按职工工资总额的 9%、7% 计提本月应向社会保险经办机构缴纳的职工社会医疗保险和社会养老保险。

根据国家规定的计提基础和计提标准，本月应计提的社会保险费为：

A 产品生产工人社会保险费：40 000 ×（9% +7%）=6 400（元）

B 产品生产工人社会保险费：15 000 ×（9% +7%）=2 400（元）

车间管理人员社会保险费：20 000 ×（9% +7%）=3 200（元）

销售部门人员社会保险费：10 000 ×（9% +7%）=1 600（元）

行政管理部门人员社会保险费：18 000 ×（9% +7%）=2 880（元）

合计：16 480 元

企业计提的社会保险费，一方面，作为应付职工薪酬的构成部分，贷记“应付职工薪酬”科目；另一方面，根据职工提供服务的受益对象，分别计入产品生产成本或当期损益，其中从事产品生产的直接生产工人社会保险费借记“生产成本”科目，车间管理人员社会保险费借记“制造费用”科目，销售部门人员社会保险费借记“销售费用”科目，行政管理部门人员社会保险费借记“管理费用”科目。因此，编制会计分录如下：

借：生产成本——A 产品　　6 400

　　　　　　——B 产品　　2 400

　　制造费用　　3 200

　　销售费用　　1 600

　　管理费用　　2 880

　贷：应付职工薪酬——社会保险费　　16 480

【例 4－18】企业下设一所职工食堂，每月按在岗职工人数每人补贴伙食费 300 元。

对职工的伙食补贴，国家并无规定的计提基础和计提标准，企业每月应根据在岗职工数量及岗位分布情况、相关历史经验数据等计算需要补贴食堂的金额，确定本月因职工食堂而需要承担的福利费金额：

A 产品生产工人福利费：25 ×300 =7 500（元）

B 产品生产工人福利费：10 ×300 =3 000（元）

车间管理人员福利费：5 ×300 =1 500（元）

销售部门人员福利费：2 ×300 =600（元）

行政管理部门人员福利费：4 ×300 =1 200（元）

合计：13 800 元

企业计提的福利费，一方面，作为应付职工薪酬的构成部分，贷记“应付职工薪酬”科目；另一方面，根据职工提供服务的受益对象，分别计入产品生产成本或当期损益，其中从事产品生产的直接生产工人福利费借记“生产成本”科目，车间管理人员福利费借记“制造费用”科目，销售部门人员福利费借记“销售费用”科目，行政管理部门人员福利费借记“管理费用”科目。因此，编制会计分录如下：

借：生产成本——A 产品　　7 500
　　　　　　——B 产品　　3 000
　　制造费用　　1 500
　　销售费用　　600
　　管理费用　　1 200
　贷：应付职工薪酬——职工福利　　13 800

【例 4－19】委托银行代发工资 103 000 元。

此项经济业务为企业用银行存款发放了职工工资，一方面使得应付职工薪酬这项负债减少，应借记“应付职工薪酬”科目；另一方面，企业银行存款减少，应贷记“银行存款”科目。因此，编制会计分录如下：

借：应付职工薪酬——工资　　103 000
　贷：银行存款　　103 000

【例 4－20】以银行存款向社会保险经办机构缴纳职工社会保险费 16 480 元。

此项经济业务一方面使得应付职工薪酬这项负债减少，应借记“应付职工薪酬”科目；另一方面，企业银行存款减少，应贷记“银行存款”科目。因此，编制会计分录如下：

借：应付职工薪酬——社会保险费　　16 480
　贷：银行存款　　16 480

【例 4－21】以现金支付职工王林生活困难补助 2 000 元。

此项经济业务一方面实际支付了职工福利，使得应付职工薪酬这项负债减少，应借记“应付职工薪酬”科目；另一方面，企业现金减少，应贷记“库存现金”科目。因此，编制会计分录如下：

借：应付职工薪酬——职工福利　　2 000
　贷：库存现金　　2 000

（三）固定资产费用的核算

固定资产的费用包括固定资产折旧费用，以及固定资产在使用过程中发生的更新改造、修理费用等后续支出。

固定资产在其使用寿命内，虽然能够保持其原有的实物形态，但其价值却在使用中逐渐损耗，这部分损耗的价值称为折旧。企业对每项固定资产，应在其使用寿命内，根据确定的折旧方法计算该项固定资产本月折旧额，一方面减少固定资产账面价值，贷记“累计折旧”科目；另一方面，根据固定资产的用途，分别计入产品成本或当期损益。具体分别以下情况进行处理：

（1）生产车间使用的固定资产：计提的折旧应计入制造费用，借记“制造费用”科目；

（2）行政管理部门使用的固定资产：计提的折旧应计入管理费用，借记“管理费用”科目；

（3）销售部门使用的固定资产：计提的折旧应计入销售费用，借记“销售费用”科目；

（4）经营租出的固定资产：计提的折旧应计入其他业务成本，借记“其他业务成本”科目。

企业生产车间和行政管理部门发生的固定资产修理费用，计入管理费用；销售机构发生的固定资产修理费用，计入销售费用。

【例4－22】按确定的方法计提本月固定资产折旧18 000元，其中生产车间使用的固定资产折旧8 000元，行政管理部门使用的固定资产折旧6 000元，销售机构使用的固定资产折旧4 000元。

企业按月计提的折旧，一方面，根据固定资产的用途计入相关的成本费用，其中生产车间的固定资产折旧借记“制造费用”科目，行政管理部门的固定资产折旧借记“管理费用”科目，销售机构的固定资产折旧借记“销售费用”科目；另一方面，固定资产因使用而损耗的价值应贷记“累计折旧”科目。因此，编制会计分录如下：

借：制造费用　　8 000
　　管理费用　　6 000
　　销售费用　　4 000
　贷：累计折旧　　18 000

【例4－23】对生产车间的一台生产机器进行日常修理，以银行存款支付修理费1 600元。

此项经济业务一方面发生了生产车间的固定资产修理费，应计入本期管理费用，借记“管理费用”科目；另一方面，企业的银行存款减少，应贷记“银行存款”科目。因此，编制会计分录如下：

借：管理费用　　1 600
　贷：银行存款　　1 600

（四）其他费用的核算

【例4－24】行政管理人员李明报销差旅费3 500元，原预借5 000元，余款交回现金。

此项经济业务一方面使当期期间费用增加，由于是行政管理人员的差旅费用，应计入管理费用，借记“管理费用”科目；同时，原预借差旅费剩余部分交回现金，企业现金增加，借记“库存现金”科目；另一方面，由于报销了差旅费并交回余款，职工预借企业款项已结清，贷记“其他应收款”科目。因此，编制会计分录如下：

借：管理费用　　3 500
　　库存现金　　1 500
　贷：其他应收款——李明　　5 000

【例4－25】以银行存款支付本月电费8 580元，其中生产车间应负担8 180元，行政管理部门应负担400元。

此项经济业务一方面发生了生产车间和行政管理部门的电费，其中生产车间的电费应计入制造费用，借记“制造费用”科目，行政管理部门的电费应计入管理费用，借记“管理费用”科目；另一方面，企业的银行存款减少，贷记“银行存款”科日。因此，编制会计分录如下：

借：制造费用　　8 180
　　管理费用　　400
　贷：银行存款　　8 580

【例4－26】计提按季支付利息的短期借款及按年支付利息的长期借款利息。假定本期利息均不符合资本化条件。

企业的借款利息，可直接归属于符合资本化条件的资产的购建或者生产的，应当予以资本化，计入符合资本化条件的资产成本。其他借款利息，应当在发生时根据其发生额确认为财务费用，计入当期损益。

借款从借入时起即开始发生利息费用，因此，对于按季支付利息的短期借款，以及按年支付利息的长期借款，企业一般采用月末计提的方式进行处理。在借入借款后的每月末，根据借款的本金和利率计算出当月应负担的利息，对于不符合资本化条件的，借记“财务费用”科目；同时增加当期应付利息这项负债，贷记“应付利息”科目。

根据例4－4、例4－5资料，本月应计提的利息费用为：

短期借款利息＝200 000×4.8%÷12＝800（元）

长期借款利息＝700 000×7.2%÷12＝4 200（元）

编制会计分录如下：

借：财务费用——利息支出　　　　5 000

　贷：应付利息　　　　5 000

【例4－27】以银行存款支付本季度短期借款利息2 400元。

此项经济业务一方面使企业银行存款减少，应贷记“银行存款”科目；另一方面，由于企业按月计提了短期借款利息，所以在实际支付借款利息时，冲减应付利息这项负债，借记“应付利息”科目。因此，编制会计分录如下：

借：应付利息——短期借款利息　　　　2 400

　贷：银行存款　　　　2 400

【例4－28】以银行存款支付预订下一年度报纸杂志费4 800元。

预订下一年度的报纸杂志，虽然款项在本月实际支付，但其受益期为下一年度各月份，此时，企业应设置“长期待摊费用”账户。该账户根据资产类“长期待摊费用”科目设置，用以核算已经支付但应由本期和以后各期负担的分摊期限在一年以上的各项费用，如以经营租赁方式租入的固定资产发生的改良支出等。企业发生长期待摊费用时，记入该账户的借方；在受益期内摊销时，记入该账户的贷方；该账户的期末余额在借方，反映企业尚未摊销完毕的长期待摊费用。该账户可按费用项目设置明细账进行明细核算。

此项经济业务一方面使企业长期待摊费用增加，借记“长期待摊费用”科目；另一方面，企业银行存款减少，贷记“银行存款”科目。因此，编制会计分录如下：

借：长期待摊费用　　　　4 800

　贷：银行存款　　　　4 800

在下一年度，对此项长期待费用应按月摊销记入各月的损益。

【例4－29】摊销应由本月负担的租入行政办公用房装修费2 500元。

租入行政办公用房屋装修费属于经营租入固定资产的改良支出，在发生时记入“长期待摊费用”账户，在房屋的租赁期内按月摊销计入各月损益。摊销时一方面本期的相关成本费用增加，借记相关成本费用科目；另一方面长期待摊费用减少，贷记“长期待摊费用”科目。行政办公用房的费用应计入管理费用，因此，编制会计分录如下：

借：管理费用　　　　2 500

　贷：长期待摊费用　　　　2 500

（五）制造费用的分配

【例4－30】将本月制造费用按机器工时比例在A、B产品之间进行分配。

根据生产车间工时记录，本月A产品机器工时为7 000小时，B产品机器工时为3 000小时。根据“制造费用”账户记录，本月共发生制造费用134 000元，按A、B两种产品的机器工时比例进行分配，则：

每机器工时应分摊的制造费用 $=\frac{134\ 000}{7\ 000+3\ 000}=13.4$（元/小时）

A 产品应分摊的制造费用 $=7\ 000\times13.4=93\ 800$（元）

B 产品应分摊的制造费用 $=3\ 000\times13.4=40\ 200$（元）

“制造费用”账户中归集的是 A、B 两种产品的间接成本，也属于产品成本的重要构成部分，因此，计算出 A、B 两种产品应负担的制造费用后，应将其从“制造费用”账户贷方结转到 A、B 两种产品的“生产成本”账户借方。结转后“制造费用”账户应无余额，同时，A、B 两种产品“生产成本”账户才能反映其直接材料、直接人工及制造费用等全部成本构成项目，从而进一步计算出产品的实际生产成本。编制会计分录如下：

借：生产成本——A 产品　　93 800
　　　　　　——B 产品　　40 200
　贷：制造费用　　134 000

（六）计算并结转完工产品成本

通过以上各项费用的归集与分配，应计入产品成本的各项费用均已记入了各产品“生产成本”账户的借方。但这些费用仅是本月发生的生产成本，对于在以前月份投产的产品，还必须考虑该产品在以前月份已发生的生产成本，即将本期发生的生产成本加上期初在产品成本，才是该产品至本月所发生的全部生产成本，然后再采用适当的方法，将其在本期完工产品和期末在产品间进行分配，从而计算并结转本期完工产品的实际生产成本。

【例 4－31】A 产品本月初在产品 1 000 件，成本 80 700 元，其中直接材料 51 700 元，直接人工 13 000 元，制造费用 16 000 元，月末全部完工验收入库。B 产品无期初在产品，本月投产 800 件，月末全部完工验收入库。

根据 A 产品的“生产成本”账户记录，至本月末共归集了 A 产品的生产成本 310 000 元，其中直接材料 133 300 元，直接人工 66 900 元，制造费用 109 800 元。由于 A 产品1 000 件期末全部完工，因此，这 1 000 件 A 产品的总成本为 310 000 元，单位成本为 310 元。A 产品完成了加工过程并验收入库，在计算出实际成本后，应将其从“生产成本”账户的贷方结转到“库存商品”账户的借方，按 A 产品的实际生产成本反映库存商品的增加。

根据 B 产品的“生产成本”账户记录，至本月末共归集了 B 产品的生产成本 129 400 元，其中直接材料 68 800 元，直接人工 20 400 元，制造费用 40 200 元。由于 B 产品 800 件期末全部完工，因此，这 800 件 B 产品的总成本为 129 400 元，单位成本为 161.75 元。B 产品完成了加工过程并验收入库，在计算出实际成本后，应将其从“生产成本”账户的贷方结转到“库存商品”账户的借方，按 B 产品的实际生产成本反映库存商品的增加。

因此，本月编制会计分录如下：

借：库存商品——A 产品　　310 000
　　　　　　——B 产品　　129 400
　贷：生产成本——A 产品　　310 000
　　　　　　　——B 产品　　129 400

第五节　销售过程业务核算工作

一、销售过程业务核算的内容

销售过程是企业生产经营活动的最后阶段。在这个阶段，制造企业要将生产过程中生产的产品销售出去，收回货币资金，以保证企业再生产活动的顺利进行。

企业的销售过程就是将已验收入库的合格产品，按照销售合同规定的条件送交订货单位或组织发运，并按照销售价格和结算制度的规定办理结算手续、及时收取货款、确认收入实现的过程。

在销售过程中，企业一方面取得了销售产品的收入，另一方面会发生一些销售费用，如销售产品的运输费、装卸费、包装费和广告费等。企业还应当根据国家有关税法的规定，计算缴纳企业销售活动应负担的税金及附加。企业销售产品取得的收入，扣除因销售产品而发生的实际成本、企业销售活动应负担的税金及附加，即为企业的主营业务利润，这是企业营业利润的主要构成部分。除此以外，企业还可能发生一些其他经济业务，取得其他业务收入和发生其他业务成本。

因此，销售过程业务核算的内容，主要包括确定和记录产品销售收入、因销售产品而发生的实际成本和销售费用，计算企业销售活动应负担的营业税金及附加，反映企业与购货单位所发生的货款结算情况，考核销售计划的执行情况，监督营业税金及附加的缴纳情况等。对销售过程业务进行核算能够促使企业努力增加收入、节约费用，实现尽可能多的营业利润。销售过程的基本流程图如图 4 –4 所示：

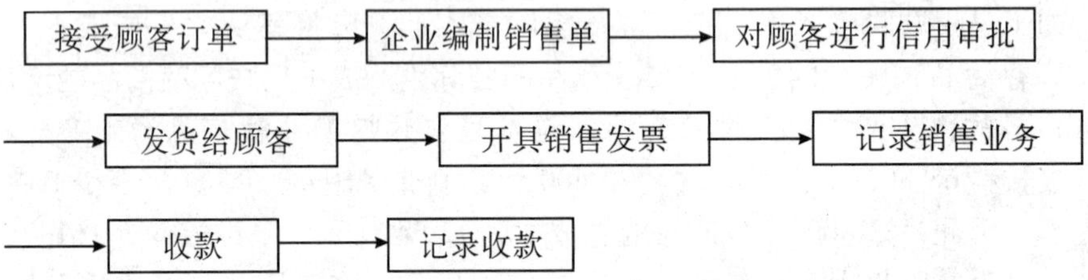

图 4 –4　销售过程的基本流程图

二、销售过程业务核算的账户设置

（一）“主营业务收入”账户

“主营业务收入”账户用来核算企业在销售商品、提供劳务及让渡资产使用权等日常活动中所发生的收入。

本账户是损益类账户，贷方登记企业销售商品（包括产成品、自制半成品等）、提供劳务或让渡资产使用权所实现的收入；借方登记发生的销售退回或销售折让和期末转入“本年利润”账户的收入；期末将本账户的余额结转到“本年利润”账户后，本账户应无余额。

本账户应按主营业务的种类设置明细账，进行明细分类核算，适合采用贷方多栏式明细账。

（二）“主营业务成本”账户

“主营业务成本”账户用来核算企业因销售商品、提供劳务等而确认主营业务收入时应结转的成本。

本账户是损益类账户，借方登记本期（月）销售各种商品、提供各种劳务应结转的实际成本；本期（月）发生销售退回，如果已结转销售成本，应记在本账户的贷方；期末，将本账户的余额转入“本年利润”账户，本账户无余额。

本账户应按主营业务的种类设置明细账，进行明细分类核算，适合采用借方多栏式明细账。

（三）“营业税金及附加”账户

“营业税金及附加”账户用来核算企业开展经营活动应计算缴纳的营业税、消费税、城市维护建设税、资源税和教育费附加等相关税费。

本账户是损益类账户，借方登记按照规定计算的与经营活动相关的税费；贷方登记期末转入“本年利润”账户的营业税金及附加；期末结转后，本账户无余额。

本账户适合采用三栏式明细账。

（四）“应收账款”账户

“应收账款”账户用来核算企业因销售商品、提供劳务等应收取的款项。

本账户是资产类账户，借方登记因销售商品、提供劳务等应收取的货款、增值税以及代购货单位垫付的包装费、运杂费等款项；贷方登记实际收回的应收款项；月末余额通常是借方性质，表示应收而未收回的款项，如果出现贷方余额，表示企业预收的款项。

本账户应按照债务人、购货单位或接受劳务单位设置明细账，进行明细分类核算，适合采用三栏式明细账。

（五）“应收票据”账户

“应收票据”账户用来核算企业因销售商品、提供劳务等而收到的商业汇票，包括银行承兑汇票和商业承兑汇票。

本账户是资产类账户，借方登记企业因销售商品、提供劳务等而收到的商业汇票的票面金额；贷方登记商业汇票到期收到的金额；月末借方余额，表示企业持有的商业汇票的票面金额。

本账户应按开出、承兑商业汇票的单位进行明细核算，适合采用三栏式明细账。

企业应当设置“应收票据备查簿”，逐笔登记每一商业汇票的种类、号数、出票日、票面金额、交易合同号和付款人、承兑人、背书人的姓名或单位名称、到期日、背书转让日、贴现日、贴现率和贴现净额以及收款日和收回金额、退票情况等资料。商业汇票到期结清票款或退票后，应当在备查簿内逐笔注销。

（六）“预收账款”账户

“预收账款”账户用来核算企业按照合同规定向购货单位预收的款项。

本账户是负债类账户，贷方登记企业向购货单位预收的款项；借方登记企业实现的销售收入和应交的增值税销项税额。购货单位补付的款项，贷记本账户；退回多付的款项，借记本账户。本账户期末余额如果是贷方性质，表示企业向购货单位预收的款项（尚未结算或结算后应退还部分）；如果是借方性质，表示应由购货单位补付的款项。

本账户应按购货单位进行明细核算，适合采用三栏式明细账。

预收账款情况不多的，也可将预收的款项直接记入“应收账款”账户的贷方，结算时登记在“应收账款”账户的借方。

（七）“其他业务收入”账户

“其他业务收入”账户用来核算企业根据收入准则确认的除主营业务活动以外的其他经营活动实现的收入，包括出租固定资产、出租无形资产、出租包装物和商品、销售材料、用材料进行非货币性资产交换或债务重组等实现的收入。

本账户是损益类账户，贷方登记企业确认的其他业务收入；借方登记期末结转到“本年利润”账户的已实现的其他业务收入；期末结转以后，本账户无余额。

本账户应按其他业务收入的种类设置明细账，进行明细分类核算，适合采用贷方多栏式明细账。

（八）“其他业务成本”账户

“其他业务成本”账户用来核算企业确认的除主营业务活动以外的其他经营活动所发生的支出，包括销售材料的成本、出租固定资产的折旧额、出租无形资产的摊销额、出租包装物的成本或摊销额等。

本账户是损益类账户，借方登记企业发生的其他业务成本；贷方登记期末结转到“本年利润”账户的数额；期末结转以后，本账户无余额。

本账户应按其他业务成本的种类设置明细账，进行明细分类核算，适合采用借方多栏式明细账。

三、销售过程业务核算的会计处理

【例4－32】销售给讯达公司A产品500件，开具的增值税专用发票上注明售价为250 000元，增值税税额为42 500元，收到讯达公司开具的银行承兑汇票一张。

此项经济业务一方面使企业收到了一张银行承兑汇票，应按其票面金额即销售产品的价税合计额借记“应收票据”科目；另一方面，企业通过销售产品取得的收入属于主营业务收入，应按增值税专用发票上的销售价格贷记“主营业务收入”科目，应向购货方收取的增值税销项税额，贷记“应交税费——应交增值税”科目。因此，编制会计分录如下：

借：应收票据——讯达公司　　292 500
　贷：主营业务收入——A产品　　250 000
　　　应交税费——应交增值税（销项税额）　　42 500

【例4－33】以银行存款支付本月广告费6 000元。

此项经济业务一方面发生了广告费，应计入销售费用，借记“销售费用”科目；另一方面，企业银行存款减少，应贷记“银行存款”科目。因此，编制会计分录如下：

借：销售费用　　6 000
　贷：银行存款　　6 000

【例4-34】销售甲材料5 000公斤，开具的增值税专用发票上注明售价为600 000元，增值税税额为102 000元，款项已收存银行。

此项经济业务，一方面，企业收到销售价款及增值税销项税额，银行存款增加，应借记“银行存款”科目；另一方面，企业通过销售材料取得的收入属于其他业务收入，应按增值税专用发票上的售价贷记“其他业务收入”科目，向购货方收取的增值税销项税额，贷记“应交税费——应交增值税”科目。因此，编制会计分录如下：

借：银行存款　　702 000

　贷：其他业务收入——销售材料　　600 000

　　　应交税费——应交增值税（销项税额）　　102 000

【例4-35】企业预收佛山商业城购买A、B产品定金1 000元。

根据上述原始凭证分析，该笔经济业务发生后引起资产和负债两个要素发生变动。一方面，使企业资产要素中的银行存款项目增加了1 000元，应借记“银行存款”账户；另一方面，使企业负债要素中的预收账款项目增加了1 000元，应贷记“预收账款”账户。因此，这笔经济业务应编制如下会计分录：

借：银行存款　　1 000

　贷：预收账款——佛山商业城　　1 000

【例4-36】企业向佛山商业城销售A产品100件，单价500元，B产品100件，单价200元，增值税税率17%，已预收定金1 000元，双方协议约定其余货款于次日结清。财务科开出增值税专用发票，开具托收凭证，办理收款手续。

根据上述原始凭证分析，该笔经济业务发生后引起收入和负债两个要素发生变动。一方面，发出购货方预定的货物，使企业负债要素中的预收账款项目处于结算状态，应该将全部金额81 900元记在“预收账款”账户的借方；另一方面，使企业收入要素中的主营业务收入项目增加了70 000元，应贷记“主营业务收入”账户，同时使负债要素中的应交税费——应交增值税（销项税额）项目增加了11 900元，应贷记“应交税费——应交增值税（销项税额）”账户。因此，这笔经济业务应编制如下会计分录：

借：预收账款——佛山商业城　　81 900

　贷：主营业务收入——A产品　　50 000

　　　　　　　　　——B产品　　20 000

　　　应交税费——应交增值税（销项税额）　　11 900

预收账款是双重性质账户，当企业收到客户预付的账款时，负债增加，记在“预收账款”账户的贷方，结算时，无论预收金额是多少，一律记在借方。结算后，如果是借方余额，表示应该补收的差额，为“债权”，同“应收账款”的性质；如果是贷方余额，则表示应退给卖方的差额，为“债务”，同“应付账款”的性质。

在编制资产负债表时，应该格外注意“应收账款”与“预收账款”，“应付账款”与“预付账款”等账户明细账的余额方向及其含义。

【例4-37】企业收到佛山商业城预付不足款80 900元。

根据上述原始凭证分析，该笔经济业务发生后引起资产要素两个账户发生变动。一方面，补收货款，使企业资产要素中的银行存款增加80 900元，应该记在“银行存款”账户的借方；另一方面，补收货款80 900元，应记在“预收账款”账户的贷方。因此，这笔经济业务应编制如下会计分录：

借：银行存款　　80 900

　贷：预收账款——佛山商业城　　80 900

【例4－38】向白云电子有限公司销售A产品300件，开具的普通发票上注明价款175 500元，以银行存款代垫运费3 000元，款项尚未收到。

企业将产品销售给小规模纳税人或消费者时，只能开具普通发票，普通发票中的价款为含增值税的销售价格，此时，需将含税销售价格换算成不含税销售价格，换算过程如下：

$$不含税售价=\frac{含税售价}{1+增值税税率}=\frac{175\ 500}{1+17\%}=150\ 000（元）$$

增值税税额＝不含税售价×增值税税率＝150 000×17%＝25 500（元）

企业销售产品过程中支付的运杂费，有两种情况：一是由销售方负担，应计入当期销售费用。二是由购买方负担，销售方代为垫付，该款项应从购买方收回，计入应向购买方收取的款项总额中。因此，编制会计分录如下：

借：应收账款——白云电子有限公司　　178 500

　贷：主营业务收入——A产品　　150 000

　　应交税费——应交增值税（销项税额）　　25 500

　　银行存款　　3 000

【例4－39】月末，结转本月销售A、B产品的生产成本。

本月共销售A产品900件，B产品100件，其成本需随着该产品的销售而结转，一方面企业库存产品减少，应贷记“库存商品”科目；另一方面应在本期损益中确认的已销售产品的生产成本增加，应借记“主营业务成本”科目。A、B产品的成本可以由生产过程核算得知，当然产品成本也受到相应存货发出计价方式的影响。A产品单位成本310.00元/件，B产品单位成本161.75元/件。因此，编制会计分录如下：

借：主营业务成本——A产品　　279 000

　　　　　　　　——B产品　　16 175

　贷：库存商品——A产品　　279 000

　　　　　　　——B产品　　16 175

【例4－40】月末，结转本月销售甲材料的采购成本。

本月共销售甲材料5 000公斤，随着该材料的销售，一方面企业库存甲材料减少，应贷记“原材料”科目；另一方面应在本期损益中确认的已销售甲材料的实际采购成本增加，应借记“其他业务成本”科目。根据采购过程的核算，甲材料的实际采购成本为100.8元/公斤，因此，编制会计分录如下：

借：其他业务成本——销售材料　　504 000

　贷：原材料——甲材料　　504 000

【例4－41】本企业销售的A产品属消费税应税产品，适用税率为5%，月末，计算本月销售A产品应负担的消费税。

根据相关账户记录，本月共销售A产品450 000元，按5%的税率计算应交消费税22 500元，一方面应计入当期损益，借记“营业税金及附加”科目；另一方面，由于消费税尚未实际交纳，企业应交税费这项负债增加，贷记“应交税费”科目。因此，编制会计分录如下：

借：营业税金及附加　　22 500

　贷：应交税费——应交消费税　　22 500

【例4－42】月末，计提本月的城市维护建设税及教育费附加。本企业适用的城市维护建设税率及教育费附加的征收比率分别为7%和3%。

城市维护建设税和教育费附加是以企业缴纳的增值税、消费税、营业税税额为依据所征收的附加税费，分别用于城市的公用事业和公共设施的维护建设及教育支出。

根据账户记录，本月应交增值税为69 700元，应交消费税为22 500元，无应交营业税，则：

应交城建税＝（69 700＋22 500）×7%＝6 454（元）

应交教育费附加＝（69 700＋22 500）×3%＝2 766（元）

本月应负担的城建税及教育费附加一方面应计入当期损益，借记“营业税金及附加”科目；另一方面，由于城建税及教育费附加尚未实际交纳，企业应交税费这项负债增加，应贷记“应交税费”科目。因此，编制会计分录如下：

借：营业税金及附加	9 220	
贷：应交税费——应交城建税		6 454
——应交教育费附加		2 766

第六节　财务成果业务核算工作

一、财务成果业务核算的内容

企业的财务成果是指企业的净利润（或净亏损），它是衡量企业经营管理的主要综合性指标。进行财务成果核算的一个重要任务，就是正确计算企业在一定会计期间内的盈亏。而正确计算盈亏的关键在于正确计算每一个会计期间的收入与费用。广义的收入不仅包括营业收入，还包括营业外收入、投资收益和计入当期损益的公允价值变动净收益；广义的费用不仅包括为取得营业收入而发生的各种耗费，还包括营业外支出、所得税费用和资产减值损失。

企业在一定会计期间的净利润（或净亏损）的构成部分及其关系式如下：

1. 营业利润

营业利润＝营业收入－营业成本－营业税金及附加－销售费用－管理费用－财务费用－资产减值损失＋公允价值变动损益＋投资收益

其中：营业收入＝主营业务收入＋其他业务收入

营业成本＝主营业务成本＋其他业务成本

2. 利润总额

利润总额＝营业利润＋营业外收入－营业外支出

3. 净利润

净利润＝利润总额－所得税费用

企业实现的净利润要按照国家有关规定进行分配，提取法定盈余公积、任意盈余公积、向投资者分配利润（或弥补亏损）等。

因此，确定企业实现的净利润和对净利润进行分配，构成了企业财务成果业务核算的主要工作内容。

二、财务成果核算业务的账户设置

（一）“营业外收入”账户

“营业外收入”账户用来核算企业发生的与日常生产经营活动无直接关系的各项营业外收入，主要包括非流动资产处置利得、非货币性资产交换利得、债务重组利得、政府补助、盘盈利得、捐赠利得等。

本账户是损益类账户，贷方登记企业发生的各种营业外收入；借方登记期末转入“本年利润”账户的营业外收入；期末结转后，本账户无余额。

本账户应按营业外收入的项目设置明细账，进行明细分类核算，适合采用贷方多栏式明细账。

（二）“营业外支出”账户

“营业外支出”账户用来核算企业发生的与日常生产经营活动无直接关系的各项营业外支出，包括非流动资产处置损失、非货币性资产交换损失、债务重组损失、公益性捐赠支出、非常损失、盘亏损失等。

本账户是损益类账户，借方登记企业发生的各种营业外支出；贷方登记期末转入“本年利润”账户的营业外支出；期末结转后，本账户无余额。

本账户应按营业外支出的项目设置明细账，进行明细分类核算，适合采用借方多栏式明细账。

（三）“投资收益”账户

“投资收益”账户用来核算企业确认的对外投资收益或投资损失。

本账户是损益类账户，贷方登记取得的投资收益或期末投资净损失的转出数；借方登记发生的投资损失和期末投资净收益的转出数；无论发生投资收益还是投资损失，都要结转到“本年利润”账户，期末结转后，本账户无余额。

本账户应按投资项目设置明细账，进行明细分类核算，适合采用三栏式明细账，也可以采用借贷双方多栏式明细账。

（四）“本年利润”账户

“本年利润”账户用来核算企业实现的净利润（或发生的净亏损）。

本账户是所有者权益类账户，贷方登记期末从“主营业务收入”、“其他业务收入”、“营业外收入”以及“投资收益”（投资净收益）等账户转入的数额；借方登记期末从“主营业务成本”、“营业税金及附加”、“其他业务成本”、“销售费用”、“管理费用”、“财务费用”、“营业外支出”、“所得税费用”以及“投资收益”（投资净损失）等账户转入的数额。

年度终了，将本年收入和支出相抵后结出本年实现的净利润（即贷方余额），转入“利润分配——未分配利润”账户的贷方；如为净亏损（即借方余额），转入“利润分配——未分配利润”账户的借方；结转后，本账户无余额。

本账户应采用专用的借贷双方多栏式明细账。

（五）“所得税费用”账户

“所得税费用”账户用来核算企业确认的应从当期利润总额中扣除的所得税费用。

本账户是损益类账户，借方登记企业按税法规定计算的应纳所得税额；贷方登记企业会计期末转入“本年利润”账户的所得税额；结转后本账户无余额。

本账户应当分别“当期所得税费用”、“递延所得税费用”设置明细账，进行明细核算，适合采用三栏式明细账。

（六）“利润分配”账户

“利润分配”账户用来核算企业利润的分配（或亏损的弥补）和历年分配（或弥补）后的积存余额。

本账户是所有者权益类账户，借方登记按规定实际分配的利润数或年终时从“本年利润”账户的贷方转来的全年亏损总额；贷方登记年终时从“本年利润”账户借方转来的全年实现的净利润总额；年终贷方余额表示历年积存的未分配利润，借方余额表示历年积存的未弥补亏损。同时，将“利润分配”账户所属其他明细科目的余额转入本账户的“未分配利润”明细科目。结转后，本账户除“未分配利润”明细科目外，其他明细科目无余额。

本账户应当分别“提取法定盈余公积”、“提取任意盈余公积”、“应付现金股利或利润”、“转作股本的股利”、“盈余公积补亏”和“未分配利润”等设置明细账，进行明细核算，适合采用三栏式明细账。

（七）“应付股利”账户

“应付股利”账户用来核算企业根据股东大会或类似机构审议确定分配的现金股利或利润。

本账户是负债类账户，贷方登记根据通过的股利或利润分配方案计算的应支付的现金股利或利润；借方登记实际支付的金额；期末贷方余额，反映企业应付未付的现金股利或利润。非股份有限公司通常将该账户改为“应付利润”。

本账户应按投资者设置明细账，进行明细分类核算，适合采用三栏式明细账。

（八）“盈余公积”账户

“盈余公积”账户用来核算企业从净利润中提取的盈余公积。

本账户是所有者权益类账户，贷方登记从净利润中提取的法定盈余公积和任意盈余公积；借方登记盈余公积的使用，如转增资本、弥补亏损等；期末贷方余额，表示企业按照规定提取的盈余公积余额。

本账户应当分别“法定盈余公积”、“任意盈余公积”设置明细账，进行明细分类核算，适合采用三栏式明细账。

三、财务成果业务核算的会计处理

（一）利得和损失的核算

【例4－43】厂办决定对电工张良违规操作造成断电引起停产罚款3 000元，已收到现金。

根据上述原始凭证进行分析，该笔经济业务发生后，引起企业资产要素和收入要素发生变化。一方面，使资产要素中的现金项目增加了3 000元，应借记“库存现金”账户；另一方面，引起收入要素中的营业外收入项目增加了3 000元，应贷记“营业外收入”账户。因此，编制会计分录如下：

借：库存现金　　　　　　　　　　　　　　　　　　　　　　3 000

　贷：营业外收入——罚没利得　　　　　　　　　　　　　　　　3 000

【例4-44】开出转账支票一张，捐赠给市福利院5 000元。收到福利院开具的收款收据。

根据上述原始凭证进行分析，该笔经济业务发生后，引起企业费用要素和资产要素发生变化。一方面，使费用要素中的营业外支出项目增加了5 000元，应借记“营业外支出”账户；另一方面，引起资产要素中的银行存款项目减少了5 000元，应贷记“银行存款”账户。因此，编制会计分录如下：

借：营业外支出——公益性捐赠支出　　　　　　　　　　　　5 000

　贷：银行存款　　　　　　　　　　　　　　　　　　　　　　5 000

【例4-45】根据投资协议，从联营单位分来投资利润500 000元，收到转账支票一张，开具收款收据交给联营单位。

根据上述原始凭证进行分析，该笔经济业务发生后，引起资产要素和收入要素发生变化。一方面，使资产要素中的银行存款增加500 000元，应借记“银行存款”账户；另一方面，收入要素中的投资收益同时增加500 000元，应贷记“投资收益”账户。因此，编制会计分录如下：

借：银行存款　　　　　　　　　　　　　　　　　　　　　500 000

　贷：投资收益——联营投资收益　　　　　　　　　　　　　　500 000

（二）结转收入、成本、费用的核算

根据以上账户记录，将各损益类账户余额从相反方向转出，编制会计分录如下：

1. 结转收入

借：主营业务收入　　　　　　　　　　　　　　　　　　　470 000

　　其他业务收入　　　　　　　　　　　　　　　　　　　600 000

　　营业外收入　　　　　　　　　　　　　　　　　　　　　3 000

　　投资收益　　　　　　　　　　　　　　　　　　　　　500 000

　贷：本年利润　　　　　　　　　　　　　　　　　　　　　1 573 000

2. 结转成本、费用

借：本年利润　　　　　　　　　　　　　　　　　　　　　901 903

　贷：主营业务成本　　　　　　　　　　　　　　　　　　　　295 175

　　　其他业务成本　　　　　　　　　　　　　　　　　　　　504 000

　　　营业税金及附加　　　　　　　　　　　　　　　　　　　31 720

　　　销售费用　　　　　　　　　　　　　　　　　　　　　　24 720

　　　管理费用　　　　　　　　　　　　　　　　　　　　　　36 288

　　　财务费用　　　　　　　　　　　　　　　　　　　　　　5 000

　　　营业外支出　　　　　　　　　　　　　　　　　　　　　5 000

本月实现的利润总额为：1 573 000 －901 903 =671 097（元）

（三）计提并结转所得税费用的核算

【例4-46】已知企业适用的所得税税率为25%，计提并结转本月所得税费用。

应交所得税 =671 097 ×25% =167 774.25（元）

本期实现的净利润 = 671 097 - 167 774.25 = 503 322.75（元）

计算出的本月应交所得税，一方面增加了应从当期利润总额中扣除的所得税费用，应借记“所得税费用”科目；另一方面，由于该项税费尚未实际交纳，企业应交税费这项负债增加，应贷记“应交税费”科目。另外，“所得税费用”账户的期末余额应转入“本年利润”账户，以反映当期的净利润。因此，编制会计分录如下：

（1）计提当期所得税费用：

借：所得税费用　　167 774.25

　贷：应交税费——应交所得税　　167 774.25

（2）结转“所得税费用”：

借：本年利润　　167 774.25

　贷：所得税费用　　167 774.25

（四）利润分配核算

利润分配是指企业根据国家有关规定和企业章程、投资者协议等，对企业当年可供分配的利润所进行的分配。当年可供分配的利润包括当年实现的净利润与年初未分配利润。

未分配利润是经过提取法定盈余公积、提取任意盈余公积和向投资者分配利润等利润分配后剩余的利润，它是企业留待以后年度进行分配的历年结存的利润，相对于本年度实现的利润来说，企业对未分配利润的使用有较大的自主权。

企业利润分配的顺序依次是：①弥补亏损；②提取法定盈余公积；③提取任意盈余公积；④向投资者分配利润。

根据《公司法》的规定，公司制企业应当按照净利润的10%计提法定盈余公积，法定盈余公积累计额已达注册资本的50%时可以不再提取。应注意的是，由于年初未分配利润为已提取法定盈余公积后的留存利润，因此，提取法定盈余公积的基数不包括年初未分配利润。

公司制企业可以根据股东大会的决议提取任意盈余公积，计提的基数与比例由企业自行决定。公司制企业可经股东大会或类似机构决议，向投资者分配现金股利或利润。

【例4-47】根据规定按本年税后利润的10%计提法定盈余公积。

法定盈余公积计提额 = 503 322.75 × 10% = 50 332.275（元）

提取法定盈余公积属于企业利润分配，该项业务一方面使企业已分配利润增加、未分配利润减少，应借记“利润分配——提取法定盈余公积”科目；另一方面，所有者权益中来自于企业盈利的积累增加，应贷记“盈余公积”科目。因此，编制会计分录如下：

借：利润分配——提取法定盈余公积　　50 332.275

　贷：盈余公积　　50 332.275

【例4-48】根据股东大会决议，按投资者出资比例向投资者分配现金利润。分配比例为净利润的20%。

向投资者分配现金利润，一方面使企业已分配利润增加、未分配利润减少，应根据股东大会的决议，借记“利润分配——应付现金股利或利润”科目；另一方面，由于分配的利润尚未实际支付给投资者，企业应付股利这项负债增加，应贷记“应付股利”科目。因此，编制会计分录如下：

借：利润分配——应付现金股利或利润　　100 664.55

　贷：应付股利　　100 664.55

【例4-49】年末，结转“本年利润”及“利润分配”各明细账户。

经查，结转前“本年利润”账户贷方余额为503 322.75元，“利润分配——提取法定盈余公积”明细账户借方余额为50 332.275元，“利润分配——应付现金股利或利润”明细账户的借方余额为100 664.55元，应将各账户余额从相反方向结转到“利润分配——未分配利润”账户。因此，编制会计分录如下：

(1) 结转“本年利润”：

借：本年利润　　503 322.75

　贷：利润分配——未分配利润　　503 322.75

(2) 结转“利润分配”所属各明细账户：

借：利润分配——未分配利润　　150 996.825

　贷：利润分配——提取法定盈余公积　　50 332.275

　　　　　　　——应付现金股利或利润　　100 664.55

本章小结

本章主要阐述复式记账在制造业不同类型经济业务核算工作过程中的应用。通过对本章的学习，学生应该重点学会复式记账法（主要是借贷记账法）及其应用，熟练掌握各种类型经济业务的会计处理。

本章实训

模块一：知识理解

一、简答题

1. 制造业生产经营过程一般可分为哪几个阶段？
2. 制造业生产经营过程核算需要设置和运用哪些主要账户？
3. 材料采购成本是由哪些内容构成的？
4. 产品生产成本是由哪些内容构成的？
5. 为什么要对财务成果进行计算和确定？
6. 财务成果一般由哪些内容组成？
7. 什么是净利润？如何对净利润进行分配？
8. 简述每个账户的名称、种类、登记方法、核算内容、明细分类核算。

二、判断题（正确的画“√”，错误的画“×”）

1. 材料采购成本中的买价是指向购买方支付的采购账款。　　（　　）
2. 财务费用是一种期间费用，按月归集，月末全部转入“本年利润”账户。　　（　　）
3. 由于损益类账户期末余额需全额转入“本年利润”账户，因此，损益类账户期末无

余额。 ( )

4. 未分配利润等于“本年利润”账户的贷方余额减去“利润分配”账户的借方余额。 ( )

5. 增值税对企业的经营成本和损益核算没有影响。 ( )

6. “累计折旧”账户是固定资产的备抵账户，表示固定资产的累计损耗价值。 ( )

7. 企业预付的下一年度保险费，应记入“管理费用”账户。 ( )

8. “本年利润”借方余额表示本年度累计实现的净利润，贷方余额表示本年度累计发生的净亏损。 ( )

9. 相对于本年度实现的利润，企业对未分配利润有较大的自主使用权。 ( )

10. 企业销售产品若开具了普通发票，会计核算时不需反映销售产品的销项税额。 ( )

11. 本期支付本期受益的费用，应在其支付时直接作为当期费用处理。 ( )

12. 当期发生的产品生产成本不能直接计入当期损益，而应在产品实际销售并确认销售收入时，再将已销售产品的生产成本计入该期损益。 ( )

13. 企业专设销售机构的固定资产修理费用应记入销售费用。 ( )

14. “生产成本”账户若有余额应在借方，反映期末自制半成品的实际生产成本。 ( )

15. 企业当年可供分配的利润包括当年实现的净利润和年初未分配利润。 ( )

16. 企业计提当年盈余公积的基数，不包括年初未分配利润。 ( )

17. 年度终了，“利润分配”账户所属的各明细账户中，除“未分配利润”明细账户可能有余额外，其他明细账户均无余额。 ( )

18. 利得与损失是与企业日常活动直接关联的经济利益总流入或总流出。 ( )

19. 营业外收入是企业发生的与其日常活动无直接关系的各项收入。 ( )

20. 营业外支出是企业发生的与其日常活动无直接关系的各项费用。 ( )

三、单项选择题

1. 产品制造企业因采购材料而发生的装卸费用，支付时应记入（ ）账户。

A. 产品生产成本　　B. 库存商品成本

C. 材料采购成本　　D. 产品销售成本

2. 能够直接确定并计入某种产品成本的费用为（ ）。

A. 制造费用　　B. 间接费用

C. 直接费用　　D. 期间费用

3. 国家对企业的投资属于（ ）。

A. 资产　　B. 收入

C. 所有者权益　　D. 负债

4. 在生产过程中，为生产某种产品而发生的各种耗费称为（ ）。

A. 产品成本　　B. 制造费用

C. 直接费用　　D. 期间费用

5. 出售材料物资取得的收入应计入（ ）。

A. 产品销售收入　　B. 其他业务收入

C. 营业外收入　　D. 投资收益

6. 本期已经支付，并应由生产车间负担的各项费用为（　　）。

A. 管理费用　　B. 财务费用

C. 制造费用　　D. 期间费用

7. 下列项目中不构成材料采购实际成本的是（　　）。

A. 买价　　B. 采购费用

C. 进口关税　　D. 增值税

8. 某企业“应付账款”账户期初贷方余额为 2 500 元，本期新增加的应付款项为 7 000 元，实际归还的应付款项为 4 000 元，则该账户期末余额为（　　）。

A. 借方 7 000 元　　B. 贷方 7 000 元

C. 借方 4 000 元　　D. 贷方 5 500 元

9. 为了反映企业库存材料的增减变化及其结存情况，应设置（　　）账户。

A. 原材料　　B. 库存材料

C. 在途物资　　D. 存货

10. “在途物资”账户的期末余额表示的是（　　）。

A. 在途材料的实际成本　　B. 在途材料的计划成本

C. 库存材料的实际成本　　D. 库存材料的计划成本

11. 企业在筹集资金时发生的费用为（　　）。

A. 管理费用　　B. 直接费用

C. 销售费用　　D. 财务费用

12. 企业行政管理部门为组织和管理生产经营活动而发生的各项费用为（　　）。

A. 制造费用　　B. 直接费用

C. 管理费用　　D. 销售费用

13. 通过“累计折旧”账户对固定资产进行调整，反映固定资产的（　　）。

A. 增加价值　　B. 原始价值

C. 折旧额　　D. 净值

14. 下列（　　）费用不属于期间费用。

A. 制造费用　　B. 财务费用

C. 管理费用　　D. 销售费用

15. （　　）账户用来核算企业在销售商品过程中发生的费用。

A. 制造费用　　B. 直接费用

C. 管理费用　　D. 销售费用

16. 借：主营业务成本，贷：库存商品，这笔会计分录反映的经济业务是（　　）。

A. 结转完工入库产品的生产成本　　B. 结转已销产品的生产成本

C. 冲销已销产品的生产成本　　D. 结转尚未完工产品的生产成本

17. 从企业所有者的角度看，只有交纳（　　）后的利润才是企业最终的财务成果。

A. 城建税　　B. 所得税

C. 增值税　　D. 教育费附加

18. “本年利润”账户的借方余额反映（　　）。

A. 费用额　　B. 收益额

C. 亏损总额　　D. 利润总额

19. 企业收到投资人投入的资本时，应贷记（　　）。

A. 资本公积　　B. 盈余公积

C. 实收资本　　D. 短期投资

20. 采购员出差预借差旅费时，应借记（　　）。

A. 物资采购　　B. 其他应收款

C. 其他应付款　　D. 管理费用

四、多项选择题

1. 财务费用是指企业为筹集生产经营资金而发生的各项费用，包括（　　）。

A. 利息支出　　B. 广告费

C. 差旅费　　D. 金融机构手续费　　E. 汇兑损益

2. 产品制造企业主要生产经营过程的成本计算有（　　）。

A. 材料采购成本计算　　B. 产品生产成本计算

C. 基建工程成本计算　　D. 主营业务成本计算　　E. 其他销售业务成本计算

3. 下列项目中，属于利润分配内容的有（　　）。

A. 计算所得税费用　　B. 提取法定盈余公积

C. 向投资者分配利润　　D. 提取任意盈余公积　　E. 弥补上年度亏损

4. 下列账户在期末结转后通常无余额的有（　　）。

A. 生产成本　　B. 制造费用

C. 管理费用　　D. 财务费用　　E. 库存商品

5. 下列各业务中，通过"应付账款"账户核算的经济业务有（　　）。

A. 欠职工个人报销款　　B. 应付供货方代垫的运费

C. 应付材料采购款　　D. 收取的包装物押金　　E. 欠基建工程队工程款

6. 供应过程核算通常应设置的账户主要有（　　）。

A. 原材料　　B. 在途物资

C. 应交税费　　D. 应收账款　　E. 银行存款

7. 产品制造企业的主要经营过程包括（　　）。

A. 预测过程　　B. 供应过程

C. 生产过程　　D. 销售过程　　E. 核算过程

8. 下列项目中构成材料采购实际成本的是（　　）。

A. 买价　　B. 采购费用

C. 应负担的税金　　D. 增值税　　E. 采购人员差旅费

9. 下列各项属于销售费用的有（　　）。

A. 广告费　　B. 销售人员的工资

C. 销售产品运杂费　　D. 产品的展销费　　E. 招商宣传费

10. 分配工资费用，可以通过（　　）账户核算。

A. 生产成本　　B. 制造费用

C. 管理费用　　D. 应付职工薪酬　　E. 销售费用

11. 产品销售环节发生的各项税金，在"营业税金及附加"账户中核算的有（　　）。

A. 城建税　　B. 所得税

C. 增值税　　D. 教育费附加　　E. 营业税

12. 企业结转已销售产品成本时，应通过（　　　　）账户核算。

A. 生产成本　　B. 主营业务成本

C. 库存商品　　D. 本年利润　　E. 应交税费

13. 分配职工福利费，贷记“应付职工薪酬——职工福利”账户，借记账户可能是（　　　　）。

A. 生产成本　　B. 制造费用

C. 管理费用　　D. 财务费用　　E. 销售费用

14. 产品成本的构成项目主要有（　　　　）。

A. 直接材料　　B. 直接人工

C. 制造费用　　D. 期间费用　　E. 管理费用

15. 对于应交教育费附加，应通过（　　　　）账户核算。

A. 生产成本　　B. 主营业务成本

C. 营业税金及附加　　D. 所得税费用　　E. 应交税费

16. 材料采购费用包括（　　　　）。

A. 买价　　B. 运输途中的合理损耗

C. 采购时发生的运杂费　　D. 入库前的整理挑选费　　E. 采购人员差旅费

17. 投资者对企业的投资，可以是（　　　　）。

A. 固定资产　　B. 无形资产

C. 原材料　　D. 库存现金　　E. 银行存款

18. 下列项目中，属于“营业外支出”账户核算内容的有（　　　　）。

A. 公益救济性捐赠　　B. 罚款支出

C. 固定资产盘亏　　D. 因过失丢失的物资　　E. 因计量差错短缺的材料

19. 下列账户中，应于期末转入“本年利润”账户的有（　　　　）。

A. 制造费用　　B. 财务费用

C. 管理费用　　D. 销售费用　　E. 开办费用

20. 下列项目中可记入“制造费用”账户的有（　　　　）。

A. 车间一般耗用的材料　　B. 车间管理人员的工资

C. 行政管理人员的工资　　D. 车间计提的固定资产折旧　　E. 车间发生的水电费

模块二：技能训练

实训一：练习资金筹集业务的核算

【资料】企业某月发生如下经济业务：

（1）以银行存款偿付到期的三年期借款 4 000 000 元。

（2）安通实业公司以商标权投资，作价 200 000 元。

（3）以银行存款偿付前欠账款 58 500 元。

（4）从银行借入六个月期限贷款 1 000 000 元。

（5）收到长发投资公司投入的资本金 100 000 元，存入银行。

（6）长发投资公司以一台机器设备投资，账面原值 400 000 元，已提折旧 80 000 元，协议作价 350 000 元。

要求：编制以上经济业务的会计分录。

实训二：练习供应过程业务的核算

【资料】企业某月发生如下经济业务：

（1）从达利公司购入甲材料 1 000 公斤，增值税专用发票上注明单价 20 元，价款 20 000元，增值税税额 3 400 元，款项以银行存款支付。

（2）上述甲材料运至企业，用现金支付挑选整理费 400 元，材料已验收入库。

（3）从安天电子厂购入甲材料 4 000 公斤，增值税专用发票上注明单价 18 元，价款 72 000元，增值税税额 12 240 元；乙材料 6 000 公斤，单价 50 元，价款 300 000 元，增值税税额 51 000 元，货款以银行承兑汇票支付。

（4）以银行存款支付上述甲、乙材料运费 4 800 元，用现金支付装卸费 200 元。上述甲、乙材料运到企业，甲材料进行挑选整理，乙材料验收入库。

（5）向菲菲贸易公司购买丙材料 5 000 公斤，增值税专用发票上注明单价 10 元，价款 50 000 元，增值税税额 8 500 元，菲菲贸易公司代垫了 1 000 元运费，账款尚未支付，材料尚在途中。

（6）上述签发给安天电子厂的商业汇票到期，以银行存款支付票款。

（7）以银行存款支付前欠菲菲贸易公司货款。

（8）以银行存款购入不需安装的机器设备一台，取得的增值税专用发票中注明价款 300 000元，增值税税额 51 000 元。

（9）月末，结转入库材料的实际采购成本。

要求：编制以上经济业务的会计分录。

实训三：练习生产过程业务的核算

【资料】企业某月初“生产成本——A 产品”账户期初余额为 10 000 元，本月发生如下经济业务：

（1）以银行存款支付生产车间电费 2 000 元。

（2）车间购买零星办公用品 480 元，以现金支付。

（3）生产车间从仓库领用如下材料：用于生产 A 产品的甲材料 150 公斤，乙材料 100 公斤；用于生产 B 产品的甲材料 120 公斤，乙材料 80 公斤；用于车间共同耗用的甲材料 30 公斤。甲材料单价 50 元，乙材料单价 80 元。

（4）结算本月应付工资，按用途归集如下：

A 产品生产工人工资	8 000 元
B 产品生产工人工资	4 000 元
车间职工工资	2 000 元
销售人员工资	3 000 元
管理部门职工工资	3 000 元

（5）按规定根据职工工资总额的 16% 计提社会保险费。

（6）计提本月固定资产折旧，车间使用的固定资产折旧 6 000 元，管理部门使用的固定资产折旧 3 000 元。

（7）摊销应由生产车间负担的租入机器设备改良支出 2 700 元。

（8）根据生产工人工资比例分配并结转本月制造费用。

（9）本月生产 A 产品 100 件已完工并验收入库，结转其实际生产成本。

要求：编制以上经济业务的会计分录。

实训四：练习销售过程业务的核算

【资料】企业某月发生如下经济业务：

（1）销售给甲单位 A 产品 200 件，开具增值税专用发票，发票上注明单价 200 元，价款 40 000 元，增值税税额 6 800 元，收到甲单位签发的商业汇票一张。

（2）销售给乙单位 B 产品 200 件，开具增值税专用发票，发票上注明单价 70 元，价款 14 000 元，增值税税额 2 380 元，以银行存款代垫运费 2 500 元，款项尚未收到。

（3）以银行存款支付本月广告费 7 000 元。

（4）销售给丙单位 A 产品 100 件，开具普通发票，发票上注明单价 234 元，价款23 400 元；B 产品 50 件，单价 81. 9 元，价款 4 095 元，款项收存银行。

（5）以银行存款支付上述销售给丙单位的产品运杂费 2 000 元。

（6）用银行存款支付销售部门办公费 2 500 元。

（7）乙单位偿还前欠账款，已收妥存入银行。

（8）向丁单位销售原材料一批，开出增值税专用发票，发票上注明价款 2 000 元，增值税税额 340 元，款项已收妥存入银行。

（9）本企业 A 产品适用 10% 的消费税，月末按本月 A 产品销售收入计算应交消费税。

（10）分别按 7% 和 3% 的比例计提本月城建税和教育费附加（经查本月“应交税费——应交增值税”账户中可抵扣的进项税额为 3 100 元）。

（11）结转销售原材料的实际成本 1 000 元。

（12）结转本月销售产品的实际生产成本（A 产品每件生产成本为 150 元，B 产品每件生产成本为 50 元）。

要求：编制以上经济业务的会计分录。

实训五：练习财务成果业务的核算

【资料】企业 20××年 12 月 31 日结账前有关账户的余额如下：

（1）“本年利润”账户贷方余额为 50 000 元。

（2）“利润分配”账户贷方余额为 75 000 元，其所属“未分配利润”明细账户的贷方余额为 75 000 元，其他明细账户无余额。

（3）损益类账户余额为：

账户名称	借方余额	贷方余额
主营业务收入		800 000
其他业务收入		6 000
营业外收入		15 000
其他业务成本	5 000	
营业税金及附加	30 000	
销售费用	35 000	
管理费用	86 000	

（续上表）

账户名称	借方余额	贷方余额
主营业务成本	600 000	
财务费用	3 300	
营业外支出	1 700	

要求：编制以下经济业务的会计分录：

（1）将损益类账户的余额结转到“本年利润”账户，计算本期利润总额。

（2）根据利润总额计算并结转本期应交所得税，企业适用的所得税税率为25%。

（3）按本年税后利润的10%计提法定盈余公积。

（4）将剩余可分配利润的60%分配给投资者。

（5）将“本年利润”账户的余额结转入“利润分配”账户。

（6）将“利润分配”账户所属的其他明细分类账户余额结转入“利润分配——未分配利润”账户。

实训六：练习借贷记账法在企业中的应用

【资料】企业某月发生如下经济业务：

（1）以银行存款支付分配给投资者的利润20 000元。

（2）以现金支付行政管理部门机动车修理费380元。

（3）以银行存款支付本月产品广告费4 000元。

（4）向胜利厂购入甲材料30公斤，单价500元；乙材料20公斤，单价100元，增值税税率17%，取得增值税专用发票，账款尚未支付。

（5）以银行存款2 100元捐赠给希望工程。

（6）销售给江陵百货A产品400件，开具增值税专用发票，单价250元，增值税税率17%，以银行存款支付代垫运费2 000元，收到商业汇票一张。

（7）以银行存款购买生产车间零星办公用品1 000元。

（8）车间技术人员参加生产工艺交流会，报销差旅费2 360元，原预借2 500元，余款交回现金。

（9）以银行存款偿付前欠胜利厂账款。

（10）以银行存款支付前向胜利厂购入甲、乙材料的运费2 000元，材料已运至企业，甲材料验收入库，乙材料挑选整理。

（11）销售甲材料一批，开具增值税专用发票，价款4 000元，增值税税率17%，款项收存银行。

（12）以银行存款36 000元支付本年度长期借款利息。

（13）以银行存款支付电费5 000元，其中生产车间负担4 000元，销售机构负担400元，行政管理部门负担600元。

（14）以银行存款支付违章排污罚款2 260元。

（15）接受捐赠设备一台，价值15 000元。

（16）结转本月入库材料实际采购成本。

（17）本月发出甲材料共计10 000元，其中用于A产品生产5 000元，车间一般耗用

3 000元，对外销售2 000元；发出乙材料20 000元，其中用于A产品生产5 000元，B产品生产14 000元，行政部门耗用600元，销售机构耗用400元。

（18）计算本月应付工资如下：A产品生产工人工资8 000元，B产品生产工人工资2 000元，车间管理人员工资4 000元，行政管理人员工资6 000元，销售人员工资5 000元。

（19）按工资总额的16%计提职工社会保险费。

（20）计提本月固定资产折旧，其中生产用固定资产折旧5 000元，行政管理用固定资产折旧3 000元，销售部门用固定资产折旧2 000元。

（21）计提本期长期借款利息3 000元。

（22）摊销本期应由行政管理部门负担的报刊费500元。

（23）按生产工人工资比例分配并结转本月制造费用。

（24）已知"生产成本——B产品"账户期初余额为5 000元，本月B产品全部完工并验收入库，结转B产品的实际生产成本。

（25）结转本月销售A产品的实际生产成本（每件150元）。

（26）按5%的消费税税率计算本月销售A产品应负担的消费税。

（27）结转本月损益类账户的余额，计算本月利润总额。

（28）按25%的所得税税率计提并结转本月所得税。

（29）按本月净利润的10%计提法定盈余公积。

（30）向投资者分配利润50 000元。

要求：编制以上经济业务的会计分录。

模块三：思维拓展

【资料一】已知企业某年12月初A产品有期初在产品600件，"生产成本——A产品"账户账面余额为5 000元，B产品无期初在产品，"本年利润"账户贷方余额为100 000元，"利润分配"账户除所属"未分配利润"明细账户贷方余额为40 000元外，其他明细账户无余额。

该企业12月份发生如下经济业务：

（1）向力丰经贸公司购买甲材料1 000公斤，增值税专用发票上注明单价19元，价款19 000元，增值税税额3 230元；乙材料500公斤，单价14元，价款7 000元，增值税税额1 190元，账款暂欠。

（2）从银行借入三年期借款1 000 000元，利率6%，按年付息，到期还本。

（3）以银行存款偿付前欠力丰经贸公司账款30 420元。

（4）销售甲材料300公斤，开具增值税专用发票，价款8 000元，增值税税额1 360元，账款收存银行。

（5）以现金支付生产车间零星办公用品费用400元。

（6）以银行存款26 000元发放工资。

（7）销售给旺达公司B产品500件，开具增值税专用发票，单价160元，价款80 000元，增值税税额13 600元，收到商业汇票一张。

（8）以银行存款支付内部食堂职工伙食补助2 000元。

（9）前日购买的甲、乙材料运至企业，以银行存款支付运输费1 500元。甲材料验收入库，乙材料挑选整理。

（10）以银行存款支付本月产品广告费 5 000 元。

（11）接受阳光股份公司投入的一项固定资产，原值 140 000 元，协议作价 100 000 元。

（12）接银行付款通知，付本月水费 4 100 元，其中生产车间负担 3 000 元，行政管理部门负担 1 100 元。

（13）行政管理部门李莉报销差旅费 4 546 元，原预借 5 000 元，余款交回现金。

（14）仓库本月共发出甲材料 19 200 元，其中 A 产品耗用 7 700 元，B 产品耗用 1 500 元，车间共同耗用 4 000 元，对外销售 6 000 元。发出乙材料 7 500 元，其中 A 产品耗用 4 300元，B 产品耗用 3 000 元，行政管理部门耗用 200 元。

（15）计提长期借款利息 5 000 元，该利息不符合资本化条件。

（16）计提本月固定资产折旧 5 000 元，其中车间负担 4 000 元，行政管理部门负担 1 000元。

（17）分配结转本月职工工资 28 000 元，其中生产 A 产品生产工人工资 7 000 元，生产 B 产品生产工人工资 3 000 元，车间管理人员工资 6 000 元，厂部管理人员工资 8 000 元，销售人员工资 4 000 元。

（18）本企业 B 产品适用于 5% 的消费税税率，计提本月销售 B 产品应交消费税。

（19）分别按 7% 和 3% 的比率计提本月应交城建税及教育费附加。

（20）结转本月入库材料的采购成本。

（21）根据 A、B 产品的生产工时比例分配本月发生的制造费用，已知 A 产品生产工时为 3 000 小时，B 产品生产工时为 1 000 小时。

（22）上月投产的 A 产品 600 件完工入库，计算并结转其实际生产成本，本月投入生产的 B 产品尚未完成加工过程。

（23）结转本月销售 B 产品 500 件的实际生产成本（B 产品单位成本为 80 元）。

（24）将各损益类账户余额结转入“本年利润”账户。

（25）按 25% 的所得税税率计算并结转本月所得税。

（26）按本年税后利润的 10% 计提法定盈余公积。

（27）向投资者分配利润 50 000 元。

（28）结转“本年利润”及“利润分配”所属各明细分类账户。

要求：

（1）编制以上经济业务的会计分录；

（2）分析编制以上业务记账凭证。

【资料二】企业 20××年 12 月 1 日有关账户资料如下：

账户名称	借方余额	账户名称	贷方余额
库存现金	4 000	短期借款	200 000
银行存款	258 000	应付账款	58 500
应收账款	93 600	应交税费	6 600
原材料	120 000	应付利息	2 000
长期待摊费用	50 000	应付职工薪酬	12 500
库存商品	250 000	实收资本	1 112 500

（续上表）

账户名称	借方余额	账户名称	贷方余额
生产成本	8 500	盈余公积	56 320
固定资产	1 000 000	本年利润	80 000
		利润分配	55 680
		累计折旧	200 000
合计	1 784 100	合计	1 784 100

其中：

“长期待摊费用”中500元为报纸杂志费，49 500元为生产车间租入的固定资产改良支出；

“生产成本”为前期投产的500件B产品生产成本；

“实收资本”中安旺投资公司占400 000元，大江股份公司占712 500元；

“利润分配”为其所属的“未分配利润”明细账户余额。

该公司12月份发生以下经济业务：

（1）2日，向银行借入两年期长期借款500 000元，利率7.2%，按年付息，到期还本。

（2）3日，购入不需安装的机器设备一台，取得增值税专用发票，发票上注明价款500 000元，增值税税额85 000元，款项以银行存款支付。

（3）3日，向长安电子厂购入甲材料500公斤，单价100元，价款50 000元，增值税税额8 500元；乙材料1 000公斤，单价20元，价款20 000元，增值税税额3 400元，取得增值税专用发票，账款尚未支付。

（4）4日，以银行存款6 750元支付内部食堂伙食补贴。

（5）5日，销售部员工李强预借差旅费3 000元，以现金支付。

（6）5日，以银行存款缴纳税费6 600元，其中增值税4 000元，消费税2 000元，城建税420元，教育费附加180元。

（7）6日，销售A产品1 000件给青青实业公司，单价400元，开具增值税专用发票，价款400 000元，增值税税额68 000元，收到银行承兑汇票一张。

（8）6日，以银行存款支付销售A产品运费2 000元。

（9）7日，以银行存款支付前欠长安电子厂账款81 900元。

（10）8日，以银行存款支付3日购买甲、乙材料的运杂费3 000元，材料运至企业，甲材料挑选整理，乙材料验收入库。

（11）9日，以现金支付生产车间机器设备修理费300元。

（12）10日，销售乙材料200公斤，开具增值税专用发票，单价30元，价款6 000元，增值税税额1 020元，款项收存银行。

（13）11日，以银行存款7 200元支付预订下年度报纸杂志费。

（14）11日，接受安旺投资投入一项专利权，协商作价100 000元；大江股份公司投入资金150 000元，存入银行。

（15）13日，委托银行发放工资98 000元。

（16）15日，以现金支付行政管理部门零星办公用品费用500元。

（17）15日，销售部员工李强报销差旅费2 500元，余款交回现金。

（18）18 日，以银行存款向社保局交纳职工社会保险费 15 600 元。

（19）21 日，以银行存款支付本月产品广告费 6 000 元。

（20）22 日，职工王某违反企业安全规章，罚款 500 元，收到现金。

（21）25 日，以银行存款向希望工程捐款 10 000 元。

（22）28 日，接银行付款通知，支付本月电费 2 400 元，其中车间应负担 2 000 元，行政管理部门应负担 400 元。

（23）29 日，以银行存款支付本季短期借款利息 3 000 元以及长期借款利息 3 000 元。

（24）30 日，以银行存款支付生产车间租入机器设备租金 2 500 元。

（25）31 日，计提本月固定资产折旧 12 000 元，其中生产车间固定资产折旧 4 000 元，行政管理部门固定资产折旧 6 000 元，销售部门固定资产折旧 2 000 元。

（26）31 日，摊销本月生产车间租入机器设备的改良支出 1 500 元；摊销本月报纸杂志费 500 元，其中生产车间负担 100 元，行政管理部门负担 400 元。

（27）31 日，结算本月职工工资 100 000 元，其中 A 产品生产工人 6 人，工资 18 000 元；B 产品生产工人 10 人，工资 30 000 元；车间技术及管理人员 4 人，工资 16 000 元，销售人员 3 人，工资 15 000 元；行政管理人员 4 人，工资 21 000 元。

（28）31 日，按职工工资总额的 9% 和 7% 分别计提职工养老保险及医疗保险费。

（29）31 日，按职工人数每人计提 250 元的内部食堂伙食补贴。

（30）31 日，该企业 A 产品属消费税应税产品，适用税率 5%，计提本月销售 A 产品的消费税。

（31）31 日，按 7% 和 3% 的比率分别计提本月应负担的城建税及教育费附加。

（32）31 日，计提本月应负担的短期借款利息 1 000 元及长期借款利息 3 000 元，该利息不符合资本化条件。

（33）31 日，结转本月入库材料的实际采购成本。

（34）31 日，本月共发出材料 42 000 元，其中生产 A 产品领用甲材料 5 000 元、乙材料 15 000 元，生产 B 产品领用甲材料 4 000 元、乙材料 9 000 元，车间一般耗用乙材料 3 000 元，行政管理部门耗用甲材料 1 000 元，销售机构耗用甲材料 1 000 元，对外销售乙材料 4 000 元。

（35）31 日，按 A、B 两种产品的机器工时比例分配并结转本月制造费用。已知 A 产品的机器工时为 4 000 小时，B 产品的机器工时为 6 000 小时。

（36）31 日，本月 B 产品全部完工入库，计算并结转其实际生产成本。A 产品尚未完工。

（37）31 日，结转本月销售 A 产品的实际生产成本（每件 200 元）。

（38）31 日，结转本月各损益类账户。

（39）31 日，按 25% 的税率计算并结转本月所得税。

（40）31 日，按本年税后利润的 10% 计提法定盈余公积。

（41）31 日，根据股东大会决议，按期初投资者出资比例将本年税后利润的 50% 分配给投资者。

（42）31 日，结转“本年利润”账户及“利润分配”账户各所属明细分类账户。

要求：

（1）编制以上经济业务的会计分录；

（2）分析编制以上业务记账凭证；
（3）开设“T”账户，登记各账户的总分类账；
（4）根据总分类账记录，编制“总账科目试算平衡表”；
（5）将以上经济业务根据记账凭证登记到账簿上。

推荐阅读

http://www. mof. gov. cn
http://www. cicpa. org. cn
http://www. iasc. org. uk
http://www. ifac. org
http://www. asc. em. tsinghua. edu. cn
http://www. nai. edu. cn/
http://www. snai. edu/cn
http://www. xnai. com. cn/
http://www. fec. com. cn
http://www. kuaiji. org

第五章　会计凭证

☞ 学习目标

（一）知识目标

1. 了解会计凭证的意义；
2. 了解会计凭证的传递和保管；
3. 熟悉会计凭证的概念和分类；
4. 掌握原始凭证的填制与审核；
5. 掌握记账凭证的填制与审核。

（二）技能目标

1. 能够根据企业的主要经济业务正确填制原始凭证；
2. 能够根据企业的主要经济业务正确填制记账凭证。

☞ 引导案例

20×4年11月至20×9年1月，吴某利用担任房产交易所出纳的便利，开具收款票据不上交财务，隐瞒其收取的店面租金和8笔合同工本费共计27.9万元。为达到侵吞上述款项的目的，20×9年1月21日，吴某纵火烧毁房产交易所20×4年至20×9年共4年多的会计凭证。

◈ 问题：

（1）会计凭证是什么？

（2）吴某为什么要销毁会计凭证？

第一节　会计凭证概述

一、会计凭证的意义

会计凭证是记录经济业务发生和完成情况，明确经济责任，作为记账依据的书面证明，是会计核算的重要资料。

任何单位发生的每一项经济业务，都必须由经办或完成业务的有关人员根据有关规定和程序填制或取得会计凭证，记录经济业务发生或完成的日期、内容、金额，并在会计凭证上签名盖章，明确经济责任。会计凭证必须经过有关人员的严格审核，只有审核无误的真实、合法的会计凭证，才能作为记账依据，以保证账簿记录、报表信息的真实、完整。

填制和审核会计凭证是会计核算的基本方法之一，也是会计工作的起点，对于完成会计工作任务、发挥会计反映与监督职能具有十分重要的意义：

（1）会计凭证记录了经济业务的发生和完成情况，为会计核算提供了原始资料。每个单位在生产经营过程中都会发生各种各样的经济业务，会计凭证真实、完整地记录了业务发生的时间、地点、内容、金额和经办人员的签章，为登记账簿、成本计算和编制会计报表等核算工作奠定了可靠的基础，为确保会计信息的真实性提供了保障。

（2）会计凭证是发挥会计监督职能的依据。通过审核会计凭证，可以检查每一项经济业务是否符合国家有关政策、法律法规和制度的规定，是否有违法乱纪、铺张浪费等行为；可以及时发现经营管理和会计核算中存在的问题和漏洞，及时加以制止和纠正，保证企业经济活动健康、良性地发展。

（3）会计凭证是明确经济责任的书面证明。经济业务发生后，有关的经办人员必须在会计凭证上签字或盖章，这样在取得或填制会计凭证时，就明确了各经办单位及有关人员的经济责任，在发现问题时，便于查明责任，有利于加强与改善经营管理，为单位领导人对业务经办人员的业绩考评提供了依据。

二、会计凭证的种类

会计凭证多种多样，按照不同的标准可以划分为不同的种类，一般按照会计凭证填制的程序和用途的不同，分为原始凭证和记账凭证两类。

第二节　原始凭证

原始凭证又称原始单据，是在经济业务发生或完成时取得或填制的，用以记录或证明经济业务的发生或完成情况的书面证明。原始凭证是填制记账凭证的依据，是登记账簿的原始依据。

一、原始凭证的种类

原始凭证按照来源的不同，分为外来原始凭证和自制原始凭证。

1. 外来原始凭证

外来原始凭证是指在同外单位或个人发生经济往来事项时，从外单位或个人取得的凭证。例如，购买商品从供货单位取得的发票，各种飞机票、火车票和汽车票等。发票的格式如图 5－1 所示：

<u>广东省商品销售统一发票</u>

发票联

发票代码：144000721142

发票号码：37065233

顾客名称及地址：　　　　　　　　　　　　　　　　　　　　　　　　　年　月　日填发

<table>
<tr><td colspan="2" rowspan="2">品名规格</td><td rowspan="2">单位</td><td rowspan="2">数量</td><td rowspan="2">单价</td><td rowspan="6">超过仟元无效</td><td colspan="5">金额</td><td>备注</td></tr>
<tr><td>百</td><td>十</td><td>元</td><td>角</td><td>分</td><td rowspan="6"></td></tr>
<tr><td colspan="2"></td><td></td><td></td><td></td><td></td><td></td><td></td><td></td><td></td></tr>
<tr><td colspan="2"></td><td></td><td></td><td></td><td></td><td></td><td></td><td></td><td></td></tr>
<tr><td colspan="2"></td><td></td><td></td><td></td><td></td><td></td><td></td><td></td><td></td></tr>
<tr><td colspan="2"></td><td></td><td></td><td></td><td></td><td></td><td></td><td></td><td></td></tr>
<tr><td>合计金额（大写）</td><td colspan="3"></td><td colspan="2">小写合计</td><td></td><td></td><td></td><td></td><td></td></tr>
</table>

开票人：　　　　　　　　　　　　收款人：　　　　　　　　　　　　业户名称（盖章）

图 5－1　发票

2. 自制原始凭证

自制原始凭证是指本单位内部经办部门或人员，在完成某项经济业务时自行填制的凭证。例如，销售商品开具的提货单，仓库保管员验收材料时填制的收料单，生产车间等部门领用材料时填制的领料单等。收料单、领料单的格式如图 5－2 和图 5－3 所示：

收料单

凭证编号：

材料类别：　　　　　　　　　　年　月　日　　　　　　　　　　收料仓库：

<table>
<tr><td colspan="4">供货单位：</td><td colspan="4">发票号码：</td></tr>
<tr><td>编号</td><td>材料名称</td><td>规格</td><td>单位</td><td>应收数量</td><td>实收数量</td><td>单价</td><td>金额</td></tr>
<tr><td></td><td></td><td></td><td></td><td></td><td></td><td></td><td></td></tr>
<tr><td></td><td></td><td></td><td></td><td></td><td></td><td></td><td></td></tr>
<tr><td colspan="6">备注：</td><td>合计</td><td></td></tr>
</table>

保管员：　　　　　　　　　　　　收料：

图 5－2　收料单

领料单

领料部门：　　　　　　　　　　年　月　日　　　　　　　　　　凭证编号：

<table>
<tr><td colspan="4">领料用途：</td><td colspan="4">制造数量：</td></tr>
<tr><td>编号</td><td>品名</td><td>规格</td><td>单位</td><td>请领数量</td><td>实发数量</td><td>单价</td><td>金额</td></tr>
<tr><td></td><td></td><td></td><td></td><td></td><td></td><td></td><td></td></tr>
<tr><td></td><td></td><td></td><td></td><td></td><td></td><td></td><td></td></tr>
<tr><td colspan="6">备注：</td><td>合计</td><td></td></tr>
</table>

记账：　　　　　　　　发料：　　　　　　　　领料部门主管：　　　　　　　　领料：

图 5－3　领料单

原始凭证按照填制方法的不同，分为一次原始凭证、累计原始凭证和汇总原始凭证。

1. 一次原始凭证

一次原始凭证是指只记录一项经济业务或若干项同类经济业务，其填制手续一次完成的会计凭证。它是一次有效的凭证，一经填写完毕就不能再重复填写使用。外来原始凭证都是一次原始凭证，自制原始凭证绝大多数是一次原始凭证，如购货发票、销货发票、收据、领料单、借款单、银行结算凭证、收料单、工资结算单等。

2. 累计原始凭证

累计原始凭证是指在一定时期内多次记录若干同类经济业务的会计凭证。它是多次有效的凭证，可连续多次填写使用。常见的累计凭证有限额领料单，其格式如图 5－4 所示：

限额领料单

领料部门：　　　　　　　　　　　　　　　　　　凭证编号：

领料用途：　　　　　　　　年　月　　　　　　　发料仓库：

<table>
<tr><td rowspan="2">编号</td><td rowspan="2">名称</td><td rowspan="2">规格</td><td rowspan="2">单位</td><td rowspan="2">计划投产量</td><td rowspan="2">单位消耗定额</td><td rowspan="2">领用限额</td><td colspan="3">实际领用</td></tr>
<tr><td>数量</td><td>单价</td><td>金额</td></tr>
<tr><td></td><td></td><td></td><td></td><td></td><td></td><td></td><td></td><td></td><td></td></tr>
<tr><td colspan="2">年</td><td colspan="3">领用</td><td colspan="3">退料</td><td colspan="2" rowspan="2">限额结余数量</td></tr>
<tr><td>月</td><td>日</td><td>数量</td><td>领料人</td><td>发料人</td><td>数量</td><td>退料人</td><td>收料人</td></tr>
<tr><td></td><td></td><td></td><td></td><td></td><td></td><td></td><td></td><td></td><td></td></tr>
<tr><td></td><td></td><td></td><td></td><td></td><td></td><td></td><td></td><td></td><td></td></tr>
<tr><td></td><td></td><td></td><td></td><td></td><td></td><td></td><td></td><td></td><td></td></tr>
</table>

生产部门负责人：　　　　　　　　供应部门负责人：　　　　　　　　仓库负责人：

图 5－4　限额领料单

3. 汇总原始凭证

汇总原始凭证也称原始凭证汇总表，是指对一定时期内记录同类经济业务的若干张原始凭证，按照一定标准汇总编制成的原始凭证。如发料凭证汇总表、收料凭证汇总表和工资结算汇总表等。发料凭证汇总表格式如图 5－5 所示：

发料凭证汇总表

年　月　日

材料名称 / 领料部门	A 材料	B 材料	……	合计
合计				

图 5－5　发料凭证汇总表

汇总原始凭证在大中型企业中使用得非常广泛，它可以简化记账凭证的编制工作，提高工作效率，能够直接为经营管理提供某些综合指标。

二、原始凭证的基本内容

在会计实务中，由于经济业务种类多种多样，每个单位管理要求不同，原始凭证的种类繁多，形式各异，既有来自单位外部的，也有单位自制的；既有国家统一印制的具有固定格式的发票，也有由发生经济业务事项双方认可并自行填制的凭据等。但原始凭证作为记录和证明经济业务的发生或完成情况、明确有关经办人员的责任的原始证据，无论哪种原始凭证都应当具备一些基本内容，这些基本内容称为原始凭证要素。这些基本内容是：

（1）凭证的名称；

（2）填制凭证的日期；

（3）填制凭证的单位名称或者填制人姓名；

（4）经办人员的签名或者盖章；

（5）接受凭证的单位名称；

（6）经济业务内容；

（7）数量、单价和金额。

另外，对一些特殊情况的原始凭证，除应当具备上述内容外，还应当符合一定的附加条件，具体包括：从外单位取得的原始凭证，必须盖有填制单位的公章，从个人取得的原始凭证，必须有填制人员的签名或者盖章；自制原始凭证必须有经办单位负责人或者其指定人员的签名或者盖章；支付款项的原始凭证，必须有收款单位和收款人的收款证明，不能仅以支付款项的有关凭证代替；购买实物的原始凭证，必须有验收证明；发生销货退回的，除填制退货发票外，还必须有退货验收证明，退款时必须取得对方的收款收据或者汇款银行的凭证，不得以退货发票代替收据；职工因公出差借款凭据，必须附在记账凭证之后。收回借款时，应当另开收据或者退还借据副本，不得退还原借款收据；经上级有关部门批准的经济业务事项，应当将批准文件作为原始凭证的附件。

三、原始凭证的填制

（一）原始凭证的填制要求

原始凭证的填制必须符合下列基本要求：

（1）记录真实。原始凭证上填写的日期、业务内容、数量、金额必须与实际情况完全符合，凭证内容必须真实可靠，不得弄虚作假，更不得伪造凭证。

（2）内容完整。原始凭证必须按规定的格式和内容逐项填写齐全，不得遗漏和省略，同时必须由经办业务的部门和人员签字盖章，对凭证的真实性和正确性负责。

（3）书写规范。填写原始凭证上的文字和数字时，字迹必须清楚、工整、易于辨认，不得任意涂改、刮擦或挖补。若发生填写错误，应当按规定方法更正，原始凭证金额出现错误的，不得更正，只能由出具单位重新开具。

阿拉伯数字应逐个书写清楚，不可连笔书写。阿拉伯金额数字前面应当书写货币币种符号或者货币名称简写和币种符号，币种符号与阿拉伯金额数字之间不得留有空白，凡阿拉伯数字前写有币种符号的，数字后面不再写货币单位。以元为单位的阿拉伯数字，除表示单价等情况外，一律填写到角分；无角分的，角位和分位分别填写“0”；有角无分的，分位应当写“0”，不得用符号“—”代替。

汉字大写数字金额如零、壹、贰、叁、肆、伍、陆、柒、捌、玖、拾、佰、仟、万、亿等，一律用正楷或者行书体书写，不得用0、一、二、三、四、五、六、七、八、九、十等简化字代替，不得任意自造简化字。大写金额数字到元或者角为止的，在“元”或者“角”字之后应当写“整”字或者“正”字；大写金额数字有分的，分字后面不写“整”字或者“正”字。阿拉伯金额数字中间有“0”时，汉字大写金额要写“零”字，如¥204.30，汉字大写金额应为“人民币贰佰零肆元叁角整”；阿拉伯数字金额中间连续有几个“0”时，汉字大写金额中可以只写一个“零”，如¥10005.00，汉字大写金额应为“人民币壹万零伍元整”。

（4）填制及时。原始凭证应当根据经济业务的发生和完成情况及时填写，并按规定的程序及时送交财务部门，经财务部门审核后据以编制记账凭证。

（二）原始凭证的填制

1. 一次原始凭证的填制

【例5－1】20××年5月16日，某企业生产一车间领用A材料1 000公斤，单价13元，用于生产甲产品。仓库经办人员填写领料单如图5－6所示：

领料单

领料部门：一车间　　　　20××年5月16日　　　　凭证编号：1234

领料用途：生产甲产品				制造数量：50			
编号	品名	规格	单位	请领数量	实发数量	单价	金额
034	A材料		公斤	1 000	1 000	13	13 000
备注：						合计	13 000

记账：赵六　　　　发料：李四　　　　领料部门主管：王五　　　　领料人：张三

图5－6

领料人张三根据生产需要填制“领料单”。“领料部门”填写领用材料的部门；“领料用途”填写材料的具体用途，如“生产某产品、工程用、产品包装”等；“制造数量”填写生产或包装的产品的数量；“请领数量”填写申请领用的数量。领料单经部门主管审核批准后到仓库领料，仓库保管员审核“领料单”后发出材料，在“实发数量”栏内填写实发数量，有关经办人员均在“领料单”上签名。

【例5－2】20××年5月22日，联合公司销售甲材料一批给南方公司，规格型号为#2135，数量2 000公斤，单价50元，售价共100 000元，增值税税率17%，增值税销项税额17 000元。

联合公司是增值税一般纳税人，纳税人识别号为440106769527123，地址为广州市光明路598号，电话为83045561，开户银行及账号为工商银行广州天河支行3456432167845。南方公司是增值税一般纳税人，纳税人识别号为440100685225516，地址为广州市先烈路1543

号，电话为87659080，开户银行及账号为工商银行广州黄花支行2763834983279。

联合公司开具的增值税专用发票如图5－7所示：

广东省增值税专用发票

开票日期：20××年5月22日

购货单位	名称	南方公司			密码区	略	
	纳税人识别号	440100685225516					
	地址、电话	广州市先烈路1543号　87659080					
	开户银行及账号	工商银行广州黄花支行　2763834983279					
货物或劳务名称	规格型号	单位	数量	单价	金额	税率	税额
甲材料	#2135	公斤	2 000	50	100 000. 00	17%	17 000. 00
合计					¥100 000. 00		¥17 000. 00
价税合计（大写）	壹拾壹万柒仟元整				¥117 000. 00		
销货单位	名称	联合公司			备注		
	纳税人识别号	440106769527123					
	地址、电话	广州市光明路598号　83045561					
	开户银行及账号	工商银行广州天河支行　3456432167845					

收款人：　　复核：　　开票人：李兰斯　　销货单位：（章）

图5－7

开票人李兰斯根据销售业务开具增值税专用发票，“开票日期”填写销售业务发生的日期；“购货单位”和“销货单位”按全称填写，不得简写；“货物或劳务名称”、“规格型号”、“单位”、“数量”按销售货物的名称、规格、计量单位和数量填写；“单价”按不含税单价填写；“金额”按“单价×数量”的计算结果填写；“税率”按货物适用的税率填写；“税额”按“金额×税率”的计算结果填写；合计金额前要加“¥”；价税合计的大写金额要顶头写，不留空位；最后加盖发票专用章。

【例5－3】20××年5月25日，联合公司到开户银行办理汇款，支付前欠中宇公司的货款10 000元，中宇公司的开户银行及账号为工商银行佛山东城支行2745387167845。办理的汇款凭证如图5－8所示：

中国工商银行　电汇凭证（回单）　　1

委托日期　20××年5月25日

<table>
<tr><td rowspan="3">汇款人</td><td>全称</td><td>联合公司</td><td rowspan="3">收款人</td><td colspan="3">全称</td><td colspan="7">中宇公司</td></tr>
<tr><td>账号</td><td>3456432167845</td><td colspan="3">账号</td><td colspan="7">2745387167845</td></tr>
<tr><td>汇出地点</td><td>广东省　广州　市/县</td><td colspan="3">汇入地点</td><td colspan="7">广东　省　佛山　市/县</td></tr>
<tr><td colspan="2">汇出行名称</td><td>工商银行广州天河支行</td><td colspan="4">汇入行名称</td><td colspan="7">工商银行佛山东城支行</td></tr>
<tr><td rowspan="2">金额</td><td rowspan="2">人民币（大写）</td><td rowspan="2">壹万元整</td><td>亿</td><td>千</td><td>百</td><td>十</td><td>万</td><td>千</td><td>百</td><td>十</td><td>元</td><td>角</td><td>分</td></tr>
<tr><td></td><td></td><td></td><td>¥</td><td>1</td><td>0</td><td>0</td><td>0</td><td>0</td><td>0</td><td>0</td></tr>
<tr><td colspan="3" rowspan="2">汇出行签章</td><td colspan="3">支付密码</td><td colspan="8"></td></tr>
<tr><td colspan="11">附加信息及用途：
复核　　记账</td></tr>
</table>

图5－8

2. 累计原始凭证的填制

【例5－4】20××年5月，某企业生产二车间计划生产乙产品3 000台，每台乙产品需消耗B材料1公斤，根据生产任务，全月的领用限额为3 000公斤，每公斤单价为4元。生产部门下达了“限额领料单”，二车间在规定的限额内可分次领用B材料。5月份B材料领用情况如图5－9所示：

限额领料单

领料部门：二车间　　　　凭证编号：134

领料用途：生产乙产品　　20××年5月　　发料仓库：2号仓

<table>
<tr><td rowspan="2">编号</td><td rowspan="2">名称</td><td rowspan="2">规格</td><td rowspan="2">单位</td><td rowspan="2">计划投产量</td><td rowspan="2">单位消耗定额</td><td rowspan="2">领用限额</td><td colspan="3">实际领用</td></tr>
<tr><td>数量</td><td>单价</td><td>金额</td></tr>
<tr><td>1583</td><td>B材料</td><td></td><td>公斤</td><td>3 000</td><td>1</td><td>3 000</td><td>2 950</td><td>1</td><td>2 950</td></tr>
<tr><td colspan="2">20××年</td><td colspan="3">领用</td><td colspan="3">退料</td><td colspan="2" rowspan="2">限额结余数量</td></tr>
<tr><td>月</td><td>日</td><td>数量</td><td>领料人</td><td>发料人</td><td>数量</td><td>退料人</td><td>收料人</td></tr>
<tr><td>5</td><td>6</td><td>800</td><td>张三</td><td>李四</td><td></td><td></td><td></td><td colspan="2">2 200</td></tr>
<tr><td></td><td>12</td><td>800</td><td>张三</td><td>李四</td><td></td><td></td><td></td><td colspan="2">1 400</td></tr>
<tr><td></td><td>18</td><td>600</td><td>张三</td><td>李四</td><td></td><td></td><td></td><td colspan="2">800</td></tr>
<tr><td></td><td>23</td><td>500</td><td>张三</td><td>李四</td><td></td><td></td><td></td><td colspan="2">300</td></tr>
<tr><td></td><td>26</td><td>250</td><td>张三</td><td>李四</td><td></td><td></td><td></td><td colspan="2">50</td></tr>
</table>

生产部门负责人：李明　　供应部门负责人：吴阳　　仓库负责人：陈清

图5－9

“限额领料单”是由生产部门根据生产任务下达的领用材料的凭证，在有效期间内（一般为一个月），只要领用数量不超过限额就可以连续多次使用。

领料人领料时，在单内填写请领数量，发料人根据请领材料名称、数量在限额内发料，并在单内填写实发数量和限额结余数量，领料人张三和发料人李四均在单内签名。

从5月份“限额领料单”记录可知，二车间当月5次累计领用材料2 950公斤，与领用限额相比节约了50公斤，节约了材料费用50元。可见，“限额领料单”可起到控制成本的作用，避免了浪费，还减少了原始凭证的数量、简化了填制凭证的手续。期末根据实际发生额进行记账。

四、原始凭证的审核

对原始凭证进行审核，是确保会计资料质量的重要措施，也是会计机构、会计人员的重要职责。只有审核无误的原始凭证，才能作为编制记账凭证和登记账簿的依据。对原始凭证的审核主要包括以下两个方面：

（1）审核原始凭证的真实性、合法性。审核原始凭证所记录的经济业务是否真实发生，查明业务发生日期、业务内容和业务数据是否真实，是否有弄虚作假的情况；审核凭证中所记录的经济业务的内容是否符合国家有关政策、法令、准则、制度、计划、预算和合同等的规定，是否符合审批权限和手续；查明有无违反财经制度规定、贪污盗窃、虚报冒领、伪造凭证等违纪行为。

会计人员对不真实、不合法的原始凭证有权不予接受，并向单位负责人报告。

（2）审查原始凭证的完整性、准确性。审核原始凭证的应填项目是否填写齐全，是否有应填未填或填写不清楚的地方；审核原始凭证的手续是否完备，有关经办人员是否都已签名或盖章，是否经过主管人员审批同意等；审核原始凭证的摘要和数字是否填写清楚、正确，数量、单价、金额的计算是否正确，大写与小写金额是否相符等。

会计人员对记载不准确、不完整的原始凭证应予以退回，并要求经办人员按照国家统一的会计制度的规定进行更正、补充。

第三节　记账凭证

记账凭证是会计人员根据审核无误的原始凭证对经济业务事项按其性质进行归类、确定会计分录、作为登记账簿的直接依据的会计凭证。

在会计实务中，由于经济业务是多种多样和错综复杂的，不同的单位用以记录经济业务的原始凭证的种类、格式和内容也是多种多样的，若直接根据原始凭证登记账簿容易发生差错。为了便于登记账簿，需要将原始凭证加以归类、整理，运用会计语言对经济业务进行概括反映，即填制具有统一格式的记账凭证，这样既方便记账，又可避免差错，保证账簿记录的正确性。

一、记账凭证的种类

记账凭证按其适用的经济业务，分为专用记账凭证和通用记账凭证两类。

（一）专用记账凭证

专用记账凭证是指专门用来记录某一类经济业务的记账凭证。专用记账凭证按其所记录的经济业务是否与现金和银行存款的收付有关，分为收款凭证、付款凭证和转账凭证三种。

1. 收款凭证

收款凭证是指专门用于记录库存现金和银行存款收入业务的记账凭证。它是根据有关现金和银行存款收入业务的原始凭证填制的，是登记现金日记账、银行存款日记账以及有关明细账和总分类账的依据，也是出纳人员收讫款项的依据，其格式与内容如图 5－10 所示：

收款凭证

借方科目：　　　　　　　　年　月　日　　　　　　　　字第　号

摘要	贷方科目		金额										√
	总账科目	明细科目	千	百	十	万	千	百	十	元	角	分	
附件　张	合　计												

会计主管　　　　记账　　　　出纳　　　　审核　　　　制单

图 5－10　收款凭证

2. 付款凭证

付款凭证是指专门用于记录库存现金和银行存款付款业务的记账凭证。它是根据有关现金和银行存款支付业务的原始凭证填制的，是登记现金日记账、银行存款日记账以及有关明细账和总分类账的依据，也是出纳人员付讫款项的依据，其格式与内容如图 5－11 所示：

付款凭证

贷方科目：　　　　　　　　年　月　日　　　　　　　　字第　号

摘要	借方科目		金额										√
	总账科目	明细科目	千	百	十	万	千	百	十	元	角	分	
附件　张	合　计												

会计主管　　　　记账　　　　出纳　　　　审核　　　　制单

图 5－11　付款凭证

3. 转账凭证

转账凭证是指专门用于记录不涉及库存现金和银行存款收付业务的记账凭证。它是根据有关转账业务的原始凭证填制的，是登记总分类账及有关明细分类账的依据，其格式与内容如图 5－12 所示：

转账凭证

年 月 日　　　　字第 号

摘要	会计科目		借方金额									贷方金额									√
	总账科目	明细科目	百	十	万	千	百	十	元	角	分	百	十	万	千	百	十	元	角	分	
附件 张	合计																				

会计主管　　　记账　　　审核　　　制单

图 5－12　转账凭证

（二）通用记账凭证

通用记账凭证是指适用于各类经济业务、具有统一格式的记账凭证。采用通用记账凭证的单位，不论是收款业务、付款业务还是转账业务，均采用一种统一格式的记账凭证记录。通用记账凭证一般用于经济业务量比较少的单位，其格式与内容如图 5－13 所示：

记账凭证

年 月 日　　　　字第 号

摘要	会计科目		借方金额									贷方金额									√
	总账科目	明细科目	百	十	万	千	百	十	元	角	分	百	十	万	千	百	十	元	角	分	
附件 张	合计																				

会计主管　　　记账　　　出纳　　　审核　　　制单：张三

图 5－13　通用记账凭证

二、记账凭证的基本内容

记账凭证必须具备以下基本内容：

（1）填制凭证的日期；

（2）凭证编号；

（3）经济业务摘要；

（4）会计科目和金额；

（5）所附原始凭证张数；

（6）填制凭证人员、稽核人员、记账人员、会计主管人员签名或者盖章。收款和付款记账凭证还应当由出纳人员签名或者盖章。

三、记账凭证的填制

（一）记账凭证的填制要求

1. 记账凭证的日期

记账凭证的日期一般是会计人员填制记账凭证当天的日期，也可以根据管理的需要，填写经济业务发生的日期或月末日期。例如，收、付款记账凭证填写货币资金实际收、付的日期，报销差旅费的记账凭证填写报销当日的日期，属于分配费用等转账业务的记账凭证填写当月月末的日期。

2. 记账凭证的编号

记账凭证应当连续编号，以分清经济业务处理的先后顺序，便于记账凭证和会计账簿间的核对，确保记账凭证的完整。记账凭证编号的方法一般有三种：第一，统一编号，即将一个月的全部经济业务按顺序统一编号，该方法适用于采用通用记账凭证的单位使用；第二，按现金收付、银行存款收付和转账业务三类分别编号；第三，按现金收入、现金支出、银行存款收入、银行存款支出和转账业务五类分别编号。

无论采用哪一种编号方法，都应该按月顺序编号，即每月都从 1 号编起，顺序编至月末。一笔经济业务需要填制两张或者两张以上记账凭证的，可以采用分数编号法编号，如某月一笔编号为 12 号的经济业务需填制三张凭证，那这三张凭证的编号应是 $12\frac{1}{3}$、$12\frac{2}{3}$、$12\frac{3}{3}$，分母 3 表示这笔业务有 3 张记账凭证，分子 1、2、3 分别表示第 1、2、3 张。

3. 记账凭证的摘要

记账凭证的摘要是对经济业务内容的基本概况所作的简要说明，要求文字说明简明扼要，准确表述经济业务的内容，能使阅读者通过摘要就能了解经济业务的来龙去脉。

4. 记账凭证的会计分录

根据经济业务的内容，按照会计准则的规定，确定应借应贷的科目，总账科目应填写全称，不得任意改变、简化科目的名称，有关的二级或明细科目要填写齐全。记账凭证中填写的金额应与原始凭证中的金额一致，填写时使用阿拉伯数字，对准金额栏的位数填写到分位，如果没有角、分，要用“0”代替，不能空位，并在合计栏填写合计金额，在合计金额前面填写货币符号“￥”。记账凭证应按行次逐行填写，不得跳行或留有空行，对记账凭证中的空行应该划斜线注销，划线应从金额栏最后一笔金额数字下的空行至合计数上的空行。

5. 记账凭证的附件

记账凭证的附件就是所附的原始凭证，除结账和更正错账的记账凭证外，一律要附有原始凭证，并在记账凭证上标明所附原始凭证的张数。若一张原始凭证涉及几张记账凭证，应将原始凭证附在那张主要的记账凭证后面，并在其余记账凭证上注明附有该原始凭证的记账凭证的编号或者附原始凭证复印件。

6. 记账凭证的签名盖章

记账凭证填制完成后，制单人员应签章，经审核人员审核签章后，交由会计主管人员签章，最后由记账人员根据审核无误的记账凭证登记账簿并签章。对于收、付款记账凭证，还必须有出纳人员签章。

（二）记账凭证的填制

1. 专用记账凭证的填制

（1）收款凭证的填制。收款凭证左上角的“借方科目”按收款的性质填写“库存现金”或“银行存款”；凭证上方的“年、月、日”处，填写财务部门受理经济业务事项的日期；凭证右上角的“字第　号”处，填写“银收”或“收”字和凭证的顺序编号；“摘要”栏简要说明经济业务的内容；“贷方总账科目”和“二级科目”栏填写与“库存现金”或

“银行存款”相对应的总账科目及其二级科目；“金额”栏填写与同一行会计科目对应的发生额；“合计栏”填写发生额的合计数；“附件　张”填写所附原始凭证的张数；记账凭证填写完毕后制单员应签名或盖章；“记账”栏在登记账簿后划“√”符号，表示已经登账，避免发生漏记或重记错误。

【例5－5】某企业20××年5月21日销售甲产品一批，价款20 000元，增值税销项税额3 400元，款项已收并存入银行。会计人员根据审核无误的原始凭证填制收款凭证，如图5－14所示：

收款凭证

借方科目：银行存款　　　　20××年5月21日　　　　收字第56号

摘要	贷方科目		金额										√
	总账科目	明细科目	千	百	十	万	千	百	十	元	角	分	
销售甲产品	主营业务收入	甲产品				2	0	0	0	0	0	0	
	应交税费	应交增值税（销项）					3	4	0	0	0	0	
附件　贰　张	合　　计				¥	2	3	4	0	0	0	0	

会计主管　　　　记账　　　　出纳　　　　审核　　　　制单：张三

图5－14

（2）付款凭证的填制。付款凭证的填制方法与收款凭证基本相同，只是左上角的“借方科目”换为“贷方科目”，凭证内的“贷方科目”换为“借方科目”。

【例5－6】某企业20××年5月23日以银行存款支付广告费30 000元。会计人员根据审核无误的原始凭证填制付款凭证，如图5－15所示：

付款凭证

贷方科目：银行存款　　　　20××年5月23日　　　　付字第36号

摘要	借方科目		金额										√
	总账科目	明细科目	千	百	十	万	千	百	十	元	角	分	
支付广告费	销售费用	广告费				3	0	0	0	0	0	0	
附件　贰　张	合　　计				¥	3	0	0	0	0	0	0	

会计主管　　　　记账　　　　出纳　　　　审核　　　　制单：张三

图5－15

对于同时涉及现金和银行存款的经济业务，为避免重复，一般只编制付款凭证，不编制收款凭证。

（3）转账凭证的填制。转账凭证将经济业务事项中所涉及的全部会计科目，按照先借后贷的顺序记入“会计科目”栏中的“总账科目”和“明细科目”，将各会计科目应借、应贷金额分别记入“借方金额”、“贷方金额”栏。

【例 5－7】20××年 5 月 24 日，某企业之前购入的 A 材料 18 000 元验收入库。会计人员根据审核无误的原始凭证填制转账凭证，如图 5－16 所示：

转账凭证

20××年 5 月 24 日　　　　转字第 46 号

摘要	会计科目		借方金额									贷方金额									√
	总账科目	明细科目	百	十	万	千	百	十	元	角	分	百	十	万	千	百	十	元	角	分	
材料验收入库	原材料	A 材料			1	8	0	0	0	0	0										
	在途物资													1	8	0	0	0	0	0	
附件贰张	合计			¥	1	8	0	0	0	0	0		¥	1	8	0	0	0	0	0	

会计主管　　　　记账　　　　审核　　　　制单：张三

图 5－16

2. 通用记账凭证的填制

通用记账凭证的填制方法与转账凭证的填制方法基本相同。

【例 5－8】20××年 5 月 25 日，某企业签发现金支票提取 3 000 元现金备用。会计人员根据审核无误的原始凭证填制记账凭证，如图 5－17 所示：

记账凭证

20××年 5 月 25 日　　　　付字第 56 号

摘要	会计科目		借方金额									贷方金额									√
	总账科目	明细科目	百	十	万	千	百	十	元	角	分	百	十	万	千	百	十	元	角	分	
提现备用	库存现金					3	0	0	0	0	0										
	银行存款														3	0	0	0	0	0	
附件壹张	合计				¥	3	0	0	0	0	0			¥	3	0	0	0	0	0	

会计主管　　　　记账　　　　出纳　　　　审核　　　　制单：张三

图 5－17

四、记账凭证的审核

为保证会计信息的质量，所有记账凭证必须经过稽核人员的审核才能登记账簿。记账凭证的审核，除了要对原始凭证进行复审外，还要对以下内容进行审核：

（1）审核记账凭证的日期、凭证编号、摘要、附件张数以及有关人员签章等各个项目填写是否齐全。如果记账凭证的填写有误或者项目填列不完整、签章不齐全，应责令有关人员重填或者把项目补充完整。

（2）审核记账凭证记录的经济业务内容与所附原始凭证的内容是否一致、金额是否相等，所列附件张数是否与所附原始凭证的张数相符。

（3）审核会计分录是否正确，包括应借应贷的会计科目的名称、金额是否正确，对应关系是否清晰。

第四节　会计凭证的传递与保管

一、会计凭证的传递

会计凭证的传递是指会计凭证从取得或填制起至归档保管止，在本单位内部各有关部门和人员之间的传递程序和传递时间。会计凭证的传递是会计核算得以正常、有效进行的前提，通过会计凭证的传递，能够把会计信息和会计资料及时传送到本单位各有关部门，以便正确地组织经济活动，进行会计核算，实行会计监督。

一般来说，会计凭证传递程序越简单，就越有利于提高会计工作效率，保证会计核算的及时性，但也会削弱内部控制的效力，容易产生错弊。科学的会计凭证传递程序，应结合单位的经济业务特点、机构设置情况、人员分工情况和经营管理需要，规定各种会计凭证的格式、确定每种凭证应填制的份数、每联次应分别交哪一部门及其传递顺序，使会计凭证的传递既能符合内部牵制的原则，又能提高工作效率。

组织会计凭证的传递，除了要规定各种凭证的传递环节和顺序，还要根据各个环节经济业务办理所需的时间，合理规定凭证在各个环节停留的时间，保证会计工作有条不紊地进行，使会计信息得到及时传递。

二、会计凭证的保管

会计凭证是一个单位的重要经济档案，会计人员要妥善保管。会计凭证登记完毕后，应连同所附的原始凭证或汇总原始凭证，按照编号顺序，折叠整齐，按期装订成册，加具封面，并在封面上注明单位名称、凭证所属年度及月份、起讫日期、记账凭证的种类、起讫号码，装订人应在装订线封签处签名或盖章，以防止凭证被任意抽换。

如果一个月内的凭证数量过多，可分装成若干册，在封面上加注共几册字样。原始凭证较多时可单独装订，但应在凭证封面注明所属记账凭证的日期、编号和种类，同时在所属的记账凭证上注明另行保管及原始凭证的名称和编号，以便查阅。

会计凭证装订成册后，应由专人负责分类保管，年终应登记归档，会计凭证的保管期限和销毁手续应严格遵守会计制度的有关规定。

原始凭证不得外借，其他单位和个人经本单位领导批准可调阅会计凭证，但要填写“会计档案调阅表”，详细填写调阅会计凭证的名称、调阅日期、调阅人姓名和工作单位、调阅理由、调阅批准人等。调阅人员一般不准将会计凭证携带外出，如需复制，需经本单位会计机构负责人、会计主管人员批准，并在专设的登记簿上登记，提供人员和收取人员共同签名或盖章。

本章小结

会计凭证是记录经济业务发生和完成情况、明确经济责任、作为记账依据的书面证明。会计凭证是进行会计核算和进行会计监督的依据，填制和审核会计凭证可以明确经济责任，加强企业内部控制和管理。会计凭证按其用途和填制方法的不同，分为原始凭证和记账凭证。按照来源的不同，分为外来原始凭证和自制原始凭证。记账凭证是会计人员根据审核无误的原始凭证按照经济业务事项的内容加以归类，并据以确定会计分录后所填制的会计凭证。记账凭证按其适用的经济业务，分为专用记账凭证和通用记账凭证两类。会计凭证填制完毕要按一定程序在相应部门间进行传递，每期要装订成册进行保管。会计凭证的保管期限和销毁手续应严格遵守会计制度的有关规定。

本章实训

模块一：知识理解

一、简答题

1. 会计凭证有哪些种类?
2. 原始凭证审核的主要内容是什么?
3. 记账凭证审核的主要内容是什么?
4. 原始凭证和记账凭证的作用有什么不同?
5. 什么是会计凭证的传递，会计凭证传递需注意什么问题?

二、判断题（正确的画“√”，错误的画“×”）

1. 原始凭证都是外来凭证。 （　　）
2. 自制原始凭证都是一次原始凭证。 （　　）
3. 审核原始凭证时，发现有伪造、涂改或不合法的原始凭证，应退回经办人员更改后再受理。 （　　）
4. 一切原始凭证都是由本单位的会计人员编制的。 （　　）
5. 所有的会计凭证都是登记账簿的依据。 （　　）
6. 原始凭证可以用于直接登记总账账簿。 （　　）

7. 从银行提取现金时，应编制现金收款凭证。（ ）

8. 会计凭证上只要有财会人员签字或盖章，该凭证就具备了合法性、真实性和正确性。（ ）

9. 转账凭证只能登记与货币资金收付无关的业务。（ ）

10. 外来凭证都是一次原始凭证。（ ）

三、单项选择题

1. 下列不属于原始凭证基本内容的是（ ）。

A. 填制日期　　B. 经济业务内容

C. 应借应贷科目　　D. 有关人员签章

2. 记账凭证由（ ）填制。

A. 出纳人员　　B. 会计人员

C. 经办人员　　D. 主管人员

3. “限额领料单”属于（ ）。

A. 一次凭证　　B. 累计凭证

C. 单式凭证　　D. 汇总凭证

4. 从银行提取现金，应编制（ ）。

A. 银行存款收款凭证　　B. 银行存款付款凭证

C. 现金收款凭证　　D. 现金付款凭证

5. 原始凭证的金额出现错误，正确的更正方法是（ ）。

A. 由出具单位更正，并在更正处盖章

B. 出取得单位更正，并在更正处盖章

C. 由出具单位重开

D. 由出具单位另开证明，作为原始凭证的附件

6. 对于现金和银行存款之间相互划转的经济业务，通常（ ）。

A. 不需编制记账凭证　　B. 需编制收款凭证

C. 需编制付款凭证　　D. 需编制转账凭证

7. 会计凭证按（ ）分类，分为原始凭证和记账凭证。

A. 用途和填制程序　　B. 形成来源

C. 反映方式　　D. 填制方式

8. 下列项目中，属于自制原始凭证的有（ ）。

A. 领料单　　B. 普通发票

C. 增值税专用发票　　D. 银行对账单

9. 记账凭证是根据（ ）填制的。

A. 经济业务　　B. 原始凭证

C. 原始资料　　D. 审核无误的原始凭证

10. 下列原始凭证中属于外来原始凭证的有（ ）。

A. 购货发票　　B. 工资结算汇总表

C. 入库单　　D. 领料单

四、多项选择题

1. 原始凭证按其来源不同可分为（　　）。

A. 累计凭证　　B. 自制原始凭证

C. 外来原始凭证　　D. 付款凭证

2. 登记账簿的直接依据是（　　）。

A. 收款凭证　　B. 付款凭证

C. 原始凭证　　D. 转账凭证

3. 下列属于一次原始凭证的有（　　）。

A. 购货发票　　B. 限额领料单

C. 借款单　　D. 火车票

4. 会计凭证可以用于（　　）。

A. 记录经济业务　　B. 明确经济责任

C. 登记账簿　　D. 编制会计报表

5. 可以用来记录货币资金收付业务的记账凭证是（　　）。

A. 收款凭证　　B. 转账凭证

C. 通用记账凭证　　D. 付款凭证

6. 下列记账凭证中，可以不附原始凭证的有（　　）。

A. 收款凭证　　B. 结账的记账凭证

C. 付款凭证　　D. 更正错账的记账凭证

7. 原始凭证审核的主要内容有（　　）。

A. 记录的经济业务是否合法　　B. 项目填列是否齐全

C. 数字计算是否正确　　D. 有关人员是否签名盖章

8. 原始凭证和记账凭证之间存在的密切联系表现在（　　）。

A. 原始凭证是记账凭证的基础

B. 原始凭证是记账凭证的附件

C. 原始凭证与记账凭证反映的经济内容相同

D. 记账凭证是根据原始凭证填制的

9. 原始凭证和记账凭证的主要区别有（　　）。

A. 反映的经济内容不同　　B. 格式不同

C. 作用不同　　D. 凭证的要素不同

10. 收款凭证和付款凭证是（　　）。

A. 出纳人员收、付款项的依据

B. 编制会计报表的直接依据

C. 登记现金和银行存款日记账的依据

D. 调整有关账项的依据

模块二：技能训练

实训一：练习原始凭证的填制

【资料一】20××年6月8日，供应科张红赴福建采购材料，预借差旅费3 000元。

要求：根据资料一替张红填写出差借款单。

借款单

年　　月　　日

<table>
<tr><td>部门</td><td colspan="2"></td><td>借款事由</td><td colspan="2"></td></tr>
<tr><td>借款金额</td><td colspan="5">人民币（大写）　　　　　　　　　　¥：________</td></tr>
<tr><td>批准金额</td><td colspan="5">人民币（大写）　　　　　　　　　　¥：________</td></tr>
<tr><td>领导</td><td></td><td>财务主管</td><td></td><td>借款人</td><td></td></tr>
</table>

【资料二】20××年6月3日，东方公司收到美华公司交来的一张转账支票用以偿还前欠货款。东方公司的开户行名称：工商银行花城支行，账号：123456。美华公司的开户行名称：中国银行东城支行，账号：987654。

要求：根据资料二填写进账单。

中国工商银行　进账单（收账通知）

20××年6月3日

<table>
<tr><td rowspan="3">出票人</td><td>全称</td><td colspan="2"></td><td rowspan="3">收款人</td><td>全称</td><td colspan="11"></td></tr>
<tr><td>账号</td><td colspan="2"></td><td>账号</td><td colspan="11"></td></tr>
<tr><td>开户银行</td><td colspan="2"></td><td>开户银行</td><td colspan="11"></td></tr>
<tr><td rowspan="2">金额</td><td colspan="4" rowspan="2">人民币
（大写）</td><td>亿</td><td>千</td><td>百</td><td>十</td><td>万</td><td>千</td><td>百</td><td>十</td><td>元</td><td>角</td><td>分</td></tr>
<tr><td></td><td></td><td></td><td></td><td></td><td></td><td></td><td></td><td></td><td></td><td></td></tr>
<tr><td colspan="2">票据种类</td><td></td><td>票据张数</td><td></td><td colspan="11" rowspan="3">收款人开户银行签章</td></tr>
<tr><td colspan="2">票据号码</td><td colspan="3"></td></tr>
<tr><td colspan="5">复核　　　记账</td></tr>
</table>

【资料三】20××年6月28日，广州东方公司销售乙产品一批给广州美华公司，数量1 000件，单价30元，售价共30 000元，增值税税率17%，增值税销项税额5 100元，开出增值税专用发票一张，货已发出，办理委托收款手续。东方公司纳税人识别号为440106789365423，地址为广州市光复路1598号，电话为82545876，开户行是工商银行花城支行，账号：123456。美华公司的纳税人识别号为4401063452398077，地址为广州市中兴路738号，电话为85046855，开户行是中国银行东城支行，账号：987654。

要求：根据资料三填写增值税专用发票和托收凭证。

广东省增值税专用发票

开票日期：　　年　月　日

<table>
<tr><td rowspan="4">购货单位</td><td>名称</td><td colspan="4"></td><td rowspan="4">密码区</td><td colspan="3" rowspan="4">略</td></tr>
<tr><td>纳税人识别号</td><td colspan="4"></td></tr>
<tr><td>地址、电话</td><td colspan="4"></td></tr>
<tr><td>开户银行及账号</td><td colspan="4"></td></tr>
<tr><td colspan="2">货物或劳务名称</td><td>规格型号</td><td>单位</td><td>数量</td><td>单价</td><td colspan="2">金额</td><td>税率</td><td>税额</td></tr>
<tr><td colspan="2">
合计</td><td></td><td></td><td></td><td></td><td colspan="2"></td><td></td><td></td></tr>
<tr><td colspan="2">价税合计（大写）</td><td colspan="8">¥</td></tr>
<tr><td rowspan="4">销货单位</td><td>名称</td><td colspan="4"></td><td rowspan="4">备注</td><td colspan="3" rowspan="4"></td></tr>
<tr><td>纳税人识别号</td><td colspan="4"></td></tr>
<tr><td>地址、电话</td><td colspan="4"></td></tr>
<tr><td>开户银行及账号</td><td colspan="4"></td></tr>
</table>

收款人：　　　　复核：　　开票人：　　　　销货单位：（章）

托收凭证（受理回单）　　1

委托日期　　年　月　日

<table>
<tr><td colspan="2">业务类型</td><td colspan="16">委托收款（口邮划、口电划）托收承付（口邮划、口电划）</td></tr>
<tr><td rowspan="3">付款人</td><td>全称</td><td colspan="3"></td><td rowspan="3">收款人</td><td>全称</td><td colspan="11"></td></tr>
<tr><td>账号</td><td colspan="3"></td><td>账号</td><td colspan="11"></td></tr>
<tr><td>地址</td><td>省　市</td><td>开户行</td><td></td><td>地址</td><td colspan="5">省　市</td><td colspan="3">开户行</td><td colspan="3"></td></tr>
<tr><td rowspan="2">金额</td><td colspan="5" rowspan="2">人民币
（大写）</td><td>亿</td><td>千</td><td>百</td><td>十</td><td>万</td><td>千</td><td>百</td><td>十</td><td>元</td><td>角</td><td>分</td></tr>
<tr><td></td><td></td><td></td><td></td><td></td><td></td><td></td><td></td><td></td><td></td><td></td></tr>
<tr><td colspan="2">款项内容</td><td></td><td colspan="2">托收凭证名称</td><td colspan="5"></td><td colspan="4">附寄单证张数</td><td colspan="3"></td></tr>
<tr><td colspan="2">商品发运情况</td><td colspan="4"></td><td colspan="6">合同名称号码</td><td colspan="5"></td></tr>
<tr><td colspan="3">备注

复核　　记账</td><td colspan="6">款项收妥日期
年　月　日</td><td colspan="8">收款人开户银行签章
年　月　日</td></tr>
</table>

【资料四】20××年6月29日，张红出差回来，报销差旅费2 455元，交回现金545元。

要求：根据资料四填写收据。

收 据

年　　月　　日

今收到＿＿＿＿＿＿＿＿＿＿＿＿＿＿＿＿＿＿＿＿＿＿＿＿＿＿＿＿＿
交来＿＿＿＿＿＿＿＿＿＿＿＿＿＿＿＿＿＿＿＿＿＿＿＿＿＿＿＿＿＿
人民币（大写）＿＿＿＿＿＿＿＿＿＿＿＿＿＿＿＿＿＿＿ ¥＿＿＿＿＿＿＿＿
收款人＿＿＿＿＿＿　　交款人＿＿＿＿＿＿

实训二：练习专用记账凭证的填制

【资料】某企业20××年1月份发生的经济业务（部分）如下：

（1）1日，从银行提取现金2 000元。

（2）3日，销售产品一批，价款10 000元，增值税税额1 700元，款项尚未收到。

（3）8日，购买材料一批，价款8 000元，增值税税额1 360元，款项用转账支票支付。

（4）12日，车间领用原材料5 000元用于生产甲产品。

（5）20日，用银行存款支付广告费6 000元。

（6）28日，接银行通知收回洪雅公司前欠货款12 000元。

要求：根据以上经济业务判断并相应编制收款凭证、付款凭证或转账凭证。

实训三：练习通用记账凭证的填制

【资料】沿用实训二的资料。

要求：根据实训二的经济业务编制通用记账凭证。

模块三：思维拓展

【资料一】会计员邓芳在审核有关单据时，发现一张购买材料的发票的“金额”栏中的数字有更改现象，于是要求该发票的出具单位在发票“金额”栏更改处加盖单位印章，之后据以登记入账。

问题：邓芳对发票的处理是否符合法律规定？

【资料二】采购科王明要到广西采购材料，经部门负责人批准，填写了“借款单”向财务科借出现金3 000元。王明出差归来报销差旅费2 700元，同时将多余现金300元退回给出纳员，出纳员随即将原借款收据退还给王明。

问题：对于王明出差回到公司后报销差旅费，你认为出纳员是否作出了正确处理？

推荐阅读

http://www.chinaacc.com

http://www.asc.net.cn

http://www.casc.gov.cn

第六章　会计账簿

☞ **学习目标**

（一）知识目标

1. 了解账簿的作用、种类和各类账簿的优、缺点；
2. 熟悉各类账簿的格式和内容；
3. 掌握登记账簿的方法和规则；
4. 掌握对账和结账的方法。

（二）技能目标

1. 能正确进行账簿的设置和登记；
2. 能正确进行对账；
3. 能正确更正错账。

☞ **引导案例**

平顺公司是一家小型广告公司，自创办以来一直请代理记账公司代理代账。20××年1月公司决定聘请某高校财务会计专业毕业的学生张珊到公司做会计工作。公司负责人将企业的情况向张珊进行了介绍：

（1）公司为一般纳税人，注册资本为50万元，20××年准备追加投资100万元。公司目前有管理人员6名，合同制销售人员15名。开户银行为工商银行，账号为3602202201001672968，库存现金限额为5 000元。

（2）公司生产A、B、C三种产品，要求单独计算这三种产品的成本。

（3）企业的购销活动经常有往来账项。

（4）原材料、库存商品分品种按照计划成本核算。

◈ **问题：**

如果你是张珊，你觉得应该设置哪些会计账簿？怎样登记各种会计账簿？

第一节　会计账簿概述

一、会计账簿的作用

会计账簿（简称账簿）是按照会计科目开设账户，由一定格式相互联结的账页所组成，以会计凭证为依据，全面、系统、连续、分类地记录各项经济业务的簿记。

在会计核算中，对每项经济业务都必须取得或填制会计凭证。会计凭证虽然能反映经济业务，但由于会计凭证数量很多，又很分散，不便于查阅，经常翻阅也容易破损或丢失。为了全面、系统地反映经济业务，就需要运用登记账簿的方法，把分散的会计凭证加以集中和归类整理，登记到账簿中去。

设置和登记账簿是编制会计报表的基础，是会计核算的一种专门方法，是联结会计凭证与会计报表的中间环节，在会计核算中具有如下重要意义：

（1）提供全面、系统、完整的会计信息。通过设置和登记账簿，可以把所有经济业务按其性质进行分类汇总，全面、系统地反映一定期间内所发生经济业务的全部情况，为企业经营管理及时提供系统、完整的会计资料。

（2）为编制会计报表提供依据。会计报表指标是否真实，会计报表编制能否及时，都与账簿的设置有密切关系，通过设置、登记账簿，可以及时向有关方面提供其所需要的会计信息。

（3）保护财产的安全完整。借助账簿记录可以了解各项财产物资、资金的增减变动情况，监督财产物资和资金的妥善保管和合理使用，以保护其安全和完整。

（4）为会计分析和审计提供依据。借助账簿记录可以为分析和检查企业经济活动提供依据，可以检查企业执行财经法规、制度，遵守财经纪律的情况，考核成本、财务计划的完成情况。

（5）会计账簿是重要的会计档案。通过登记账簿有利于会计资料的保存和日后的查阅使用。

二、会计账簿的种类

由于不同的经济业务资金运动的特点不同，账簿的形式多种多样。为满足经济业务管理的需要，通常对账簿按其用途和外表形式进行分类。

（一）账簿按用途分类

1. 序时账簿

序时账簿也称日记账簿，是按经济业务发生时间的先后顺序逐日逐笔登记经济业务的账簿。它充分反映了交易或事项的时间特征，便于会计人员及时了解有关交易或事项的发生、完成情况，便于加强日常监督，确保交易或事项的完整性和正确性。日记账按其记录的内容不同，分为普通日记账和特种日记账。

2. 分类账簿

分类账簿是用来登记全部分类经济业务的账簿。分类账簿按其提供核算指标的详细程度不同分为总分类账簿和明细分类账簿。

（1）总分类账簿（简称总账）。总分类账簿是根据总分类科目开设的，用来分类登记全部经济业务，提供总括核算资料的分类账簿。

（2）明细分类账簿（简称明细账）。明细分类账簿是根据总分类科目设置的，并按其所属二级科目或明细科目开设的，用来登记某一类经济业务，提供明细核算资料的分类账簿。

3. 备查账簿

备查账簿是指对某些序时账簿和分类账簿未能记载或记载不全的经济业务进行补充登记的账簿，如应收票据备查账簿、应付票据备查账簿、租入固定资产登记簿、受托加工材料登记簿、代销商品登记簿、经济合同执行情况登记簿等。该种账簿可以对某些经济业务的内容提供必要的参考资料。备查账簿的内容千差万别，其账页也没有固定格式，可根据实际需要灵活确定。备查账簿与主要账簿之间不存在紧密的依存、勾稽关系，每个单位可根据实际需要确定是否设置备查账簿。其格式如图6－1和图6－2所示：

应收票据备查账簿

收票日期		凭证号	承兑单位	票据种类	票面金额	利率	到期日	到期值	收款日期	收款金额	转入应收账款	备注

图6－1　应收票据备查账簿

应付票据备查账簿

出票日期		凭证号	给付单位	票据种类	票面金额	利率	到期日	到期值	承付日期	付款金额	转入应付账款		备注
											金额	应付账款	

图6－2　应付票据备查账簿

（二）账簿按外表形式分类

账簿都具有一定格式，按其外表形式不同可分为订本式账簿、活页式账簿和卡片式账簿。

1. 订本式账簿

订本式账簿是把许多账页装订成册的账簿。该种账簿账面固定，预先编页码，可以防止账页散失，也可防止抽换账页，但在同一时间内只能由一人登记账簿，不便于分工记账。订本式账簿一般用于具有统驭性的重要账簿。

2. 活页式账簿

活页式账簿是指账页不固定的账簿。用活页式账簿，账页可以根据需要随时增、减，登记方便，可同时由数人分工记账，较为灵活，但账页容易失散。年终使用完毕不再登记时，装订成册，以便保管。活页式账簿一般用于记录一些明细账，如原材料明细账、库存商品明细账等。

3. 卡片式账簿

卡片式账簿是将一定数量卡片式的账页，按一定顺序码放在卡片箱内，并可根据需要随时加入和抽取的账簿。卡片可不固定在一起，数量可根据经济业务增减，年终将卡片穿孔固定保管。卡片式账簿多用于记录内容比较复杂的财产明细账，如固定资产卡片账。

（三）账簿按账页的格式分类

1. 三栏式账簿

三栏式账簿是由设置“借方”、“贷方”和“余额”三个金额栏的账页组成的账簿。三栏式账簿的账页格式是最基本的账页格式，适用于总分类账、日记账，也适用于只进行金额核算而不需要进行数量核算的债权、债务结算账户的明细分类账。

2. 数量金额式账簿

数量金额式账簿也称大三栏式账簿，是在“借方”、“贷方”和“余额”每一大栏内又设置“数量”、“单价”、“金额”等小栏目的账簿。这种格式适用于既要进行金额核算，又要进行实物数量核算的各种财产物资账簿。如原材料明细账和库存商品明细账等。

3. 多栏式账簿

多栏式账簿是在“借方”或“贷方”的某一方或者两方下面分设若干栏目，详细核算借、贷方发生额的组成情况的账簿。这种格式适用于核算项目较多，且管理上要求提供核算项目详细内容的账簿，如生产成本、制造费用、管理费用、财务费用等明细账。

三、会计账簿的基本构成

由于各种账簿所记录的经济业务不同，账簿格式可以多种多样。但各种主要账簿应具备下列基本内容：

（1）封面。封面写明账簿名称和记账单位名称。

（2）扉页。扉页填写账簿的启用日期和截止日期、页数、册次、经营账簿人员一览表和签章、会计主管人员签章和账户目录。其一般格式如表6－1所示：

表6－1　账簿启用登记表

单位名称										单位公章
账簿名称		总 分 类 账								
账簿编号		字第　号第　册共　册								
账簿页数		本账簿共计　　页								
启用日期		年　月　日								
经管人员		接管			移交			会计负责人		印花税票粘贴处
姓名	盖章	年	月	日	年	月	日	姓名	盖章	

（3）账页。账页是账簿的主要组成部分，用来反映经济业务内容，其基本内容包括：

①账户的名称（总账科目、二级或明细科目）；

②登账日期栏；

③凭证种类和号数栏；

④摘要栏（记录经济业务内容的简要说明）；
⑤金额栏（记录经济业务的增减变动）；
⑥总账页次和分户页次。

四、会计账簿的启用规则

为了保证账簿记录的合法性和账簿资料的完整性，明确记账责任，会计人员启用新账簿时，应在账簿封面上写明账簿名称，在账簿的扉页上填写账簿启用日期和经管人员一览表。会计人员如有变动，应办理交接手续，注明接管日期和移交人、接管人姓名，并由双方签名盖章。

启用订本式账簿应当从第一页到最后一页顺序编写页数，不得跳页、缺号。使用活页式账簿应当按账户的顺序编号，并须定期装订成册，装订后再按实际使用的账页顺序编定页码，另加目录，记明每个账户的名称和页次。

第二节　会计账簿的设置和登记

一、会计账簿设置的原则

会计主体需要设置哪些账簿，应当根据该主体的交易或者事项的特点和管理的要求来确定。具体来说，设置账簿应当遵循以下原则：

（1）符合会计准则和会计制度的有关规定。设置账簿应符合会计准则和会计制度的规定，这样才能保证会计核算的规范性以及会计信息的合规性、合法性。

（2）符合交易或事项的特点和管理的需要。设置账簿应充分考虑交易或事项的特点和管理的要求，要全面、系统地反映交易或事项的具体情况，为管理提供总括核算资料和明细核算资料。

（3）账簿的体系应科学、严密。账簿的设置应当注意体系的科学、严密，防止重复记账和漏记账，格式尽量简明实用。

二、会计账簿的登记规则

记账规则是指登记账簿时应遵守的规定和要求。为保证账簿记录的正确性，必须根据审核无误的会计凭证及时登记账簿，并符合下列要求：

（1）登记完整。登记会计账簿时，应将会计凭证日期、编号、业务内容摘要、金额和其他有关资料逐项记入账内，做到数字准确、摘要清楚、登记及时、字迹工整。账簿登记完毕，应在记账凭证上签名或盖章，以明确责任，并在记账凭证的“过账”栏内注明账簿页数，或划“√”符号，表示记账完毕，避免重记、漏记。

（2）书写规范。摘要文字紧靠左线；数字要写在金额栏内，不得越格错位、参差不齐；文字、数字大小适中，紧靠下线书写，上面要留有适当的空距，一般应占格距的二分之一，以备按照规定方法改错；记录金额时，如果是没有角分的整数，应分别在角分栏内写上

“0”，不得省略不写；阿拉伯数字一般可自左向右适当倾斜，以使账簿记录整齐、清晰。

（3）用笔规范。为了保证账簿记录的永久性，防止涂改，记账时必须使用碳素墨水或者蓝黑墨水书写（银行的复写账簿除外），不得使用铅笔、圆珠笔书写登账。

下列情况可以使用红墨水记账：

①按照红字冲账的记账凭证冲销错误记录；

②不设借贷的多栏式账页中，登记减少数；

③在三栏式账户的余额栏前，如未印明余额方向的，在余额栏内登记负数余额；

④根据国家统一的会计制度规定可以用红字登记的其他会计分录。

（4）连续登记。记账时，必须按账户的页次逐页逐行登记，不得隔页、跳行。如发生隔页、跳行现象，应在空页、空行处用红色墨水笔划对角线注销，或者注明“此页空白”或“此行空白”字样，并由登记人员和会计机构负责人（会计主管人员）签章。

（5）结计余额。凡需要结出余额的账户，结出余额后，应当在“借或贷”栏目内注明“借”或“贷”字样，以示余额的方向；对于没有余额的账户，应在“借或贷”栏内写“平”字，并在余额栏内用“0”表示，应当放在“元”位。

（6）过次承前。每一账页登记完毕时，应当结出本页发生额合计及余额，在该账页最末一行“摘要”栏注明“转次页”或“过次页”，并将这一金额记入下一页第一行有关金额栏内，在该行“摘要”栏注明“承前页”，以保持账簿记录的连续性，便于对账和结账。

（7）正确更正。会计人员在登记账簿过程中发生错误时，必须按规定的方法予以更正，严禁刮、擦、挖、补或使用化学药物清除字迹。一旦发现差错，必须根据差错的具体情况采用划线更正、红字更正和补充登记等方法进行更正。

三、日记账的设置与登记

设置日记账的目的就是为了使交易或事项按时间顺序清晰地反映在账簿记录中。日记账按反映交易或事项范围的不同，分为普通日记账和特种日记账。

（一）普通日记账

普通日记账是根据各种经济业务取得的原始凭证，直接以会计分录的格式进行序时登记的账簿，是过入分类账的依据。中西会计的会计分录载体不同，我国会计采用记账凭证，而西方会计则采用普通日记账。普通日记账设有借方和贷方两个金额栏，所以又称为两栏式日记账，其格式如图6－3所示：

普通日记账

第　页

年		凭证号	摘　要	会计科目	借方金额	贷方金额	过账
月	日			库存现金	900		√
				银行存款		900	√
				应收账款	2 000		√
				银行存款		2 000	√

图6－3　普通日记账

普通日记账的优点是便于了解企业一定时期内发生的所有交易或事项，即把每一交易或事项的应借应贷账户名称、金额汇于一处，并且该交易或事项的摘要可供考查，可以比较容易地发现日记账的差错，通过全月发生额合计，可以进行试算平衡。普通日记账的缺点是在手工记账时不便于分工合作，无法了解某一特定账户的发生额以及余额的变化情况，过账的工作量大。如果企业规模大，交易或事项多且复杂，就不宜设置普通日记账。编制普通日记账时，可以根据经济业务直接登记，然后再将普通日记账过入分类账，因此，若设普通日记账一般可不再编制记账凭证。

（二）特种日记账

特种日记账是用来专门记录某一类交易或事项的日记账。企业最常见的特种日记账有现金日记账、银行存款日记账、销售日记账和购货日记账。

按国家规定，各单位必须设置现金日记账和银行存款日记账，用以逐日核算和监督库存现金与银行存款收入、支出和结存情况，有外币业务的单位，还需要按币种不同分别设置外币现金日记账和银行存款日记账。在会计实务中，通常只对库存现金和银行存款设置日记账，进行序时核算，以加强对货币资金的管理。

1. 现金日记账

现金日记账是由出纳员根据审核后的现金收款凭证和付款凭证，按顺序逐日逐笔登记，用来记录现金每日收入、支出和结存情况的账簿。现金日记账一般采用三栏式，基本结构为“收入”、“支出”和“结余”三栏，其基本格式如图 6－4 所示：

现金日记账（三栏式）

20××年		凭证		摘要	对方科目	收入	支出	结余
月	日	种类	编号					
1	1			上年结余				200
	4	现付	1	付购入材料运费	材料采购		60	140
	4	银付	1	提取现金备发工资	银行存款	11 200		11 340
	4	现付	2	李明预借差旅费	其他应收款		80	11260
	4	现收	1	张三报销差旅费	其他应收款	120		11 380
	4			本日合计		11 320	140	11 380
	31			本日合计		250	150	300
	31			本月合计		18 320	18 220	300

图 6－4　现金日记账

“收入”栏根据收款凭证登记，“支出”栏根据付款凭证登记。对于从银行提取现金的业务，应根据银行存款付款凭证登记。每日登记完毕，应结出当日现金收入合计数、支出合计数和结余数，并将结余数与库存现金实际数核对，做到账实相符。现金日记账也可以采用多栏式，其基本结构是将“收入”和“支出”分别按对应科目分设专栏。

2. 银行存款日记账

银行存款日记账是用来登记银行存款的存入、取出以及结余情况的账簿。企业应按每一种存款分别设置日记账，由出纳员根据审核后的银行存款收、付款凭证逐日逐笔序时登记，每日终了，应结出存款余额。其基本格式为三栏式，也可采用多栏式，“收入”栏根据收款凭证登记，“支出”栏根据付款凭证登记。对于将现金存入银行的业务，应根据现金付款凭证登记。银行存款日记账应定期与银行的对账单核对，每月至少核对一次。银行存款日记账的格式如图 6－5 所示：

银行存款日记账（三栏式）

20××年		凭证		摘要	对方科目	结算方式	结算凭证号	收入	支出	结余
月	日	种类	编号							
1	1			上年结余						20 000
	2	银付	1	提取现金	现金	电汇			200	19 800
	2	银付	2	支付购料款	材料采购	转支	512		600	19 200
	2	银收	1	收到货款	应收销货款	转账		2 000		21 200
	2			本日合计				2 000	800	21 200
	31			本日合计				1 500	2 400	20 800
	31			本月合计				113 200	112 400	20 800

图 6－5　银行存款日记账

现金日记账和银行存款日记账必须采用订本式账簿，并为每一账页顺序编号，防止账页丢失或随意抽换，也便于查阅，不得用银行对账单或其他方法代替日记账。

四、分类账簿的设置与登记

（一）总分类账的设置与登记

1. 总分类账的设置

总分类账是根据一级会计科目开设的，用来分类登记一个会计主体的全部交易或事项，提供总括核算资料的账簿。它能够全面、总括地反映会计主体的资产、负债、所有者权益、费用、收入和利润的情况，并为编制会计报表提供资料，因此，每个企业都必须设置总分类账。

总分类账只能用货币作为计量单位，一般采用订本式形式，其账页格式主要为三栏式，如图 6－6 所示。在总分类账中，应按会计制度规定的会计科目的编码顺序分别开设账户，每一个账户应预留若干空白账页，以登记一定时期内该账户的全部经济业务。

2. 总分类账的登记

总分类账的登记方式因单位不同而各异。经济业务少的小型单位可以直接根据记账凭证逐笔登记总账；经济业务多的大中型单位可采用汇总登记方式，即将记账凭证汇总编制成科目汇总表、汇总记账凭证或日记账等定期登记总分类账。总分类账根据什么登记，取决于所采用的会计核算组织程序。每月应将当月已完成的经济业务全部登记入账，并于月终结出总账各账户的本期发生额和期末余额，作为编制财务报表的主要依据。

总分类账

会计科目：原材料　　　　第　页

20××年		凭证编号	摘　　要	借方	贷方	借或贷	余额
月	日						
1	1		期初余额			借	40 000
	3	银付2	购入材料	20 000		借	60 000
	4	转3	领料		25 000	借	35 000
	31		本月合计	30 000	45 000	借	25 000

图6－6　总分类账

（二）明细分类账的设置与登记

1. 明细分类账的设置

明细分类账是根据总分类账簿科目所属的二级科目或明细科目设置的，用来分类记录有关交易或事项详细情况的账簿。明细分类账是总分类账的明细记录，反映某一具体类别经济活动的财务收支情况，它对总分类账起着补充说明的作用。

2. 明细分类账的登记

明细分类账应根据原始凭证或原始凭证汇总表登记，也可以根据记账凭证逐日逐笔登记或定期汇总登记。固定资产、债权、债务等明细账应逐日逐笔登记；库存商品、原材料等收发明细账以及收入、费用明细账可以逐笔登记，也可以定期汇总登记。各单位应根据具体情况设置必要的明细分类账簿，明细分类账一般有三栏式、数量金额式和多栏式三种格式。

（1）三栏式明细分类账。三栏式明细账账页只设有借方、贷方和余额三个金额栏，不设数量栏，适用于只需要反映金额而不需要进行数量核算的债权、债务结算账户，如“应收账款”、“应付账款”、“实收资本”等账户。以应付账款明细分类账为例，其格式如图6－7所示：

应付账款明细分类账

明细科目：××公司　　　　第　页

20××年		凭证编号	摘　　要	借方	贷方	借或贷	余额
月	日						
1	1		月初余额			贷	10 000
	10	银付8	归还货款	5 000		贷	5 000
	31		本月合计	20 000	40 000	贷	30 000

图6－7　应付账款明细分类账

（2）数量金额式明细分类账。数量金额式明细分类账分别设置收入、发出和结存的数量、单价和金额栏。适用于既要进行金额核算，又要进行实物数量核算的各种财产物资账户，如“原材料”、“库存商品”等账户。以库存商品明细分类账为例，其格式如图6－8所示：

库存商品明细分类账

商品名称：A 产品　　　　　　　　　　　　　　　　　　　　　　　　　计量单位：公斤

20××年		凭证		摘　要	收　入			发　出			结　存		
月	日	种类	编号		数量	单价	金额	数量	单价	金额	数量	单价	金额
9	1		1	月初余额							500	0.60	300
	3	付	6	购进	1 000	0.60	600				1 500		900
	15	转	1	结转销售成本				200	0.60	120	1 300		780
	25	转	2	购进	500	0.60	300				1 800		1 080
	30			本月发生额及余额	1 500		900	200		120	1 800	0.60	1 080

图 6－8　库存商品明细分类账

（3）多栏式明细分类账。多栏式明细分类账是根据经济业务的特点和经营管理的需要，在一张账页中设置若干个金额栏的明细账簿。用以在一张账页中反映某一总账账户所属明细账户增减变化情况，便于按账户内部结构分析资金运动情况。适用于“收入”、“费用”、“成本”等账户，如“主营业务收入”、“制造费用”、“管理费用”等明细账。其格式又可分为借方多栏、贷方多栏和借、贷方多栏三种。

①借方多栏式明细分类账。适用于借方需要设多个明细科目或明细项目的账户，平时在借方登记费用发生额，贷方登记用来将借方发生额一次转出的数额，贷方发生额应用红字在借方栏中登记。其格式如图 6－9 所示：

制造费用明细账

20××年		凭证编号	摘　要	借　方					余额
月	日			办公费	水电费	修理费	……	合计	
1	1	银付 1	付水电费		23 000			23 000	23 000
	8	银付 2	付修理费			20 000		20 000	43 000
	9	银收 11	退回修理费			5 000		5 000	38 000
	31		木月合计					100 000	100 000

图 6－9　制造费用明细账

②贷方多栏式明细分类账。适用于贷方需要设多个明细科目或明细项目的账户，平时在贷方登记收入项目发生额，借方登记用来将贷方发生额一次转出的数额，借方发生额应用红字在贷方登记。其格式如图 6－10 所示：

主营业务收入明细账

20××年		凭证编号	摘要	贷方					余额
月	日			甲	乙	丙	丁	合计	
1	1	银收1	销售甲产品	50 000				50 000	50 000
	10	银收2	销售乙产品		20 000			20 000	70 000
	14	银付11	退货	5 000				5 000	65 000
	31		本月合计					200 000	200 000

图6－10　主营业务收入明细账

③借方、贷方多栏式明细分类账。适用于借方、贷方均需要设多个明细科目或明细项目的账户，如应交增值税的明细分类账，其格式如图6－11所示：

应交增值税明细账　　　　第　页

20××年		凭证号	摘要	借方			贷方			借或贷	余额
月	日			合计	进项税额	已交税金	合计	销项税额	进项税额转出		

图6－11　应交增值税明细账

五、总分类账户和明细分类账户的平行登记

（一）总分类账户与明细分类账户的平行登记

为了使总分类账与其所属的明细分类账之间能起到统驭与补充的作用，便于账户核对，并确保核算资料的正确、完整，必须在总分类账户及其所属的明细分类账户中同时进行记录。平行登记是指经济业务发生后，根据会计凭证，一方面要登记有关的总分类账户，另一方面要登记该总分类账户所属的各有关明细分类账户。采用平行登记规则，应注意以下要点：

（1）对于需要提供其详细指标的每一项经济业务，应根据审核无误的记账凭证，一方面记入有关的总分类账户，另一方面要记入同期总分类账户所属的有关各明细分类账户。这里所指的同期是指在同一会计期间，而并非同一时点。

（2）登记总分类账及其所属的明细分类账户的方向应当相同。这里所指的方向，是指所体现的变动方向，而并非是指账户的借贷方向。一般情况下，总分类账及其所属的明细分类账都按借方、贷方和余额设专栏登记，这时，在总分类账与其所属明细分类账中的记账方向是相同的，如存货账户和债权、债务结算账户都属于这种情况。但有些明细分类账户按组

成项目设多栏记录，采用多栏式明细账格式，这种情况下，对于某项需要冲减有关组成项目数额的事项，只能用红字记入其相反的记账方向，从而与总分类账中的记账方向不同。例如，“财务费用”账户按其组成项目设置借方多栏式明细账，发生需冲减利息费用的存款利息收入时记入总分类账的贷方，而以红字记入明细账利息费用项目的借方，以其净发生额来反映，对于这一项经济业务，在总分类账及其所属的明细分类账中，就不可能按相同的记账方向（指借贷方向）进行登记，而只能以相同的变动方向进行登记。

（3）记入总分类账户的金额与记入其所属的各明细分类账户的金额应当相等。总分类账户提供总括指标，明细分类账户提供总分类账户所记内容的具体指标。所以，记入总分类账的金额与记入其所属各明细分类账户的金额相等。但这种金额相等只表明其数量关系，而不一定都是借方发生额相等和贷方发生额相等的关系。如上例“财务费用”账户的明细账，采用多栏式时，如本月既有存款利息收入，也有存款利息支出，“财务费用”总分类账户的贷方发生额与明细账的贷方发生额就不一致，但作为抵减利息支出的利息收入数额是相等的。

总分类账户及其所属明细分类账户，按平行登记规则进行登记，一般存在以下关系：时间相同、方向一致、金额相等。

在会计核算工作中，通常利用上述关系检查账户记录的正确性。根据总分类账户与明细分类账户之间的数量关系，编制明细分类账户的本期发生额和余额明细表，同其相应的总分类账户的本期发生额和余额相互核对，以检查总分类账户与其所属明细分类账户记录的正确性。

现以“原材料”和“应付账款”账户为例，说明总分类账户与明细分类账户平行登记的方法。

【例6－1】晓晓公司20××年8月份“原材料”总账账户期初借方余额50 000元，其中甲材料30 000元，乙材料20 000元。“应付账款”总账账户期初贷方余额46 000元，其中A厂30 000元，B厂16 000元。本月发生如下经济业务：

（1）3日，从A厂购入甲材料10 000元，乙材料5 000元，货款尚未支付，材料已验收入库。

借：原材料——甲材料　　10 000
　　　　　——乙材料　　5 000
　贷：应付账款——A厂　　15 000

（2）5日，生产产品领用甲材料20 000元，领用乙材料8 000元。

借：生产成本　　28 000
　贷：原材料——甲材料　　20 000
　　　　　——乙材料　　8 000

（3）18日，从B厂采购乙材料5 000元，材料已验收入库，款未付。

借：原材料——乙材料　　5 000
　贷：应付账款——B厂　　5 000

（4）28日，归还前欠购料款，其中归还A厂40 000元，归还B厂10 000元。用银行存款支付。

借：应付账款——A厂　　40 000
　　　　　——B厂　　10 000
　贷：银行存款　　50 000

根据上述资料及所作的账务处理，登记原材料、应付账款的总分类账和明细分类账如图

6－12 至图 6－17 所示：

总分类账户

账户名称：原材料　　　　　　　　　　　　　　　　　　　　　　　单位：元

20××年		凭证号	摘　　要	借方	贷方	借＼贷	余额
月	日						
8	1	（略）	期初余额			借	50 000
	3		购料	15 000		借	65 000
	5		领料		28 000	借	37 000
	18		购料	5 000		借	42 000
	31		本期发生额及余额	20 000	28 000	借	42 000

图 6－12

原材料明细分类账户

明细科目：甲材料　　　　　　　　　　　　　　　　　　　　　　　单位：元

20××年		凭证号	摘　　要	借方	贷方	借＼贷	余额
月	日						
8	1	（略）	期初余额			借	30 000
	3		购料	10 000		借	40 000
	5		领料		20 000	借	20 000
	31		本期发生额及余额	10 000	20 000	借	20 000

图 6－13

原材料明细分类账户

明细科目：乙材料　　　　　　　　　　　　　　　　　　　　　　　单位：元

20××年		凭证号	摘　　要	借方	贷方	借＼贷	余额
月	日						
8	1	（略）	期初余额			借	20 000
	3		购料	5 000		借	25 000
	5		领料		8 000	借	17 000
	18		购料	5 000		借	22 000
	31		本期发生额及余额	10 000	8 000	借	22 000

图 6－14

总分类账户

账户名称：应付账款　　　　　　　　　　　　　　　　　　　　　　　　单位：元

20××年		凭证号	摘　　要	借方	贷方	借\贷	余额
月	日						
8	1	（略）	期初余额			贷	46 000
	3		购料未付款		15 000	贷	61 000
	18		购料未付款		5 000	贷	66 000
	28		还款	50 000		贷	16 000
	31		本期发生额及余额	50 000	20 000	贷	16 000

图 6－15

应付账款明细分类账户

账户名称：A 厂　　　　　　　　　　　　　　　　　　　　　　　　单位：元

20××年		凭证号	摘　　要	借方	贷方	借\贷	余额
月	日						
8	1	（略）	期初余额			贷	30 000
	3		购料未付款		15 000	贷	45 000
	28		还款	40 000		贷	5 000
	31		本期发生额及余额	40 000	15 000	贷	5 000

图 6－16

应付账款明细分类账户

账户名称：B 厂　　　　　　　　　　　　　　　　　　　　　　　　单位：元

20××年		凭证号	摘　　要	借方	贷方	借\贷	余额
月	日						
8	1	（略）	期初余额			贷	16 000
	18		购料未付款		5 000	贷	21 000
	28		还款	10 000		贷	11 000
	31		本期发生额及余额	10 000	5 000	贷	11 000

图 6－17

（二）总分类账户与明细分类账户登记结果的试算平衡

总分类账户与明细分类账户登记结果是否正确，可通过编制“本期发生额及余额试算表”来加以验证。如试算结果出现下列平衡关系，则说明登记是正确、完整的。

总账本期发生额＝所属明细账本期发生额合计

总账期初余额＝所属明细账期初余额合计

总账期末余额＝所属明细账期末余额合计

可见，总分类账户与其所属的明细分类账户存在着余额和发生额两类平衡关系，平行登记的试算平衡可以检查账户登记的准确性。如发现不平衡，应查明原因予以纠正。

承前例，原材料、应付账款本期发生额及余额试算平衡表如表6－2、表6－3所示：

表6－2 “原材料”本期发生额及余额试算平衡表 单位：元

明细账户	期初余额		本期发生额		期末余额	
	借方	贷方	借方	贷方	借方	贷方
甲材料	30 000		10 000	20 000	20 000	
乙材料	20 000		10 000	8 000	22 000	
合　计	50 000		20 000	28 000	42 000	

表6－3 “应付账款”本期发生额及余额试算平衡表 单位：元

明细账户	期初余额		本期发生额		期末余额	
	借方	贷方	借方	贷方	借方	贷方
A厂		30 000	40 000	15 000		5 000
B厂		16 000	10 000	5 000		11 000
合　计		46 000	50 000	20 000		16 000

第三节　对账

一、对账的原因

对账就是核对账簿记录，即在经济业务入账后，于平时或月末、季末、年末结账前，对各种账簿记录所进行的核对。

在实际工作中，由于各种原因，难免会发生记账差错或账实不符等情况，归纳起来，一般有两个主要原因：一是自然原因，如因财产物资的本身属性和自然条件变化所引起的溢余或短缺等；二是人为原因，如因有关人员业务不熟、工作失职甚至营私舞弊等原因引起的账实不符。

二、对账的方法

为了保证账簿记录的真实、正确和完整，必须做好对账工作。对账不一定都在期末结账前进行，有些重要的数字或者集中核对工作量太大的业务，也可以在平时经常进行核对。但不论平时是否核对账簿记录，在结账前必须进行一次全面的核对。对账的主要方法如下：

1. 账证核对

账证核对是指将各种账簿记录与审核后的会计凭证相核对。这种核对除在日常制单、记账过程中进行以外，每月终了，如果发现账账不符，须进行账簿与会计凭证的核对，以确保账证相符。其主要核对内容如下：

（1）账簿记录与记账凭证、原始凭证的时间、凭证字号、内容、金额等是否一致；

（2）借贷方向是否一致。

账证相符是保证账账相符、账实相符的基础。

2. 账账核对

各种会计账簿是一个有机的整体，既有分工，又有衔接，它们之间的这种衔接依存关系就是常说的勾稽关系。账账核对是指将各种账簿记录之间的有关数据相核对。账账核对的主要内容包括：

（1）总分类账核对。检查总分类账各账户本月借方发生额合计数与贷方发生额合计数是否相符，总分类账各账户本月借方余额合计数与贷方余额合计数是否相符。依据会计基本恒等式“资产 = 负债 + 所有者权益”和“有借必有贷，借贷必相等”的记账规则，总分类账各账户本月借方发生额合计数与贷方发生额合计数以及总分类账各账户本月借方余额合计数与贷方余额合计数之间存在平衡关系。通过对这种平衡关系的检验，可以检查总账记录是否正确、完整。这项工作通常采用编制“总分类账本期发生额和余额试算平衡表”来完成，其格式如表 6 – 4 所示：

表 6 – 4　总分类账本期发生额和余额试算平衡表

年　月　日　　　　单位：元

账户名称	期初余额		本期发生额		期末余额	
	借方	贷方	借方	贷方	借方	贷方
库存现金 银行存款 应收账款 原材料 ……						
合　　计						

（2）总分类账与所属明细分类账核对。检查总分类账各账户余额与其所属有关明细分类账各账户余额合计数是否相等。

（3）总分类账与日记账核对。如前所述，我国企业、事业等单位必须设置现金日记账和银行存款日记账。现金日记账必须每天与库存现金核对相符，银行存款日记账也必须与银行对账。在此基础上，还应检查现金总账期末余额与现金日记账期末余额是否相符；银行存款日记账总账期末余额与银行存款日记账的期末余额是否相符。

（4）明细分类账之间核对。会计部门有关实物物资的明细分类账余额应与财产物资保管部门或使用部门的明细账定期相互核对，以检查余额是否相符。核对的方法一般是由财产物资保管部门或使用部门定期编制收发结存汇总表报会计部门核对。

3. 账实核对

账实核对是指在账账核对的基础上，将各种财产物资的账面余额与实存数额相核对。账实核对的主要内容包括：

（1）库存现金日记账账面余额与现金实际库存数相核对；

（2）银行存款日记账账面余额与开户银行对账单相核对；

（3）各种材料、物资明细分类账账面余额与材料、物资实存数相核对；

（4）各种应收、应付款明细分类账账面余额与有关债务、债权单位的账目相核对。

在实际会计核算工作中，账实核对一般是通过财产清查进行的，财产清查是会计核算的一种专门方法。

第四节　错账的查找与更正

错账的类型一般有两种：一种是记账凭证错误所引起的错账，即记账凭证中使用的会计科目和所记金额发生错误，或汇总记账凭证在汇总时，发生漏汇、重汇和错汇的错误；一种是记账的错误，即在记账时出现了记反方向、数字错位、数字颠倒等错误。

一、错账的查找方法

对上述错账的查找一般有两种方法：

1. 个别检查法

个别检查法就是针对错账的数字错误进行检查的方法。这种方法适用于记反方向、数字错位和数字颠倒等造成的错账。常用的方法有差数法、倍数法和9除法。

（1）差数法。差数法就是首先确定错账的差数，再根据差数查找错误的方法。总账与所属明细账试算出现差额，可能是因漏记或重记产生的。如果是漏记，则哪方数额小，漏记就在哪方；如果是重记，则哪方数额大，重记就在哪方。这种方法对于查找漏、重记账比较方便。

（2）倍数法。倍数法也称2除法，是将记错账的数字除以2，以得出记反方向的数字的方法。记账如果出现反方记录，即一笔业务借贷发生额记入同一方向，就会使得一方的合计数增大，而另一方的合计数减小，其差额正好是应记正确数字的两倍。将差额除以2，所得商数可能就是记错的数字。例如，差数为100元，$100 \div 2 = 50$，可以查找是否有一笔50元的业务借贷金额记在同一方向了。但需注意，如果是单方面漏记账，则差数即为漏记的金额。这种方法对于查找由于数字记反方向产生的错账比较方便。

（3）9除法。9除法就是先算出借方与贷方的差额，再除以9，得出的数就可能是记错位的原数。这种方法适用于数字错位和数字颠倒的情况。

2. 全面检查法

全面检查法是对一定时期的账目进行全面核对检查的方法。具体又分为顺查法和逆查法。

（1）顺查法。顺查法的检查顺序与记账的顺序一致，即按从原始凭证、记账凭证到明细账、总账再到试算表的顺序从头到尾检查，直到找到错误为止。

（2）逆查法。逆查法的检查顺序与记账的顺序相反，即首先检查试算表数字的计算是否正确，其次检查各账户的登记、计算是否正确，再次核对各账簿记录与记账凭证是否相符，最后检查记账凭证与原始凭证是否相符。

二、错账的更正方法

查找出错账后，不能随意更改，必须使用规定的错账更正方法进行更正。错账原因不同，采用的更正方法也不同。下面介绍错账更正的三种方法：

1. 划线更正法

在结账之前，如果发现账簿记录有错误，而记账凭证无错误，属登账时文字或数字上的笔误，应采用划线更正法更正。具体做法是：

（1）先在错误记录上划一条红线将其注销，文字错误可以只注销错字，但数字错误须将整个数字全部注销，被注销的记录应当保持原有字迹仍可辨认，以备查核；

（2）记账人员在注销处加盖个人印章，以明确责任；

（3）登记正确的记录。

【例6-2】会计张晓对账时发现有一笔经济业务的发生额为5 130元，过账时误记为5 310元，而记账凭证正确，则划红线更正如下：

5 130

~~5 310~~ 张晓（更正人盖红色印章，表明责任）

2. 红字更正法

红字更正法也称红字冲账法，一般有两种情况：

（1）全部冲销。如果记账凭证中的科目或借贷方向错误，并已过账，应采用红字更正法进行全部冲销。具体错法是：

①填制一张与错误记账凭证内容相同的红字金额记账凭证，并据以入账，冲销错误记录；

②用蓝字填制一张正确的记账凭证并据以登记入账，更正错账记录。在蓝字金额记账凭证的摘要栏注明“更正×月×日第×号凭证”。

【例6-3】某企业购进材料5 000元，货款尚未支付。编制记账凭证时，误编制下列会计分录，并已登记入账：

借：原材料　　5 000

　贷：应收账款　　5 000

更正凭证中的分录如下：

①用红字金额全部冲销错误记录：

借：原材料　　5 000

　贷：应收账款　　5 000

（注：因非彩色印刷，故用□表示红字）

②重新编制正确的分录：

借：原材料　　5 000

　贷：应付账款　　5 000

（2）部分冲销。如果记账凭证中的科目、方向都没有错误，只是错误金额大于应记金额，并已过账，应采用红字更正法冲销多记部分金额。具体做法是：

①填制一张会计科目和方向与错误凭证相同，但金额是多记差额的红字金额记账凭证，并据以入账，用以冲销多记的金额；

②在红字金额记账凭证的摘要栏注明“冲销×月×日第×号凭证多记金额”。

【例6－4】某企业以银行存款归还购料欠款1 000元。编制记账凭证时，误编制下列分录，并已登记入账：

借：应付账款　　10 000

　贷：银行存款　　10 000

更正凭证中的分录如下：

借：应付账款　　9 000

　贷：银行存款　　9 000

红字更正法不仅能保持账户间的对应关系，还能保持账户中的正确发生额，不会导致因改正错账而使数字虚增或虚减。

3. 补充登记法

如果发现记账凭证中的会计科目、方向没有错误，只是错误金额小于应记金额并已过账，应采用补充登记法进行更正。具体做法是：

（1）填制一张会计科目和方向与错误凭证相同，但金额是少记差额的蓝字金额记账凭证，并据以入账，补记少记的金额；

（2）在补充登记凭证的摘要栏注明“补记×月×日第×号凭证少记金额”。

【例6－5】某企业销售产品一批，计20 000元，货款尚未收到，金额误记为2 000元，即记账凭证少记18 000元。

错误凭证中的分录如下：

借：应收账款　　2 000

　贷：主营业务收入　　2 000

更正凭证中的分录如下：

借：应收账款　　18 000

　贷：主营业务收入　　18 000

如发现错账应根据不同的情况采用不同的方法予以更正。现将错账类型及相应的更正方法与步骤总结如表6－5所示：

表6－5　错账类型及更正步骤

<table>
<tr><th colspan="3">错账类型</th><th>更正方法</th><th colspan="2">更正步骤</th></tr>
<tr><td colspan="3">记账凭证正确，过账发生错误</td><td>划线更正法</td><td colspan="2">①划线注销错误记录
②更正人盖章
③在注销错误记录之上正确记录</td></tr>
<tr><td rowspan="3">记账凭证错误并据以入账</td><td colspan="2">科目等错误</td><td rowspan="2">红字更正法</td><td>全部冲销</td><td>①填制红字金额凭证冲销错账
②填制正确记账凭证登记入账</td></tr>
<tr><td rowspan="2">金额错误</td><td>金额多记</td><td>部分冲销</td><td>填制红字金额凭证冲销多记金额</td></tr>
<tr><td>金额少记</td><td>补充更正法</td><td colspan="2">填制蓝字金额凭证补记少记金额</td></tr>
</table>

第五节　结账

一、结账前的准备工作

所谓结账就是在把一定时期内所发生的经济业务全部登记入账的基础上，结计出所有账户的本期发生额和期末余额，并作出结账标记，表示本期账簿登记已经结束的一项会计工作。结账的内容通常包括两个方面：一是结清各种损益类账户，并据以计算确定本期利润；二是结清各资产类、负债类和所有者权益类账户，分别结出本期发生额合计和余额。

结账前必须将本期内所发生的各项经济业务全部登记入账。要检查有无重复、遗漏和记错的业务。不得将尚未发生的经济业务提前入账，也不得将已经在本期发生的业务延至下期入账。根据权责发生制原则，必须确认的本期应计收入和应计费用要进行期末账项调整，编制有关调整分录并据以入账。期末需要结转的业务均要编制有关结转分录并据以入账，如“制造费用”账户本期发生额应按一定的标准分配结转记入“生产成本”账户；完工产品的实际生产成本应由“生产成本”账户结转记入“库存商品”账户；本期销售产品的实际生产成本应由“库存商品”账户结转记入“主营业务成本”账户；各损益类账户应结转至“本年利润”账户；年度终了“本年利润”账户应结转至“利润分配”账户。通过财产清查发现的财产物资的盘盈、盘亏应按照规定登记入账等。

在完成以上工作后，才能按规定在账簿上进行结账。各单位必须定期进行结账。

二、账项结转

（一）损益类账户的结转

从财务报表的角度看，企业使用的账户可以分为两大类：资产负债表账户和利润表账户。资产负债表账户是直接、间接列示在资产负债表上的账户，即资产类、负债类、所有者权益类账户。这些账户一般都有期末余额，其余额要结转到下一个会计期间，作为下一期的期初余额。利润表账户是指损益类账户，即列示在利润表上的账户。在会计期末，这些账户的余额应转入“本年利润”账户，以计算本期损益，也就是说，在期末要将损益类账户结平，使余额为零。结转损益类账户时，应编制结转分录，并登记入账。

会计期末结账前，将损益类账户中收入类账户的本期发生额转入“本年利润”账户的贷方。编制结转分录如下：

借：损益类账户中的收入账户

　贷：本年利润

会计期末结账前，将损益类账户中的成本、费用（含有关的税费）、支出账户的本期发生额转入“本年利润”账户的借方。编制结转分录如下：

借：本年利润

　贷：损益类账户中的成本、费用、税金账户

（二）入库、出库账户的结转

结账前，应检查本期验收入库的材料物资的成本是否已经从“在途物资”账户结转到“原材料”账户；本期验收入库的完工产品的成本是否已经从“生产成本”账户结转到“库存商品”账户；本期出库产品的成本是否已按规定结转到“主营业务成本”等账户。

（三）“本年利润”账户的结转

年终结账前，应将“本年利润”账户借、贷方的差额转入“利润分配”账户，结平“本年利润”账户。年终时，如果该账户出现贷方余额，表示盈利，应转入“利润分配”账户的贷方；如果该账户出现借方余额，则表示亏损，应转入“利润分配”账户的借方。结转分录如下：

（1）年终盈利时的会计分录为：

借：本年利润

　贷：利润分配

（2）年终亏损时的会计分录为：

借：利润分配

　贷：本年利润

（四）“利润分配”账户的内部结转

如果有可供分配的利润，利润分配以后，应将利润分配所属明细账的余额结转到“利润分配——未分配利润”账户中。其会计分录为：

借：利润分配——未分配利润

　贷：利润分配——提取法定盈余公积

　　　利润分配——应付现金股利或利润

三、结账的方法

结账按其结算时期不同，分为月结、季结和年结三种。

（一）月结的方法

按月计算登记各种账簿的本期发生额和期末余额，称为月结。每月终了，应在各账户最后一笔记录的下面划一通栏单红线，表示本月结束，然后在红线下结出本月发生额和月末余额（若无余额，则在“借或贷”一栏内写上“平”，在“余额”栏内写上“0”），并在“摘要”栏内注明“×月份发生额及余额”或“本月合计”字样，然后在月结下面再划一通栏单红线，表示月结完成。

对于不需要按月结计本月发生额的账户，如各项应收应付款明细账和各项财产物资明细账等，每次记账以后，都要随时结出余额。月末余额就是本月最后一笔交易或事项记录的同一行内的余额。月末结账时，只需在最后一笔经济业务记录之下划一通栏单红线。

库存现金、银行存款日记账和需要按月结计发生额的收入、费用等明细账，每月结账时，要在最后一笔交易或事项记录下面划一通栏单红线，结出本月发生额和余额，在“摘要”栏内注明“本月合计”字样，再在下面划一通栏单红线。

需要结计本年累计发生额的明细账户，每月结账时，应在“本月合计”行下结出自年初起，至本月末止的累计发生额，登记在月份发生额下面，在“摘要”栏内注明“本年累计”字样，并在下面通栏划单红线。12 月末的“本年累计”是全年累计发生额，全年累计发生额下通栏划双红线。

（二）季结的方法

季度结账一般是总账才需要，由于年终结账时要将所有总账结出全年发生额和年末余额，以便总括反映全年各项资金运动情况的全貌并核对账目，而总账在各月只结余额不结发生额，为减少年终结账的工作量，就要对总账进行季结。在季末月份月结后，分别结算出本季度借方、贷方本期发生额合计数和期末余额，在“摘要”栏内注明“本季度累计”字样，并在该行下面再通栏划单红线。

（三）年结的方法

年度终了，先进行 12 月份的月结和第四季度的季结，然后结出全年的发生额及余额，并在“摘要”栏内注明“×年度发生额及余额”或“本年合计”字样，在年结下面划通栏双红线，表示封账。

年度结账后，有余额的账户，要将其余额结转下年，并在摘要栏内注明“结转下年”字样，在下一会计年度新建有关会计账户的第一行“摘要”栏内注明“上年结转”字样，将上年的年末余额填入“余额”栏，不需要编制记账凭证。结账方法举例如图 6－18 所示：

总　　账

会计科目：银行存款　　　　　　第　页

20××年		凭证号	摘要	借方	贷方	核对号	借或贷	余额	
月	日								
1	1		上年结转				借	800 000	
…	…		…						
	31								（红线）
	31		本月合计						（红线）
2	1								
…	…		…						
	28								（红线）
	28		本月合计						（红线）
…	…		…						
12	1								
	…		…						（红线）
	31		本月合计						（红线）
	31		本年累计				借	3 709 000	（红线）

图 6－18　结账方法示例

第六节 账簿的更换与保管

一、账簿的更换

按照《企业会计制度》的规定，在新年度开始时，要更换原有账簿，使用新账簿。方法如下：

总账、日记账和大部分的明细账，要每年更换一次。年初，将旧账簿中的各账户的余额直接记入新账簿中有关账户新账页的第一行“余额”栏内。同时，在“摘要”栏内注明“上年结转”字样，在旧账页最后一行“摘要”栏内注明“结转下年”字样，并将旧账页最后一行数字下的空格划一斜红线注销。

部分明细账，如固定资产明细账，因年度变动不多，年初可不必更换账簿。又如材料明细账和债权债务明细账，由于材料品种、规格和往来单位较多，更换新账重抄一遍工作量较大，因此，可以跨年度使用，不必每年更换新账。备查账簿可以连续使用。

二、账簿的保管

年度终了，各种账户在结转下年、建新账后，一般都要对旧账簿进行必要的整理，如将各种活页账、卡片账连同账簿启用及经管人员一览表装订成册，加上封面，将各种账簿统一编号。会计账簿先暂由本单位财会部门保管一年，期满后，由财会部门填写移交清单，移交本单位的档案部门保管。

账簿应按照规定期限保管。各账簿的保管期限分别为：日记账一般应保存 15 年，其中现金日记账和银行存款日记账为 25 年；固定资产卡片在固定资产报废清查后应继续保存 5 年；总分类账、明细分类账和辅助账簿应保存 15 年；涉及外事和其他重要的会计账簿应永久保存。保管期满，要按照会计档案管理办法的规定，由财会部门和档案部门共同鉴定，报经批准后进行处理。合并、撤销单位的会计账簿，要根据不同情况，分别移交给并入单位或上级主管部门指定的其他单位保管，并由交接双方在移交清册上签名盖章。

本章小结

账簿是用来全面、系统、连续、分类地记录各项经济业务的簿记。账簿按其用途分类，可分为序时账簿、分类账簿和备查账簿三类。企业一般应设立总账、现金日记账、银行存款日记账和各种明细账。不同的账簿有不同的格式。现金日记账、银行存款日记账和总分类账的格式主要采用三栏式，根据企业的特点，也可以采用其他格式。明细分类账的格式主要采用三栏式、数量金额式和多栏式三种。总账与明细账要平行登记。如果在登记账簿过程中发现了差错，应按错账更正规则进行更正。使用账簿时要遵守启用账簿规则、登记账簿规则和账簿保管规则。为了保证会计账簿资料的可靠性，会计人员还应做好对账工作，做到账证、账账和账实相符。在会计期末，会计人员应按规定进行结账。

本章实训

模块一：知识理解

一、简答题

1. 什么是账簿？账簿有什么作用？
2. 账簿按外表形式可以分为哪几类？它们各自的特点是什么？
3. 总账与明细账平行登记的要点有哪些？
4. 对账和结账有哪些方法？
5. 更正错账有哪几种方法？它们各自适用的条件是什么？

二、判断题（正确的画“√”，错误的画“×”）

1. 分类账簿是用来分别记录现金和银行存款业务的账簿。（　）
2. 各账户的明细账，采用的格式不一定必须固定。（　）
3. 账簿登记有误，三种更正错误的方法可以任选其一。（　）
4. 在填制记账凭证时，误将 7 600 元记为 6 700 元，并已经登记入账。月终结账前发现错误，更正时采用划线更正法。（　）
5. 日记账适用于所有的经济业务。（　）
6. 企业里所用账簿均采用订本账形式，以保证账簿的安全。（　）
7. 在月终对账时，发现账簿金额为 3 400 元，而记账凭证根据原始凭证填制的金额是 4 300元，这时可采用划线更正法。（　）
8. 原材料的明细分类账根据种类划分采用多栏式账页是可以的。（　）
9. 账账核对是指各种账簿之间的核对，包括总账的借贷方金额核对；总账与库存现金、银行存款日记账核对；各明细账之间的核对；会计部门的财产物资明细账与财产物资保管部门、使用部门明细账的核对。（　）
10. 结账时，月结只需在“本月合计”下面划通栏单红线，表示结账；年结需在“本年合计”下面划通栏双红线，表示完成年结工作。（　）

三、单项选择题

1. 下列可以采用活页式账簿的是（　　）。

A. 原材料明细账　　B. 银行存款日记账
C. 现金日记账　　D. 总账

2. 用于分类记录单位的全部交易或事项，提供总括核算资料的账簿是（　　）。

A. 总分类账　　B. 明细分类账
C. 日记账　　D. 备查账

3. 下列明细账户应该采用数量金额式的是（　　）。

A. 管理费用　　B. 本年利润
C. 库存商品　　D. 银行存款

4. 下列明细账户应该采用借方多栏式的是（　　）。

A. 原材料　　B. 本年利润

C. 制造费用　　D. 银行存款

5. 下列各项中，应设置备查账簿进行登记的是（　　）。

A. 无形资产　　B. 经营性租出固定资产

C. 盈余公积　　D. 经营性租入固定资产

6. 下列账簿中，必须采用订本式账簿的是（　　）。

A. 明细分类账　　B. 备查账

C. 总账　　D. 卡片式账

7. 按照账簿的用途分类，现金日记账属于（　　）。

A. 分类账簿　　B. 序时账簿

C. 活页账簿　　D. 备查账簿

8. 适用于三栏式明细分类账簿的是（　　）。

A. 原材料　　B. 应付账款

C. 财务费用　　D. 生产成本

9. 固定资产明细账一般采用（　　）形式。

A. 活页式　　B. 订本式

C. 卡片式　　D. 多栏式

10. 若结账以前发现账簿记录有错误，而记账凭证无错误，即纯属账簿记录的文字或数字的错误，则应采用（　　）进行更正。

A. 划线更正法　　B. 补充更正法

C. 红字更正法（部分冲销）　　D. 红字更正法（全部冲销）

11. 记账以后，发现记账凭证中的应借应贷科目有错，导致登账错误，应采用（　　）进行更正。

A. 划线更正法　　B. 补充更正法

C. 红字更正法（部分冲销）　　D. 红字更正法（全部冲销）

12. 记账以后，发现凭证、账簿记录会计科目和方向没有错，而只是金额多记，应采用（　　）进行更正。

A. 划线更正法　　B. 补充更正法

C. 红字更正法（部分冲销）　　D. 红字更正法（全部冲销）

13. 记账以后，发现凭证、账簿记录会计科目和方向没有错，而只是金额少记，应采用（　　）进行更正。

A. 划线更正法　　B. 补充更正法

C. 红字更正法（部分冲销）　　D. 红字更正法（全部冲销）

四、多项选择题

1. 账簿按照外表形式不同分为（　　）。

A. 分类账簿　　B. 订本式账簿

C. 活页式账簿　　D. 卡片式账簿

2. 账簿按照用途不同分为（　　）。

A. 序时账簿　　B. 分类账簿

C. 备查账簿　　D. 订本式账簿

3. 账簿按照账页格式不同分为（　　）。

A. 数量式账簿　　B. 数量金额式账簿

C. 三栏式账簿　　D. 多栏式账簿

4. 下列（　　）明细账账页格式适用于数量金额式明细分类账。

A. 库存商品　　B. 原材料

C. 库存现金　　D. 固定资产

5. 下列（　　）明细账账页格式适用于多栏式明细分类账。

A. 管理费用　　B. 应交税费

C. 库存现金　　D. 银行存款

6. 下列账簿中，装订形式必须采用订本式的有（　　）。

A. 总账　　B. 日记账

C. 明细账　　D. 备查账

7. 登记账簿时，应遵循下列（　　）原则。

A. 书写的文字和数字上面要留适当空隙，不要写满格，一般占 1/2 格

B. 登记账簿用蓝黑或黑色墨水书写

C. 各种账簿按页次顺序地连续登记，不得跳行、隔页

D. 凡需要结出余额的账户，结出余额后，应在“借或贷”栏内写明“借”、“贷”或“平”字样

8. 对账的主要内容包括（　　）。

A. 账证核对　　B. 账账核对

C. 账实核对　　D. 账表核对

9. 现金和银行存款之间相互划转的经济业务可能会编制（　　）。

A. 银行存款付款凭证　　B. 现金收款凭证

C. 现金付款凭证　　D. 银行存款收款凭证

10. 对于结账，下列说法正确的有（　　）。

A. 结出本期发生额合计

B. 因借贷相等，所以只结出借方或贷方发生额合计即可

C. 结出期末余额

D. 将余额转入新账

模块二：技能训练

实训一：练习现金日记账和银行存款日记账的登记方法

【资料】兴兴公司 20××年 3 月 31 日现金日记账的余额为 1 000 元，银行存款日记账的余额为 500 000 元。4 月份发生下列经济业务：

（1）2 日，购入原材料 2 000 公斤，其中甲材料 800 公斤，每公斤 100 元；乙材料 1 200 公斤，每公斤 60 元，增值税税率为 17%，用银行存款支付，材料已入库。

（2）8 日，收到佛山 A 工厂预付的购买产品的款项 58 000 元，存入银行。

（3）9 日，销售 A 产品一批 8 000 元，增值税税率为 17%，货税款均以银行存款收讫。

（4）9 日，从银行提取现金 3 000 元以备零用。

（5）10 日，收到投资者追加的投资 200 000 元，存入银行。

（6）12 日，通过银行向佛山 B 公司预付购料款 60 000 元。

（7）12 日，用现金支付一笔办公费用 800 元。

（8）14 日，用银行存款支付电费 3 000 元，其中办公室电费 500 元，车间电费 2 500 元。

（9）15 日，从银行提取现金 30 000 元，备发工资。

（10）15 日，以现金 30 000 元发放职工工资。

（11）16 日，采购员张强预借差旅费 2 000 元，以现金付讫。

（12）18 日，用 3 000 元银行存款支付报纸杂志费。

（13）20 日，用银行存款支付借款利息 3 000 元。

（14）21 日，销售 A 产品 3 000 件，每件 2 500 元；B 产品 1 000 件，每件 1 200 元，增值税税率为 17%，货款已收存银行。

（15）22 日，采购员张强回来报销差旅费 1 800 元，余款收回现金。

（16）23 日，以银行存款支付广告费 6 000 元。

（17）24 日，销售积压多余的原材料，收回货款 3 000 元，增值税税率为 17%，货款收存银行。

（18）25 日，转让一项无形资产 30 000 元，现款已收存银行。

（19）26 日，向受灾地区捐赠人民币 10 000 元。

（20）27 日，用银行存款购买一台不需安装的车床，买价 30 000 元，运费 3 000 元，增值税税率为 17%，用银行存款付讫。

要求：

（1）根据上述经济业务，分别填制收款凭证、付款凭证；

（2）根据相关凭证登记现金日记账和银行存款日记账。

实训二：练习错账的更正

【资料】某公司 20××年 5 月末对账时，发现下列经济业务的凭证或账簿记录有误：

（1）用现金支付车间的电话费 860 元。

原编制的记账凭证中的分录如下：

借：制造费用　　680

　贷：库存现金　　680

（2）开出转账支票一张 10 000 元，偿还前欠材料款。

原编制的记账凭证中的分录如下：

借：应付账款　　10 000

　贷：库存现金　　10 000

（3）收到某公司预付的货款 6 900 元，现款收存银行。

原编制的记账凭证中的分录如下：

借：银行存款　　7 900

　贷：预收账款　　7 900

（4）预付某公司购材料款 9 800 元。

原编制的记账凭证中的分录如下：

借：预付账款　　8 900

　贷：银行存款　　8 900

（5）用银行存款 6 000 元支付一笔车间办公费。

原编制的记账凭证中的分录如下：

借：管理费用　　6 000

　贷：银行存款　　6 000

要求：

（1）用文字说明每题的错误之处及更正的方法；

（2）用正确的更正方法更正错误。

实训三：练习总分类账户与明细分类账户的平行登记

【资料一】诚庆公司 20××年 9 月 1 日“原材料”和“应付账款”两个总分类账户及其所属明细分类账户的有关资料如下：

“原材料”总分类账户有借方余额 5 000 元，其所属明细分类账户余额如下表所示：

“原材料”明细分类账户余额

名称	数量（千克）	单价（元/千克）	金额（元）
甲材料	50	60	3 000
乙材料	200	10	2 000
合计			5 000

“应付账款”总分类账户有贷方余额 7 500 元，其所属明细分类账户余额如下表所示：

“应付账款”明细分类账户余额

名称	金额（元）
番阳公司	6 000
洽洽公司	1 500
合计	7 500

诚庆公司 9 月份发生的有关交易或事项如下：

（1）2 日，向番阳公司购入甲材料 30 千克，60 元/千克，计 1 800 元，货款未付。

（2）6 日，用银行存款偿还前欠番阳公司购货款 5 000 元。

（3）15 日，向洽洽公司购入乙材料 100 千克，10 元/千克，计 1 000 元，货款未付。

（4）16 日，生产产品领用甲材料 40 千克，60 元/千克，计 2 400 元；领用乙材料 150 千克，10 元/千克，计 1 500 元，共计 3 900 元。

（5）20 日，用银行存款偿还前欠洽洽公司的购货款 1 500 元。

要求：

（1）根据上述资料编制有关会计分录；

（2）按照平行登记法在“原材料”和“应付账款”两个总分类账户及其所属的明细分类账户中进行登记；

（3）编制“原材料”和“应付账款”明细分类账户本期发生额及余额汇总表进行试算平衡。

【资料二】凯胜灯具厂20××年10月1日“原材料”和“应付账款”两个总分类账户及其所属明细分类账户的有关资料如下：

“原材料”总分类账户有借方余额20 000元，其所属明细分类账户余额如下表所示：

“原材料”明细分类账户余额

名称	数量	单价	金额（元）
螺栓	100千克	50元/千克	5 000
灯泡	15 000只	1元/只	15 000
合计			20 000

“应付账款”总分类账户有贷方余额16 500元，其所属明细分类账户余额如下表所示：

“应付账款”明细分类账户余额

名称	金额（元）
华丰螺栓厂	12 000
华丰灯泡厂	4 500
合计	16 500

凯胜灯具厂10月份发生的有关交易或事项如下（此处仅说明总账与明细分类账的平行登记，故暂不考虑税金）：

（1）2日，购入螺栓8千克，每千克50元；灯泡600只，每只1元。以库存现金支付货款1 000元，材料已验收入库。

（2）10日，以银行存款偿还前欠华丰螺栓厂货款1 000元，华丰灯泡厂货款2 000元。

（3）20日，购入螺栓20千克，每千克50元；灯泡4 000只，每只1元，共计货款5 000元。其中螺栓是从华丰螺栓厂购买的，货款尚未支付；灯泡是从华丰灯泡厂购买的，货款已用银行存款支付，材料已验收入库。

（4）28日，以银行存款偿还前欠华丰螺栓厂货款2 000元，华丰灯泡厂货款2 500元。

要求：

（1）根据上述资料编制有关会计分录；

（2）按照平行登记法在“原材料”和“应付账款”两个总分类账户及其所属的明细分类账户中进行登记；

（3）编制“原材料”和“应付账款”明细分类账户本期发生额及余额汇总表进行试算平衡。

模块三：思维拓展

【资料】番阳公司审计员李力对该企业的账簿与记账凭证进行审核，发现关于下列经济业务内容的账簿记录有误：

（1）开出现金支票800元，支付企业管理部门日常零星开支。原编制记账凭证的会计分录如下：

借：管理费用　800

　贷：库存现金　800

（2）结转本月实际完工甲产品成本59 000元。原编制记账凭证的会计分录如下：

借：库存商品　95 000

　贷：生产成本　95 000

（3）收到购货单位偿还上月所欠货款8 600元。原编制记账凭证的会计分录如下：

借：银行存款　6 800

　贷：应收账款　6 800

（4）用银行存款支付所欠供货单位货款17 600元。原编制记账凭证的会计分录如下：

借：应付账款　16 700

　贷：银行存款　16 700

要求：用文字说明每题的错误之处，并指出用什么更正错账的方法予以更正及怎样正确更正错误。

推荐阅读

http://app.finance.ifeng.com/data/

http://www.chinaacc.com/

http://wiki.mbalib.com/wiki/

第七章　财产清查

☞ 学习目标

（一）知识目标

1. 了解财产清查的意义和种类；
2. 掌握财产清查的方法；
3. 重点掌握财产物资的盘存制度以及财产清查结果的账务处理。

（二）技能目标

1. 能熟练运用财产清查的各种技术方法；
2. 能对财产清查结果进行准确的账务处理。

☞ 引导案例

星光公司出纳员小王由于刚参加工作不久，对于货币资金业务管理和核算的有关规定不甚了解，所以出现一些不应该的错误，有件事情让他至今记忆犹新。20××年2月10日和12日两天，在现金业务结束后例行的现金清查中，分别发现库存现金短缺40元和库存现金溢余10元的情况，对此他经过反复思考也找不出原因。为了保全自己的面子和息事宁人，同时又考虑两次账实不符的金额很小，他决定采取下列办法进行处理：现金短缺40元，自掏腰包补上；现金溢余10元，暂时收起。

◈ 问题：

（1）你认为小王对该业务的处理是否正确？为什么？

（2）你能给出正确的做法吗？

第一节　财产清查概述

账簿记录是编制财务会计报表的依据，为了保证账簿提供资料的真实性，继而保证财务报表资料的准确性，需要在编制财务报表前对财产物资的实存数进行清查。通过清查，能及时发现账簿记录数与财产物资实存数之间的差异，并对差异及时作出相应的账簿调整。在保证账实相符的基础上编制企业的财务报表，能确保提供的会计信息资料真实可靠。

一、财产清查的意义

财产清查是通过对各项财产物资、往来款项的实地盘点和核对，以确认其账存数与实存数是否相符的一种会计核算方法。财产清查对于保证会计资料的真实可靠、改善经营管理、提高管理水平具有十分重要的意义，主要表现在以下几个方面：

（1）提高会计信息质量，保证会计资料的真实性。通过财产清查，可以确定各项财产的实存数，确定实存数与账存数是否存在差异，并及时调整账簿记录，做到账实相符，以确保账簿记录和会计报表的真实性。

（2）保护财产的安全和完整。通过财产清查，能够查明财产物资的保管情况，有无因管理不善致使财产物资遭受损失浪费、霉烂变质、损坏丢失或被非法挪用、贪污盗窃的情况，以便及时采取措施加以防范，保护财产的安全和完整。

（3）完善企业管理制度，挖掘财产物资潜力，提高物资的使用效率。通过财产清查，能够查明财产物资的保管情况和利用情况，是否存在超储积压、呆滞的财产物资，以便及时采取措施，改善经营管理，避免造成霉烂变质及损失浪费等情况，充分提高财产物资的使用效能和效率。

（4）保证财经纪律和结算纪律的执行。通过财产清查，能够建立健全财产物资保管的岗位责任制，保证各项财产物资的安全完整，促使经办人员自觉遵守结算纪律和国家财政、信贷的有关规定，及时结清债权债务，避免发生坏账损失。

二、财产清查的种类

财产清查按照不同的标志可以划分为不同的类型，主要有以下三种分类方法：

（一）按清查范围的不同分类

财产清查按清查范围的不同，可分为全面清查和局部清查。

1. 全面清查

全面清查是指对全部财产进行盘点和核对。全部清查的内容多、范围广、时间长、参与部门人员多，有时还会影响企业生产经营的正常进行，因此，一般在如下情况才需要进行全面清查：

（1）年终决算前，为了确保年终决算会计资料的真实、正确，需进行全面清查；

（2）单位撤销、合并或改变隶属关系时需进行全面清查；

（3）中外合资、国内联营时需进行全面清查；

（4）企业股份制改制时需进行全面清查；

（5）开展全面的资产评估、清产核资时需进行全面清查；

（6）单位主要负责人调离工作时需进行全面清查。

2. 局部清查

局部清查是指根据需要对企业的一部分财产进行清查。局部清查内容少、范围小、涉及的人员少，但专业性较强。局部清查一般包括下列清查内容：

（1）对于库存现金应由出纳员在每日业务终了时清点，做到日清月结；

（2）对于银行存款应由出纳员每月同银行核对一次；

(3) 对于债权债务应在年度内至少核对一至两次；

(4) 对于各种贵重物资，每月都应清查盘点一次；

(5) 对于原材料、在产品和产成品，除年度清查外，应有计划地每月重点抽查。

(二) 按清查时间的不同分类

财产清查按清查时间的不同，可分为定期清查和不定期清查。

1. 定期清查

定期清查是指根据计划安排的时间对财产进行的清查。这种清查一般在财产管理制度中予以规定，通常在年末、季末或月末结账前进行。

2. 不定期清查

不定期清查是指根据需要所进行的临时清查。不定期清查通常在以下几种情况下进行：

(1) 更换财产物资保管员和现金出纳员时；

(2) 发生非常损失时；

(3) 有关单位对本企业进行审计时。

(三) 按清查执行单位的不同分类

财产清查按清查执行单位的不同，可分为内部清查和外部清查。

1. 内部清查

内部清查也称为“自查”，是指由本企业的有关人员对企业的财产所进行的清查。

2. 外部清查

外部清查是指由企业外部的有关部门或人员根据国家法律或制度的规定对企业进行的财产清查。

三、财产清查前的准备工作

财产清查是一项涉及面比较广、工作量比较大、复杂且细致的工作。因此，在进行财产清查前，必须有计划、有组织地进行各项准备工作，包括组织准备和业务准备。

(一) 组织准备

财产清查，尤其是全面清查，涉及面较广、工作量较大，需要专门成立清查组织来具体负责财产清查的组织和管理工作。清查组织通常由会计、业务、仓库等有关部门人员组成，并由具有一定权限的人员负责清查组织的各项工作。

(二) 业务准备

清查前，会计人员需把所有有关的实物收发凭证全部登记入账，认真核对总账及其有关明细账余额，保证账证相符、账账相符；有关物资保管人员须将准备清查的各项实物整理清楚，排列整齐，挂上标签，标明实物名称、规格、数量等，并在清查地点准备好必要的计量器具和清查登记使用的表册，对计量器具要进行严格校正，以确保计量的准确性。

第二节 财产清查的内容与方法

一、财产物资的盘存制度

财产清查的重要环节是盘点财产物资的实存数量，为使盘点工作顺利进行，应建立一定的盘存制度。一般来说，财产清查的盘存制度包括永续盘存制和实地盘存制两种。

（一）永续盘存制

永续盘存制也叫账面盘存制，是指对各项财产物资的收入或发出情况都必须根据会计凭证在有关账簿中进行连续登记，并随时在账面上结出结存数。在该盘存制下，期末账面结存数的计算公式如下：

期末账面结存数 = 期初账面结存数 + 本期增加数 − 本期减少数

这种盘存制度要求对于财产物资的进出都有严密的手续，便于加强会计监督。在有关账簿中对财产物资的进与出进行连续登记，且随时结出账面结存数，便于随时掌握财产物资的占用情况及其动态，有利于加强对财产物资的管理。其不足之处在于记录的财产物资增减变动及结存情况都是根据有关会计凭证登记的，可能发生账实不符的情况。因此，采用永续盘存制，需要对各项财产物资定期进行财产清查，以查明账实是否相符，如不符，应找出原因。

（二）实地盘存制

实地盘存制不同于永续盘存制，采用这种方法，平时只根据会计凭证在账簿中登记财产物资的增加数，不登记减少数，到月末对各项财产物资进行盘点，根据实地盘点确定的实存数，倒挤出本月各项财产物资的减少数。在该盘存制下，本期减少数的计算公式如下：

本期减少数 = 期初账面余额 + 本期增加数 − 期末实际结存数

根据上述公式计算倒挤出本期减少数，再登记有关账簿，所以每月末，对各项财产物资进行实地盘点的结果，是计算、确定本月财产物资减少数的依据。

采用这种方法，工作简单，工作量小，但是对于各项财产物资的发出没有严密的手续，不便于施行会计监督，倒挤出的各项财产物资的减少数成分复杂，除了正常耗用的外，可能还有毁损和丢失的，所以若非特殊原因，一般情况下不宜采用。

二、财产清查的方法

财产清查是一项涉及面广、业务量大的会计工作，为了保证财产清查的工作质量，提高工作效率，达到财产清查的目的，在财产清查时应针对不同的清查内容采用不同的方法。

（一）货币资金的清查

1. 库存现金的清查

库存现金的清查是通过实地盘点的方法，即将库存现金的盘点实有数与库存现金日记账的余额进行核对的方法，来查明账实是否相符。在进行库存现金清查时，为了明确经济责任，出纳人员必须在场，在清查过程中不能用白条抵库，也就是不能用不具有法律效力的借条、收据抵充库存现金。库存现金盘点后，应根据盘点的结果及与库存现金日记账核对的情况，填制“库存现金盘点报告表”，其一般格式如表7－1所示：

表7－1　库存现金盘点报告表

单位名称：　　　　　　　　　　　　年　月　日

账面余额	实存金额	实存与账存对比		备注
		长款金额	短款金额	

盘点人：　　　　　　　　　　　　出纳：

2. 银行存款的清查

银行存款的清查，通常采用银行存款日记账与开户银行提供的对账单相核对的方法，检查账账是否相符。在双方记账没有错误的情形下，银行存款日记账的余额和银行对账单的余额也往往不一致，原因是存在未达账项。所谓未达账项是指由于取得凭证的时间不同，银行和企业对于同一项业务记账时间不一致，一方已经入账而另一方尚未入账的款项。未达账项包括以下四种情形：

（1）银行已收款入账，企业尚未收到银行的收款通知而未入账的款项，如委托银行收款等。

（2）银行已付款入账，企业尚未收到银行的付款通知而未入账的款项，如银行代扣水电费等。

（3）企业已收款入账，银行尚未办理完转账手续而未入账的款项，如收到外单位的转账支票等。

（4）企业已付款入账，银行尚未办理完转账手续而未入账的款项，如企业购入材料开出支票交付对方，而持票人尚未到银行办理转账等。

上述任何一种未达账项都会使企业银行存款日记账余额与银行转来的对账单余额不符。因此，企业在与银行对账时，应首先查明有无未达账项，如果有未达账项应编制银行存款余额调节表予以调整，若双方没有记账错误，调整后双方的余额应相等。值得注意的一点是：银行存款余额调节表只是为了核对账目，企业并不能直接根据银行存款余额调节表来进行账务处理，而应在收到有关收付款原始凭证后再进行账务处理。

【例7－1】甲公司20××年10月31日银行存款日记账的余额为5 400 000元，银行转来对账单的余额为8 300 000元。经逐笔核对，发现存在以下未达账项：

（1）企业送存转账支票6 000 000元，并已登记银行存款增加，但银行尚未记账。

（2）企业开出转账支票4 500 000元，但持票单位尚未到银行办理转账，银行尚未记账。

（3）企业委托银行代收某公司购货款4 800 000元，银行已收妥并登记入账，但企业尚未收到银行收款通知，尚未记账。

（4）银行代企业支付电话费400 000元，银行已登记企业银行存款减少，但企业未收到银行付款通知，尚未记账。

针对以上未达账项，企业编制银行存款余额调节表予以调整，如表7－2所示：

表7－2 银行存款余额调节表

20××年10月31日 单位：元

项目	金额	项目	金额
企业银行存款日记账余额	5 400 000	银行对账单余额	8 300 000
加：银行已收、企业未收款	4 800 000	加：企业已收、银行未收款	6 000 000
减：银行已付、企业未付款	400 000	减：企业已付、银行未付款	4 500 000
调节后的存款余额	9 800 000	调节后的存款余额	9 800 000

（二）实物财产的清查

实物财产是指具有实物形态的各种财产，包括原材料、半成品、产成品、固定资产等。不同品种的实物财产，由于其实物形态、体积重量、堆放方式等方面不同，因而对它们所采用的清查方法也有所不同。主要包括以下两种：

（1）实地盘点法。这是指通过点数、过磅、量尺等方法来确定财产的实有数额的方法。这种方法一般适用于机器设备、包装好的原材料、库存商品等的清查。

（2）技术推算法。这种方法又称“估堆”，是指利用技术方法对财产的实存数进行推算的一种方法。一般适用于堆垛量很大，不便一一清点，单位价值又比较低的实物的清查，如露天堆放的燃料用煤、沙石等。

企业对各项财产物资的盘点结果，应逐一填制“盘存单”（见表7－3），并同账面余额记录核对，确认盘盈盘亏数，填制“实存账存对比表”（见表7－4），作为调整账面记录的原始凭证。

表7－3 盘存单

单位名称： 盘点时间： 编号：

财产类别： 存放地点：

序号	名称	规格	计量单位	盘点数量	单价	金额	备注

盘点人签章： 保管人签章：

表7－4　实存账存对比表

单位名称：　　　　　　　　　　　　　　年　月　日

序号	名称	规格	计量单位	单价	实存		账存		盘盈		盘亏		备注
					数量	金额	数量	金额	数量	金额	数量	金额	

复核：　　　　　　　　　　　　　　　　制单：

(三) 往来款项的清查

往来款项主要包括应收款、应付款、暂收款。往来款项的清查一般采用函证核对法进行清查。具体步骤为：

首先，确认往来款项相关的总分类账余额与所属的明细分类账余额合计数相符。

其次，在保证往来账户记录完整正确的基础上，编制“往来款项对账单”，寄往各有关往来单位。“往来款项对账单”格式一般为一式两联，其中一联作为回单，对方单位核对后退回，并注明是否相符。

最后，收到上述回单后，应据此编制“往来款项清查表”（见表7－5），注明核对相符与不相符的款项，对不符款项按有争议、未达账项、无法收回等情况归类合并，针对具体情况采取措施予以解决。

询证函示例如下：

询证函

××单位：

为了核实本公司与贵单位的业务往来款项，特发函询证。下列数据出自本公司的账簿记录，如与贵单位记录相符，请在本函下端往来款项对账单的回执联“数据证明无误”处签名并盖章；如有不符，请在“数据不符”处列明不符金额，并签名盖章。请直接按下列地址将回执联寄回或传真与本公司。此致敬礼。

通信地址：

邮编：　　　　　　　　电话：　　　　　　　　传真：

本公司与贵单位往来款项列示如下：

往来款项对账单

截止日期	经济事项摘要	贵单位欠	欠贵单位

××公司（签章）

×年×月×日

往来款项对账单（回执联）

截止日期	经济事项摘要	贵单位欠	欠贵单位
数据证明无误		（单位签章）	（日期）
数据不符，请列明不符金额		（单位签章）	（日期）

表 7－5　往来款项清查表

总分类账户名称：　　　　　　　　　　年　月　日

明细分类账户		清查结果		核对不符原因分析			备注
名称	账面余额	核对相符金额	核对不符金额	未达账项金额	有争议款项金额	其他	

第三节　财产清查结果的处理

一、财产清查结果的处理步骤

企业对财产清查的结果，应当按照国家有关会计准则、指导的规定进行认真处理。财产清查中发现的盘盈和盘亏等问题，首先要核准金额，然后按规定的程序报经主管领导批准后，才能进行相应的会计处理。一般分为以下两个步骤进行账务处理：

第一步，将清查核实后的盘盈盘亏情况形成书面材料，上报有关部门办理报批手续，同时，根据“盘存单”或“实存账存对比表”等，调整账簿记录，做到账实相符。

第二步，审核后，根据上级处理意见，追回应由保险公司或责任人负担的损失，编制记账凭证，同时登记有关账簿。

二、财产清查结果的处理

为了核算和监督财产清查中查明的各种财产物资的盘盈、盘亏、毁损及其处理情况，应设置“待处理财产损溢”账户。“待处理财产损溢”账户借方发生额反映待处理的各项财产物资的盘亏或毁损数以及已批准处理的盘盈财产物资的结转数；贷方发生额反映待处理的各项财产物资的盘盈数以及已批准处理的盘亏或毁损财产物资的结转数；期末余额分别反映待处理的各项财产物资的净损失数（借方）或净溢余数（贷方）。企业清查的各种财产物资的损溢，一般应于期末前查明原因，并报有关部门批准，在期末结账前处理完毕。“待处理财产损溢”账户的结构如图7－1所示：

借方　　　　　　　　　待处理财产损溢	贷方
发生的各项财产物资的盘亏或毁损数以及报经批准后转销的各项财产物资的盘盈数	发生的各项财产物资的盘盈数以及报经批准后转销的各项财产物资的盘亏或毁损数
尚未处理的各项财产物资的净损失	尚未处理的各项财产物资的净溢余

图7－1　“待处理财产损溢”账户结构

“待处理财产损溢”账户设置“待处理流动资产损溢”和“待处理固定资产损溢”两个明细分类账户，分别对流动资产和固定资产损溢进行核算。

（一）库存现金清查结果的账务处理

对库存现金进行清查时，若出现账实不符，即出现有待查明原因的库存现金短缺或溢余时，应先通过“待处理财产损溢”科目核算，属于库存现金短缺的，应按实际短缺的金额，借记“待处理财产损溢——待处理流动资产损溢”，贷记“库存现金”科目；属于库存现金溢余的，应按实际溢余的金额，借记“库存现金”，贷记“待处理财产损溢——待处理流动资产损溢”科目。待查明原因并按管理权限报经批准后，根据不同情况分别处理：库存现金短缺，属于应由责任人赔偿或保险公司赔偿的部分，记入“其他应收款”科目；属于无法查明原因的，记入“管理费用”科目。库存现金溢余，属于应支付给有关单位或人员的，记入“其他应付款”科目；属于无法查明原因的，记入“营业外收入”科目。

【例7－2】海通公司20××年4月30日在对库存现金进行清查时，发现溢余50元。

借：库存现金　　　　50

　贷：待处理财产损溢——待处理流动资产损溢　　　　50

【例7－3】上述库存现金溢余原因不明，经批准计入营业外收入。

借：待处理财产损溢——待处理流动资产损溢　　　　50

　贷：营业外收入　　　　50

【例7－4】海通公司20××年3月31日在对库存现金进行清查时，发现短缺100元。

借：待处理财产损溢——待处理流动资产损溢　　　　100

　贷：库存现金　　　　100

【例7－5】上述库存现金短缺属于出纳人员李某的责任，由李某赔偿。

借：其他应收款——李某　　100

　贷：待处理财产损溢——待处理流动资产损溢　　100

（二）存货清查结果的账务处理

1. 存货盘盈的账务处理

企业发生存货盘盈时，报经批准以前也应先通过“待处理财产损溢——待处理流动资产损溢”账户核算，借记“原材料”、“库存商品”等科目，贷记“待处理财产损溢——待处理流动资产损溢”科目；在按管理权限报经批准后，借记“待处理财产损溢——待处理流动资产损溢”科目，贷记“管理费用”科目。

【例7－6】海通公司在财产清查中盘盈材料1 000千克，实际单位成本5元，经查属于材料收发计量方面的错误。

（1）批准处理前：

借：原材料　　5 000

　贷：待处理财产损溢——待处理流动资产损溢　　5 000

（2）批准处理后：

借：待处理财产损溢——待处理流动资产损溢　　5 000

　贷：管理费用　　5 000

2. 存货盘亏的账务处理

企业发生存货盘亏或损毁时，报经批准以前应先通过“待处理财产损溢——待处理流动资产损溢”账户核算，借记“待处理财产损溢——待处理流动资产损溢”科目，贷记“原材料”、“库存商品”等科目。在按管理权限报经批准后应作如下会计处理：对于入库的残料价值，记入“原材料”科目；对于应由保险公司和过失人赔偿的部分，记入“其他应收款”科目；扣除残料价值和应由保险公司、过失人赔偿后的净损失，属于一般经营损失的部分，记入“管理费用”科目，属于非常损失的部分，记入“营业外支出”科目。

【例7－7】海通公司在财产清查中发现盘亏甲材料500千克，实际单位成本4元，经查属于定额内合理损耗。

（1）批准处理前：

借：待处理财产损溢——待处理流动资产损溢　　2 000

　贷：原材料——甲材料　　2 000

（2）批准处理后：

借：管理费用　　2 000

　贷：待处理财产损溢——待处理流动资产损溢　　2 000

【例7－8】海通公司在财产清查中发现毁损乙材料50千克，实际单位成本40元，经查属于材料保管员陈某的过失造成的，按规定由其个人赔偿1 000元，残料已办理入库手续，价值400元。

（1）批准处理前：

借：待处理财产损溢——待处理流动资产损溢　　2 000

　贷：原材料——乙材料　　2 000

（2）批准处理后：

借：其他应收款——陈某　　1 000

　　原材料　　400

　　管理费用　　600

　贷：待处理财产损溢——待处理流动资产损溢　　2 000

【例7－9】海通公司因台风造成一批库存材料毁损，实际成本5 000元，根据保险责任范围及保险合同规定，应由保险公司赔偿3 000元。

（1）批准处理前：

借：待处理财产损溢——待处理流动资产损溢　　5 000

　贷：原材料　　5 000

（2）批准处理后：

借：其他应收款——保险公司　　3 000

　　营业外支出　　2 000

　贷：待处理财产损溢——待处理流动资产损溢　　5 000

（三）固定资产清查结果的账务处理

企业在财产清查中盘亏的固定资产，报经批准以前，按盘亏固定资产的账面价值，借记“待处理财产损溢——待处理固定资产损溢”科目，按已计提的累计折旧，借记“累计折旧”科目，按已计提的资产减值准备，借记“固定资产减值准备”科目，按固定资产的原价，贷记“固定资产”科目。按管理权限报经批准后，按可收回的保险赔偿或过失人赔偿金额，借记“其他应收款”科目，按应计入营业外支出的金额，借记“营业外支出”科目，贷记“待处理财产损溢——待处理固定资产损溢”科目。

企业在财产清查中盘盈的固定资产，应作为前期差错处理。即按重置成本确定其入账价值，借记“固定资产”科目，贷记“以前年度损益调整”科目。

【例7－10】海通公司进行财产清查时发现短缺一台笔记本电脑，原价为6 000元，已计提折旧3 000元。该公司应作如下会计处理：

（1）批准处理前：

借：待处理财产损溢——待处理固定资产损溢　　3 000

　　累计折旧　　3 000

　贷：固定资产　　6 000

（2）批准处理后：

借：营业外支出　　3 000

　贷：待处理财产损溢——待处理固定资产损溢　　3 000

（四）往来款项清查结果的账务处理

1. 应收账款清查结果的账务处理

在财产清查过程中，如发现长期应收而收不回的款项，即坏账损失，经批准应予以转销。企业发生的坏账损失不需要通过“待处理财产损溢”账户进行核算，通常采用备抵法进行转销。在备抵法下，企业需设置“坏账准备”账户转销无法收回的应收账款。

2. 应付账款清查结果的账务处理

在财产清查过程中，如发现确实无法支付的应付账款，企业应予以转销，按其账面余额计入营业外收入，即借记“应付账款”账户，贷记“营业外收入”账户。

本章小结

财产清查是会计核算的一种专门方法，也是财产管理的一项重要制度，它是为了核算和监督账簿记录的真实性和财产保管使用的合理性而进行的。本章主要阐述了财产清查的意义、种类，财产清查的方法，财产清查结果的账务处理。重点介绍了财产物资的两种盘存制度以及货币资金、实物财产等清查结果的账务处理。

本章实训

模块一：知识理解

一、简答题

1. 财产清查可以分为哪几类?
2. 在哪些情况下需要进行全面财产清查?
3. 财产清查的盘存制度包括哪些?
4. 未达账项包括哪些情形?
5. 实物清查的方法有哪些?

二、判断题（正确的画“√”，错误的画“×”）

1. 定期清查财产一般是在年末、季末或月末结账时进行。 (　　)
2. 财会部门对清查财产中所发现的差异，应及时进行账簿记录的调整。 (　　)
3. 造成账实不符的原因主要是登账错误。 (　　)
4. 库存现金和银行存款同属于货币资金，因此清查方法是相同的。 (　　)
5. 盘点实物时，发现账面数大于实存数即为盘盈。 (　　)
6. 在银行存款清查中，如果本单位和开户银行的记账均正确，那么该单位的银行存款日记账和开户银行送来的对账单肯定是一致的。 (　　)
7. 在采用永续盘存制下，财产清查的目的在于确定本期发出数。 (　　)
8. 银行存款日记账和银行对账单都正确时，二者的余额仍然可能不一致。 (　　)
9. 定期清查只可以是全面清查。 (　　)
10. 通过银行存款余额调节表调节后相等的余额为企业可立即动用的银行存款实有数。 (　　)

三、单项选择题

1. 一般来说，单位撤销、合并或改变隶属关系时要进行（　　）。

   A. 全面清查　　B. 局部清查

   C. 实地盘点　　D. 技术推算

2. 财产物资的盘存制度一般有（　　）两种。

   A. 永续盘存制和实地盘存制　　B. 实地盘点法和技术推算盘点法

C. 实地盘点法和永续盘存制　　D. 实地盘存制和核对账目

3. 银行存款的清查是将（　　）进行核对。

A. 银行存款日记账和总分类账　　B. 银行存款日记账和银行存款收付款凭证

C. 银行存款日记账和银行对账单　　D. 银行存款总分类账和银行存款收付款凭证

4. 对于大量成堆、难以逐一清点的财产物资，一般采用（　　）方法清查。

A. 实地盘点　　B. 抽查检验

C. 核对账目　　D. 技术推算盘点

5. 企业发生的存货盘亏与毁损，如属于自然损耗产生的定额内合理损失，经批准后，借记（　　）科目，贷记“待处理财产损溢”。

A. 管理费用　　B. 其他业务成本

C. 营业外支出　　D. 其他应收款

6. 盘亏及毁损财产物资的数额中属于责任人个人赔偿的，应记入（　　）。

A. “其他应收款”账户借方　　B. “营业外支出”账户借方

C. “管理费用”账户借方　　D. “其他应收款”账户贷方

7. 库存现金清查应采取的清查方法是（　　）。

A. 核对账目　　B. 实地盘点

C. 技术推算盘点　　D. 抽查库存现金日记账

8. 实地盘点法不适用于（　　）的清查。

A. 固定资产　　B. 原材料

C. 银行存款　　D. 库存现金

9. 银行存款实有数为（　　）。

A. 银行存款日记账余额

B. 银行对账单余额

C. 银行存款余额调节表中调节后相等的余额

D. 以上均不是

10. 进行财产清查，是为了检查（　　）。

A. 账账是否相符　　B. 账表是否相符

C. 账证是否相符　　D. 账实是否相符

四、多项选择题

1. 财产清查按清查时间的不同可分为（　　）。

A. 全面清查　　B. 局部清查

C. 定期清查　　D. 不定期清查

2. 财产清查按清查范围的不同可分为（　　）。

A. 全面清查　　B. 内部清查

C. 局部清查　　D. 外部清查

3. 存货的盘亏和毁损，经批准后所编制的会计分录可能涉及的账户有（　　）。

A. 管理费用　　B. 营业外支出

C. 待处理财产损溢　　D. 其他应收款

4. 下列关于永续盘存制的说法正确是（　　）。

A. 便于加强会计监督　　B. 工作简单，工作量小

C. 可随时结出账面结存数　　D. 需倒挤本期存货的发出数

5. 下列属于未达账项的有（　　）。

A. 企业收到支票存入银行，已记银行存款增加，银行尚未记账

B. 银行代企业支付水电费，企业尚未入账

C. 企业开出一张支票支付购料款，已记银行存款减少，银行尚未收到支票

D. 银行收到外单位给企业的汇款，而企业尚未收到银行的收款通知

6. 关于企业编制的“银行存款余额调节表”，下列说法正确的是（　　）。

A. 可作为原始凭证来调整企业银行存款日记账的账面余额

B. 可以此确定企业可实际动用的款项

C. 若双方没有记账错误，调整后双方的余额应相等

D. 银行存款余额调节表每年编制一次

7. 关于“待处理财产损溢”账户，下列说法正确的是（　　）。

A. 借方登记发生的各项财产物资的盘亏或毁损数

B. 借方登记发生的各项财产物资的盘盈数

C. 贷方登记报经批准后转销的各项财产物资的盘亏或毁损数

D. 贷方登记报经批准后转销的各项财产物资的盘盈数

8. 财产物资发生盘亏和损失在报经批准后，可以转入的账户有（　　）。

A. 管理费用　　B. 营业外支出

C. 其他应收款　　D. 应收账款

9. 财产清查包括（　　）。

A. 实物清查　　B. 库存现金清查

C. 银行存款清查　　D. 债权债务清查

10. 实物清查的常用方法有（　　）。

A. 实地盘点法　　B. 技术推算盘点法

C. 核对账目法　　D. 逆查法

模块二：技能训练

实训一：练习财产清查结果的会计处理

【资料一】海通公司 20××年 12 月末进行了财产清查，清查结果如下：

（1）盘盈材料一批，价值 500 元。

（2）因火灾烧毁材料一批，原材料的账面价值 100 000 元。

上述清查结果已批准处理，意见如下：

（1）盘盈材料一批，经查系保管员过磅不准造成的，冲减管理费用。

（2）保险公司赔偿 80 000 元，烧毁的仓库残料变卖收入 6 000 元存入银行，责成当天值班人王某赔偿 1 000 元，其余的净损失计入营业外支出。

要求：根据上述经济业务编制会计分录。

【资料二】海通公司 20××年 12 月末在财产清查中发现盘亏旧设备一台，原价为 50 000 元，已计提折旧 5 000 元。上述清查结果经批准，将其净值列入营业外支出。

要求：根据上述经济业务编制相应的会计分录。

【资料三】海通公司20××年10月末对往来款项进行了清查，结果如下：

（1）有一笔应收大明公司的货款1 000元，发生坏账，无法收回。

（2）有一笔应付给东方公司的货款800元，因东方公司已撤销，无法支付。

要求：根据上述经济业务编制相应的会计分录。

实训二：练习银行存款对账的方法

【资料】海通公司20××年12月31日银行存款日记账余额为252 000元，银行对账单为267 000元。经逐笔核对，发现有以下几笔未达账项：

（1）公司开出转账支票，用于支付所欠甲企业的货款20 000元，已登记入账，但持票人尚未将支票送交银行。

（2）公司收到乙企业开具的转账支票一张，用以支付购货款25 000元，公司已登记入账，但尚未将支票送存银行。

（3）银行已从公司账户代付水电费8 000元，但公司尚未收到银行的付款通知单。

（4）银行已收到外单位支付的购货款28 000元，但公司尚未收到银行的收款通知单。

要求：

（1）编制银行存款余额调节表。

（2）在编制银行存款余额调节表的过程中，如果调整后银行存款日记账与银行对账单余额仍然不相等，试问产生这种情况的原因有哪些？

模块三：思维拓展

【资料一】大华公司采购员李某出差回来报销差旅费。旅馆开出发票记载单价为80元，人数为1人，时间为10天，金额为800元。而李某却将单价80元直接改为380元，小写金额改为3 800元，并在大写金额前加了一个“叁仟”，报销后贪污金额为3 000元。

问题：

（1）采购员对此应承担什么责任？

（2）出纳员应如何审核这类虚假业务？

【资料二】大同公司出纳员吴岩收到某企业签发的一张4 086元转账支票后，同时签发了一张金额为4 086元的现金支票，然后一并到银行办理银行存款进账业务和提取现金业务。

问题：出纳员的这种做法是否属于正常的经济业务范畴？为什么？

推荐阅读

http://www.snai.edu/

http://www.nai.edu.cn/

http://www.cicpa.org.cn/

http://www.e521.com/

http://www.chinaacc.com/

第八章　会计账务处理程序

☞ 学习目标

（一）知识目标

1. 了解账务处理程序的意义和种类；
2. 熟悉几种常用账务处理程序的特点和适用范围；
3. 掌握各种账务处理程序的核算要求和步骤。

（二）技能目标

能够根据各单位的实际情况选用适当的会计账务处理程序组织本单位的会计核算。

☞ 引导案例

20××年7月李明毕业后到了一家规模不大的小企业做会计，其工作内容是每月根据各种记账凭证逐笔登记总账和编制会计报表。经过几年时间的发展，企业规模不断扩大，业务量大增，李明感觉每月登记总账的工作量越来越大，逐渐难以应付。李明希望找到一种简便高效的方法来完成登记总账的工作。

◈ 问题：

假如你是李明，你能找到一种方法轻松地完成登记总账的工作吗？

第一节　会计账务处理程序概述

一、会计账务处理程序的意义

（一）会计账务处理程序的含义

会计账务处理程序也称会计核算组织程序或会计核算形式，是指会计凭证、会计账簿、会计报表和记账程序相互结合的方式。

会计凭证、会计账簿和会计报表是记录和储存会计信息的重要载体，在实务中，由于各个单位经济业务的性质、特点和规模不同，所使用会计凭证的种类和格式、设置的会计账簿及其格式、会计报表的种类和格式也不尽相同，各种账簿之间的相互关系以及与之相适应的记账程序和记账方法也不一样。不同的凭证组织、账簿组织、记账程序和记账方法相互结合，形成了各种不同的会计账务处理程序。也就是说，对于同样的经济业务，由于不同的单位采用的会计凭证、会计账簿和会计报表的种类与格式不同，其记账程序和记账方法也会截然不同。每个单位应结合自己的实际情况和具体条件，科学地设计或选择适合自身经济业务性质和特点的会计账务处理程序来组织日常核算工作。

（二）会计账务处理程序的意义

科学地设计或选择会计账务处理程序是做好会计核算工作的一个重要前提，它对于提高会计工作的质量和效率，充分发挥会计的职能，有着十分重要的意义和作用。

（1）有利于提高会计核算工作效率。科学、合理的会计账务处理程序可以减少不必要的会计核算环节和手续，节约人力、物力和财力，提高会计工作效率。

（2）有利于提高会计信息质量。科学、合理的会计账务处理程序要求信息的获取、加工、传递、存储和输出讲究方式方法，使会计数据的处理过程有条不紊地进行，保证信息的及时性和明晰性，提供全面、系统、连续、清晰的会计核算资料，满足企业内外会计信息使用者的需要。

（3）有利于节约会计核算工作成本。科学、合理的会计账务处理程序讲求经济效益，根据"效益大于成本"原则设计账务处理程序，选用的会计凭证、会计账簿和会计报表的种类适当、格式适用、数量适中，这样能够在一定程度上降低会计核算工作的成本，节约会计核算方面的支出。

二、会计账务处理程序的种类

目前，我国企事业单位普遍采用的账务处理程序有三种：

（1）记账凭证账务处理程序；

（2）科目汇总表账务处理程序；

（3）汇总记账凭证账务处理程序。

各种账务处理程序的区别主要在于登记总分类账的依据和方法不同。本章着重介绍前两种会计账务处理程序。

第二节　记账凭证账务处理程序

一、记账凭证账务处理程序的特点和账簿组织

记账凭证账务处理程序是指根据原始凭证或汇总原始凭证填制记账凭证后，直接根据记账凭证逐笔登记总分类账的一种账务处理程序。

记账凭证账务处理程序的特点是：直接根据记账凭证逐笔登记总分类账，即在登记总账时，不需对记账凭证作任何加工，直接根据每张记账凭证所列账户的名称、方向和金额逐笔进行登记。它是最基本的账务处理程序，其他各种账务处理程序都是在此基础上发展和演变而来的。

在记账凭证账务处理程序中，记账凭证可采用专用记账凭证（收款凭证、付款凭证和转账凭证三种），也可采用通用记账凭证。

会计账簿一般设置现金日记账、银行存款日记账、总分类账和明细分类账。现金日记

账、银行存款日记账和总分类账的账页格式一般采用三栏式；明细分类账的账页格式可根据企业管理的需要采用三栏式、数量金额式或多栏式。

二、记账凭证账务处理程序的核算步骤

记账凭证账务处理程序的核算步骤如图 8－1 所示：

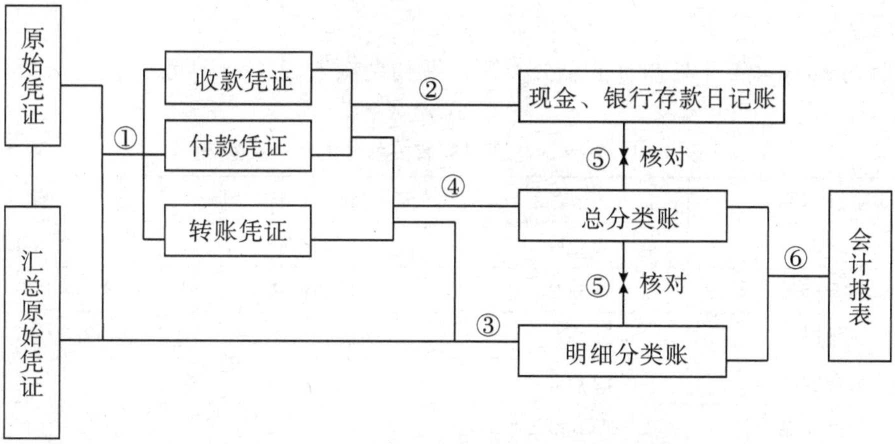

图 8－1　记账凭证账务处理程序的核算步骤

程序说明：

①根据原始凭证或汇总原始凭证编制各种记账凭证（如收款凭证、付款凭证和转账凭证）。

②根据收款凭证、付款凭证和有关原始凭证逐笔登记现金日记账和银行存款日记账。

③根据各种记账凭证和有关原始凭证或汇总原始凭证登记各种明细分类账。

④根据各种记账凭证和有关原始凭证或汇总原始凭证登记总分类账。

⑤月末，将现金日记账、银行存款日记账的余额，各种明细分类账的余额合计数与总分类账有关科目的余额核对，以保证账账相符。

⑥月末，根据核对相符的总分类账、明细分类账和其他有关资料编制会计报表。

三、记账凭证账务处理程序的优缺点和适用范围

（一）记账凭证账务处理程序的优点

记账凭证账务处理程序根据记账凭证直接登记总分类账，核算步骤简单明了，方法易于掌握，账簿与凭证之间的关系清晰明了，总账是对全部经济业务的序时记录，便于账目核对。

（二）记账凭证账务处理程序的缺点

对于业务量和记账凭证较多的单位，根据记账凭证逐笔登记总账的工作量也就很大，且不便于对会计工作进行分工，容易出错，造成漏登、重登的可能性较大。

（三）记账凭证账务处理程序的适用范围

这种账务处理程序主要适用于生产经营规模较小，业务量少，每期处理的凭证不多的单位。

四、记账凭证账务处理程序实例

【例8－1】根据乐迅公司20××年3月的经济业务，采用记账凭证账务处理程序进行会计处理。

乐迅公司20××年3月初有关总分类账户期初余额如表8－1所示：

表8－1　20××年3月初有关总分类账户余额表

科目名称	余额	科目名称	余额
库存现金	2 000	短期借款	30 000
银行存款	48 000	长期借款	88 000
原材料	21 000	实收资本	200 000
生产成本	12 000		
库存商品	35 000		
固定资产	256 000		
累计折旧	－56 000		
合　计	318 000	合　计	318 000

3月份的经济业务如下：

（1）2日，购入A材料1 000公斤，单价5元，价款计5 000元，增值税进项税额850元，材料已验收入库，货款以银行存款支付。

（2）5日，王明出差预借差旅费500元，以现金支付。

（3）10日，生产甲产品领用A材料200公斤，单价5元，共计1 000元。

（4）12日，王明出差归来，报销差旅费500元。

（5）16日，销售甲产品400件，单价50元，价款计20 000元，增值税销项税额3 400元，产品已发出，价款已收到并存入银行。

（6）22日，以银行存款支付本月保险费300元。

（7）23日，向银行申请取得短期借款20 000元，存入银行。

（8）27日，以现金购入办公用品800元。

（9）31日，结转已售甲产品成本，甲产品单位成本30元。

（10）31日，结转本月利润。

采用记账凭证账务处理程序进行会计处理：

（1）根据原始凭证填制收款凭证、付款凭证和转账凭证，如图8－2至图8－12所示：

付款凭证

贷方科目：银行存款　　　　20××年3月2日　　　　银付字第1号

摘要	借方科目		金额	√
	总账科目	明细科目		
购入A材料1 000公斤	原材料	A材料	5 000	
	应交税费	应交增值税（进项税额）	850	
附件×张	合　　计		5 850	

会计主管　　记账　　出纳　　审核　　制单

图8－2

付款凭证

贷方科目：库存现金　　　　20××年3月5日　　　　现付字第1号

摘要	借方科目		金额	√
	总账科目	明细科目		
王明预借差旅费	其他应收款	王明	500	
附件×张	合　　计		500	

会计主管　　记账　　出纳　　审核　　制单

图8－3

转账凭证

20××年3月10日　　　　转字第1号

摘要	会计科目		借方金额	贷方金额	√
	总账科目	明细科目			
生产领用A材料200公斤	生产成本	甲产品	1 000		
	原材料	A材料		1 000	
附件×张	合　　计		1 000	1 000	

会计主管　　记账　　审核　　制单

图8－4

转账凭证

20××年3月12日　　　　　　　　　　转字第2号

摘要	会计科目		借方金额	贷方金额	√
	总账科目	明细科目			
王明报销差旅费	管理费用	差旅费	500		
	其他应收款	王明		500	
附件×张	合　　计		500	500	

会计主管　　　　记账　　　　审核　　　　制单

图8-5

收款凭证

借方科目：银行存款　　　　20××年3月16日　　　　银收字第1号

摘要	贷方科目		金额	√
	总账科目	明细科目		
销售A产品400件	主营业务收入	甲产品	20 000	
	应交税费	应交增值税（销项税额）	3 400	
附件×张	合　　计		23 400	

会计主管　　　　记账　　　　出纳　　　　审核　　　　制单

图8-6

付款凭证

贷方科目：银行存款　　　　20××年3月22日　　　　银付字第2号

摘要	借方科目		金额	√
	总账科目	明细科目		
支付本月保险费	管理费用	保险费	300	
附件×张	合　　计		300	

会计主管　　　　记账　　　　出纳　　　　审核　　　　制单

图8-7

收款凭证

借方科目：银行存款　　　　20××年3月23日　　　　银收字第2号

摘要	贷方科目		金额	√
	总账科目	明细科目		
取得银行借款	短期借款		20 000	
附件×张	合　计		20 000	

会计主管　　记账　　出纳　　审核　　制单

图8－8

付款凭证

贷方科目：库存现金　　　　20××年3月27日　　　　现付字第2号

摘要	借方科目		金额	√
	总账科目	明细科目		
购买办公用品	管理费用	办公费	800	
附件×张	合　计		800	

会计主管　　记账　　出纳　　审核　　制单

图8－9

转账凭证

20××年3月31日　　　　转字第3号

摘要	会计科目		借方金额	贷方金额	√
	总账科目	明细科目			
结转已售甲产品的成本	主营业务成本	甲产品	12 000		
	库存商品	甲产品		12 000	
附件×张	合　计		12 000	12 000	

会计主管　　记账　　审核　　制单

图8－10

转账凭证

20××年3月31日　　　　转字第4号

摘要	会计科目		借方金额	贷方金额	√
	总账科目	明细科目			
结转利润	主营业务收入	甲产品	20 000		
	本年利润			20 000	
附件×张	合　　计		20 000	20 000	

会计主管　　　　记账　　　　审核　　　　制单

图8-11

转账凭证

20××年3月31日　　　　转字第5号

摘要	会计科目		借方金额	贷方金额	√
	总账科目	明细科目			
结转利润	本年利润		13 600		
	主营业务成本			12 000	
	管理费用			1 600	
附件×张	合　　计		13 600	13 600	

会计主管　　　　记账　　　　审核　　　　制单

图8-12

（2）根据收款凭证、付款凭证及所附原始凭证登记现金日记账和银行存款日记账，如图8-13、图8-14所示：

库存现金日记账

第　页

20××年		凭证		摘要	对方账户	收入	支出	借或贷	余额
月	日	字	号						
3	1			期初余额				借	2 000
	5	现付	1	王明预借差旅费	其他应收款		500	借	1 500
	27	现付	2	购买办公用品	管理费用		800	借	700
	31			本月合计			1 300	借	700

图8-13

银行存款日记账

第　页

20××年		凭证		摘要	对方账户	收入	支出	借或贷	余额
月	日	字	号						
3	1			期初余额				借	48 000
	2	银付	1	购入原材料	原材料		5 850	借	42 150
	16	银收	1	销售甲产品	主营业务收入	23 400		借	65 550
	22	银付	2	支付保险费	管理费用		300	借	65 250
	23	银收	2	取得银行借款	短期借款	20 000		借	85 250
	31			本月合计		43 400	6 150	借	85 250

图 8－14

（3）根据收款凭证、付款凭证和转账凭证及所附原始凭证登记明细分类账（此处略，明细分类账的登记方法详见本书第六章）。

（4）根据记账凭证登记总分类账，如图 8－15 至图 8－30 所示：

总分类账

账户名称：库存现金

第　页

20××年		凭证编号	摘要	借方金额	贷方金额	借或贷	余额
月	日						
3	1		期初余额			借	2 000
	5	现付 1	王明预借差旅费		500	借	1 500
	27	现付 2	购买办公用品		800	借	700
	31		本月合计		1300	借	700

图 8－15

总分类账

账户名称：银行存款

第　页

20××年		凭证编号	摘要	借方金额	贷方金额	借或贷	余额
月	日						
3	1		期初余额			借	48 000
	2	银付 1	购入原材料		5 850	借	42 150
	16	银收 1	销售甲产品	23 400		借	65 550
	22	银付 2	支付保险费		300	借	65 250
	23	银收 2	取得银行借款	20 000		借	85 250
	31		本月合计	43 400	6 150	借	85 250

图 8－16

总分类账

账户名称：其他应收款　　第　页

20××年		凭证编号	摘要	借方金额	贷方金额	借或贷	余额
月	日						
3	5	现付1	王明预借差旅费	500		借	500
	12	转2	王明报销差旅费		500	平	0
	31		本月合计	500	500	平	0

图8－17

总分类账

账户名称：原材料　　第　页

20××年		凭证编号	摘要	借方金额	贷方金额	借或贷	余额
月	日						
3	1		期初余额			借	21 000
	2	银付1	购入A材料	5 000		借	26 000
	10	转1	生产领用A材料		1 000	借	25 000
	31		本月合计	5 000	1 000	借	25 000

图8－18

总分类账

账户名称：生产成本　　第　页

20××年		凭证编号	摘要	借方金额	贷方金额	借或贷	余额
月	日						
3	1		期初余额			借	12 000
	10	转1	生产领用A材料	1 000		借	13 000
	31		本月合计	1 000		借	13 000

图8－19

总分类账

账户名称：库存商品　　第　页

20××年		凭证编号	摘要	借方金额	贷方金额	借或贷	余额
月	日						
3	1		期初余额			借	35 000
	31	转3	结转产品销售成本		12 000	借	23 000
	31		本月合计		12 000	借	23 000

图8－20

总分类账

账户名称：固定资产　　　　第　页

20××年		凭证编号	摘要	借方金额	贷方金额	借或贷	余额
月	日						
3	1		期初余额			借	256 000
	31		本月合计			借	256 000

图 8－21

总分类账

账户名称：累计折旧　　　　第　页

20××年		凭证编号	摘要	借方金额	贷方金额	借或贷	余额
月	日						
3	1		期初余额			贷	56 000
	31		本月合计			贷	56 000

图 8－22

总分类账

账户名称：短期借款　　　　第　页

20××年		凭证编号	摘要	借方金额	贷方金额	借或贷	余额
月	日						
3	1		期初余额			贷	30 000
	23	银收 2	取得银行借款		20 000	贷	50 000
	31		本月合计		20 000	贷	50 000

图 8－23

总分类账

账户名称：应交税费　　　　第　页

20××年		凭证编号	摘要	借方金额	贷方金额	借或贷	余额
月	日						
3	2	银付 1	购入 A 材料	850		借	850
	16	银收 1	销售甲产品		3 400	贷	2 550
	31		本月合计	850	3 400	贷	2 550

图 8－24

总分类账

账户名称：长期借款　　　　第　页

20××年		凭证编号	摘要	借方金额	贷方金额	借或贷	余额
月	日						
3	1		期初余额			贷	88 000
	31		本月合计			贷	88 000

图 8－25

总分类账

账户名称：实收资本　　　　第　页

20××年		凭证编号	摘要	借方金额	贷方金额	借或贷	余额
月	日						
3	1		期初余额			贷	200 000
	31		本月合计			贷	200 000

图 8－26

总分类账

账户名称：本年利润　　　　第　页

20××年		凭证编号	摘要	借方金额	贷方金额	借或贷	余额
月	日						
3	31	转 4	结转利润		20 000	贷	20 000
	31	转 5	结转利润	13 600		贷	6 400
	31		本月合计	13 600	20 000	贷	6 400

图 8－27

总分类账

账户名称：主营业务收入　　　　第　页

20××年		凭证编号	摘要	借方金额	贷方金额	借或贷	余额
月	日						
3	16	银收 1	销售甲产品		20 000	贷	20 000
	31	转 4	结转利润	20 000		平	0
	31		本月合计	20 000	20 000	平	0

图 8－28

总分类账

账户名称：主营业务成本　　　　　　　　　　　　　　　　　　　　　　第　页

20××年		凭证编号	摘要	借方金额	贷方金额	借或贷	余额
月	日						
3	31	转3	结转产品销售成本	12 000		借	12 000
	31	转5	结转利润		12 000	平	0
	31		本月合计	12 000	12 000	平	0

图8-29

总分类账

账户名称：管理费用　　　　　　　　　　　　　　　　　　　　　　第　页

20××年		凭证编号	摘要	借方金额	贷方金额	借或贷	余额
月	日						
3	12	转2	报销差旅费	500		借	500
	22	银付2	支付保险费	300		借	800
	27	现付2	购买办公用品	800		借	1 600
	31	转5	结转利润		1 600	平	0
	31		本月合计	1 600	1 600	平	0

图8-30

（5）月末，将现金日记账、银行存款日记账的余额以及各种明细分类账余额合计数，分别与总分类账中有关科目的余额核对，以保证账账相符。

（6）月末，根据核对无误的总分类账、各明细分类账和其他有关资料编制会计报表（略）。

第三节　科目汇总表账务处理程序

一、科目汇总表账务处理程序的特点和账簿组织

科目汇总表账务处理程序的特点是定期将全部记账凭证按会计科目汇总编制成科目汇总表，然后根据科目汇总表登记总分类账。

在科目汇总表账务处理程序下，会计凭证和会计账簿的设置与记账凭证账务处理程序相同。记账凭证可采用专用记账凭证（收款凭证、付款凭证和转账凭证三种），也可采用通用记账凭证。

现金日记账、银行存款日记账和总分类账的账页格式一般采用三栏式，明细分类账的账页格式可根据所反映的经济业务内容采用三栏式、数量金额式或多栏式。

二、科目汇总表的编制方法

科目汇总表又称记账凭证汇总表，是以列表的方式定期将所有记账凭证进行汇总，按各个会计科目列示其累计借方发生额和累计贷方发生额的一种汇总凭证。

科目汇总表编制的时间间隔，可根据经济业务量的多少，选择 3 天、5 天、10 天、15 天或 1 个月。在实际工作中，科目汇总表的格式一般有两种，如图 8－31 和图 8－32 所示：

科目汇总表

年　月　　日至　　日　　　　　　第　号

会计科目	借方发生额	贷方发生额
合计		

图 8－31　科目汇总表 1

科目汇总表

年　月　　日至　　日　　　　　　第　号

会计科目	1～10 日		11～20 日		21～31 日		本月合计	
	借方	贷方	借方	贷方	借方	贷方	借方	贷方
合计								

图 8－32　科目汇总表 2

科目汇总表的编制方法：

第一，将汇总期内所有记账凭证涉及的会计科目填列在“会计科目”栏内，为了便于登记总分类账，会计科目的排列顺序应与总分类账上的会计科目的顺序一致（一般可按资产类、负债类、所有者权益类、成本类和损益类的顺序排列）。

第二，分别计算出每个总账会计科目汇总期内的借方发生额合计数和贷方发生额合计数，将其填列在相应会计科目行的“借方金额”和“贷方金额”栏内。一般可设置“T”形账户进行发生额合计，将本期各会计科目的发生额一一记入相应的“T”形账户，然后计算各个账户的本期借方发生额与贷方发生额合计数。

第三，将所有会计科目的借方发生额和贷方发生额进行合计，根据借贷记账法的记账规则“有借必有贷，借贷必相等”，科目汇总表中全部会计科目的借方发生额合计与贷方发生额合计应该相等，科目汇总表具有试算平衡的作用。

三、科目汇总表账务处理程序的核算步骤

科目汇总表账务处理程序的核算步骤，如图 8－33 所示：

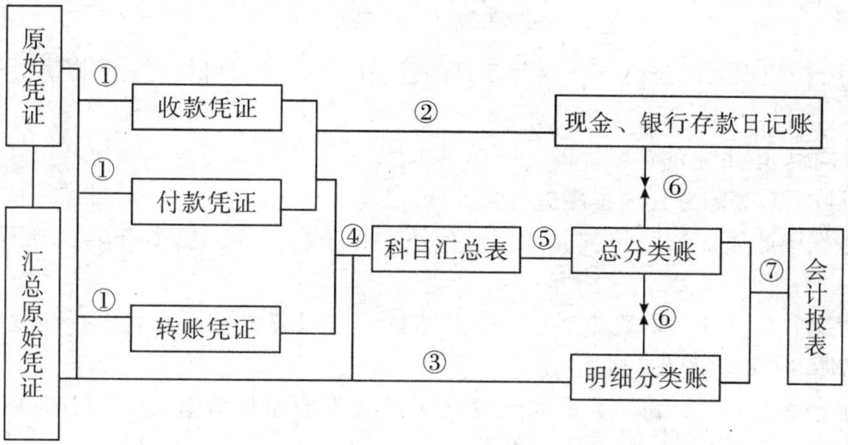

图 8－33　科目汇总表账务处理程序的核算步骤

程序说明：

①根据原始凭证或汇总原始凭证编制各种记账凭证（如收款凭证、付款凭证和转账凭证）。

②根据收款凭证、付款凭证和有关原始凭证逐笔登记现金日记账和银行存款日记账。

③根据各种记账凭证和有关原始凭证或汇总原始凭证登记各种明细分类账。

④根据记账凭证定期编制科目汇总表。

⑤根据科目汇总表登记总分类账。

⑥月末，将现金日记账、银行存款日记账的余额以及各种明细分类账的余额合计数与总分类账的余额进行核对，以保证账账相符。

⑦月末，根据核对相符的总分类账、明细分类账和其他有关资料编制会计报表。

四、科目汇总表账务处理程序的优缺点及适用范围

（一）科目汇总表账务处理程序的优点

科目汇总表账务处理程序下，总账根据定期编制的科目汇总表登记，大大减少了登记总分类账的工作量；通过编制科目汇总表，对本期发生额进行试算平衡，能验证核算资料的正确性；汇总方法简单，容易掌握。

（二）科目汇总表账务处理程序的缺点

按照相同会计科目归类编制的科目汇总表只反映各会计科目的本期借方发生额和本期贷方发生额，不能反映会计科目间的对应关系，根据总账记录难以分析检查经济业务的来龙去脉，不便于查对账目。

（三）科目汇总表账务处理程序的适用范围

这种账务处理程序主要适用于生产经营规模较大，业务量较多，每期处理的记账凭证较多的单位。

五、科目汇总表账务处理程序实例

【例8－2】根据乐迅公司20××年3月的经济业务，采用科目汇总表账务处理程序进行会计处理。

资料：同例8－1中的资料。

采用科目汇总表账务处理程序进行会计处理：

（1）根据原始凭证填制收款凭证、付款凭证和转账凭证，见本章第二节图8－2至图8－12。

（2）根据收款凭证、付款凭证及所附原始凭证登记现金日记账和银行存款日记账，见本章第二节图8－13、图8－14。

（3）根据收款凭证、付款凭证和转账凭证及所附原始凭证登记明细分类账（此处略，明细分类账的登记方法详见本书第六章）。

（4）根据记账凭证编制科目汇总表，如表8－2所示：

表8－2　科目汇总表

20××年3月1日至31日　　　　汇字第1号

会计科目	本期借方发生额	本期贷方发生额
库存现金		1 300
银行存款	43 400	6 150
其他应收款	500	500
原材料	5 000	1 000
库存商品		12 000
生产成本	1 000	
短期借款		20 000
应交税费	850	3 400
主营业务收入	20 000	20 000
主营业务成本	12 000	12 000
管理费用	1 600	1 600
本年利润	13 600	20 000
合　　计	97 950	97 950

（5）根据科目汇总表登记总分类账，如图 8－34 至图 8－49 所示：

总分类账

账户名称：库存现金　　　　第　页

20××年		凭证编号	摘要	借方金额	贷方金额	借或贷	余额
月	日						
3	1		期初余额			借	2 000
	31	科汇 1	1～31 日发生额		1 300	借	700
	31		本月合计		1 300	借	700

图 8－34

总分类账

账户名称：银行存款　　　　第　页

20××年		凭证编号	摘要	借方金额	贷方金额	借或贷	余额
月	日						
3	1		期初余额			借	48 000
	31	科汇 1	1～31 日发生额	43 400	6 150	借	85 250
	31		本月合计	43 400	6 150	借	85 250

图 8－35

总分类账

账户名称：其他应收款　　　　第　页

20××年		凭证编号	摘要	借方金额	贷方金额	借或贷	余额
月	日						
3	31	科汇 1	1～31 日发生额	500	500	平	0
	31		本月合计	500	500	平	0

图 8－36

总分类账

账户名称：原材料　　　　第　页

20××年		凭证编号	摘要	借方金额	贷方金额	借或贷	余额
月	日						
3	1		期初余额			借	21 000
	31	科汇 1	1～31 日发生额	5 000	1 000	借	25 000
	31		本月合计	5 000	1 000	借	25 000

图 8－37

总分类账

账户名称：生产成本　　　　第　页

20××年		凭证编号	摘要	借方金额	贷方金额	借或贷	余额
月	日						
3	1		期初余额			借	12 000
	31	科汇 1	1~31 日发生额	1 000		借	13 000
	31		本月合计	1 000		借	13 000

图 8－38

总分类账

账户名称：库存商品　　　　第　页

20××年		凭证编号	摘要	借方金额	贷方金额	借或贷	余额
月	日						
3	1		期初余额			借	35 000
	31	科汇 1	1~31 日发生额		12 000	借	23 000
	31		本月合计		12 000	借	23 000

图 8－39

总分类账

账户名称：固定资产　　　　第　页

20××年		凭证编号	摘要	借方金额	贷方金额	借或贷	余额
月	日						
3	1		期初余额			借	256 000
	31		本月合计			借	256 000

图 8－40

总分类账

账户名称：累计折旧　　　　第　页

20××年		凭证编号	摘要	借方金额	贷方金额	借或贷	余额
月	日						
3	1		期初余额			贷	56 000
	31		本月合计			贷	56 000

图 8－41

总分类账

账户名称：短期借款　　　　第　页

20××年		凭证编号	摘要	借方金额	贷方金额	借或贷	余额
月	日						
3	1		期初余额			贷	30 000
	31	科汇 1	1～31 日发生额		20 000	贷	50 000
	31		本月合计		20 000	贷	50 000

图 8－42

总分类账

账户名称：应交税费　　　　第　页

20××年		凭证编号	摘要	借方金额	贷方金额	借或贷	余额
月	日						
3	31	科汇 1	1～31 日发生额	850	3 400	贷	2 550
	31		本月合计	850	3 400	贷	2 550

图 8－43

总分类账

账户名称：长期借款　　　　第　页

20××年		凭证编号	摘要	借方金额	贷方金额	借或贷	余额
月	日						
3	1		期初余额			贷	88 000
	31		本月合计			贷	88 000

图 8－44

总分类账

账户名称：实收资本　　　　第　页

20××年		凭证编号	摘要	借方金额	贷方金额	借或贷	余额
月	日						
3	1		期初余额			贷	200 000
	31		本月合计			贷	200 000

图 8－45

总分类账

账户名称：本年利润　　　　第　页

20××年		凭证编号	摘要	借方金额	贷方金额	借或贷	余额
月	日						
3	31	科汇1	1~31日发生额	13 600	20 000	贷	6 400
	31		本月合计	13 600	20 000	贷	6 400

图8-46

总分类账

账户名称：主营业务收入　　　　第　页

20××年		凭证编号	摘要	借方金额	贷方金额	借或贷	余额
月	日						
3	31	科汇1	1~31日发生额	20 000	20 000	平	0
	31		本月合计	20 000	20 000	平	0

图8-47

总分类账

账户名称：主营业务成本　　　　第　页

20××年		凭证编号	摘要	借方金额	贷方金额	借或贷	余额
月	日						
3	31	科汇1	1~31日发生额	12 000	12 000	平	0
	31		本月合计	12 000	12 000	平	0

图8-48

总分类账

账户名称：管理费用　　　　第　页

20××年		凭证编号	摘要	借方金额	贷方金额	借或贷	余额
月	日						
3	31	科汇1	1~31日发生额	1 600	1 600	平	0
	31		本月合计	1 600	1 600	平	0

图8-49

（6）月末，将现金日记账、银行存款日记账的余额以及各种明细分类账的余额合计数与总分类账的余额进行核对，以保证账账相符。

（7）月末，根据核对相符的总分类账、明细分类账和其他有关资料编制会计报表（略）。

第四节　汇总记账凭证账务处理程序

一、汇总记账凭证账务处理程序的特点和账簿组织

汇总记账凭证账务处理程序的特点是定期根据记账凭证分类编制汇总收款凭证、汇总付款凭证和汇总转账凭证，再根据汇总记账凭证登记总分类账。汇总记账凭证账务处理程序是在记账凭证账务处理程序的基础上发展起来的，它与记账凭证账务处理程序的主要区别是在记账凭证和总分类账之间增加了汇总记账凭证。

在汇总记账凭证账务处理程序下，使用专用凭证包括收款凭证、付款凭证和转账凭证据以登记明细分类账，同时使用汇总记账凭证包括汇总收款凭证、汇总付款凭证和汇总转账凭证据以登记总分类账。

账簿的设置与记账凭证账务处理程序和科目汇总表账务处理程序相同，设置三栏式的现金、银行存款日记账和总分类账；设置各种明细分类账，账页格式根据经济业务内容的不同，采用三栏式、多栏式或数量金额式。

二、汇总记账凭证的编制方法

汇总记账凭证是指对同类经济业务的记账凭证定期进行汇总后编制的记账凭证，分为汇总收款凭证、汇总付款凭证和汇总转账凭证。

（一）汇总收款凭证的编制方法

汇总收款凭证以“库存现金”或“银行存款”为借方科目分别汇总，汇总规定期间内现金收款凭证“库存现金”科目对应贷方科目的发生额，并据以编制现金汇总收款凭证；汇总规定期间内银行存款收款凭证“银行存款”科目对应贷方科目的发生额，并据以编制银行存款汇总收款凭证。

汇总收款凭证只需编制两张，即现金汇总收款凭证和银行存款汇总收款凭证。汇总时间可以是5天、10天或15天，一般根据单位业务量的大小决定。银行存款汇总收款凭证的格式如图8－50所示：

汇总收款凭证

借方科目：银行存款　　　　20××年　月　　　　汇收字第　号

贷方科目	金额				总账页数	
	1~10日 收款凭证 第　号至　号	11~20日 收款凭证 第　号至　号	21~31日 收款凭证 第　号至　号	合计	借方	贷方
合计						

图8-50　汇总收款凭证

(二) 汇总付款凭证的编制方法

汇总付款凭证以“库存现金”或“银行存款”为贷方科目分别汇总，汇总规定期间内现金付款凭证“库存现金”科目对应借方科目的发生额，并据以编制现金汇总付款凭证；汇总规定期间内银行存款付款凭证“银行存款”科目对应借方科目的发生额，并据以编制银行存款汇总付款凭证。

汇总付款凭证只需编制两张，即现金汇总付款凭证和银行存款汇总付款凭证，汇总时间可以是5天、10天或15天，一般根据单位业务量的大小决定。现金汇总付款凭证的格式如图8-51所示：

汇总付款凭证

贷方科目：库存现金　　　　20××年　月　　　　汇付字第　号

借方科目	金额				总账页数	
	1~10日 付款凭证 第　号至　号	11~20日 付款凭证 第　号至　号	21~31日 付款凭证 第　号至　号	合计	借方	贷方
合计						

图8-51　汇总付款凭证

(三) 汇总转账凭证的编制方法

汇总转账凭证是对转账凭证进行的汇总，因转账凭证本身借方和贷方科目均不固定，为避免混乱，一般按转账凭证的贷方科目分别汇总，汇总规定期间内的既定贷方科目对应借方科目的发生额。

按照汇总转账凭证的编制方法，汇总转账凭证上的科目对应关系是一个贷方科目与一个或几个借方科目相对应。为便于汇总转账凭证的编制，应编制一借一贷或一贷多借的转账凭证，而不编制一借多贷或多借多贷的转账凭证。同时为简化会计核算手续，如果月份内某一贷方科目的转账凭证的数量不多，或者有些汇总原始凭证已按贷方科目设置，并反映一贷多借的科目对应关系，也可直接据此登记总分类账，无需编制汇总转账凭证。汇总转账凭证的格式如图 8－52 所示：

汇总转账凭证

贷方科目：　　　　20××年　月　　　　汇转字第　号

借方科目	金额				总账页数	
	1～10 日 转账凭证 第　号至　号	11～20 日 转账凭证 第　号至　号	21～31 日 转账凭证 第　号至　号	合计	借方	贷方
合计						

图 8－52　汇总转账凭证

三、汇总记账凭证账务处理程序的核算步骤

汇总记账凭证账务处理程序的核算步骤如图 8－53 所示：

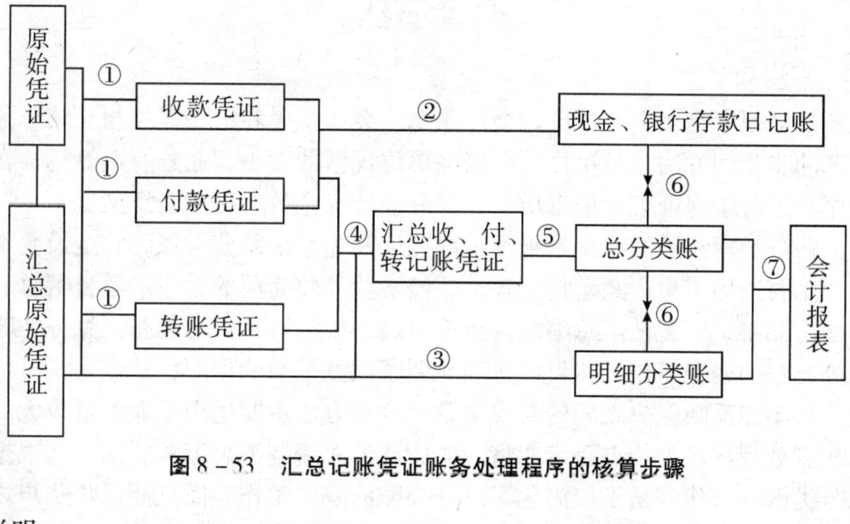

图 8－53　汇总记账凭证账务处理程序的核算步骤

程序说明：

①根据原始凭证或汇总原始凭证编制各种记账凭证（如收款凭证、付款凭证和转账

凭证)。

②根据收款凭证、付款凭证和有关原始凭证逐笔登记现金日记账和银行存款日记账。

③根据各种记账凭证和有关原始凭证或汇总原始凭证登记各种明细分类账。

④根据记账凭证定期编制汇总记账凭证（包括汇总收款凭证、汇总付款凭证和汇总转账凭证)。

⑤根据汇总记账凭证登记总分类账。

⑥月末，将现金日记账、银行存款日记账的余额以及各种明细分类账的余额合计数与总分类账的余额核对，以保证账账相符。

⑦月末，根据核对相符的总分类账、明细分类账和其他有关资料编制会计报表。

四、汇总记账凭证账务处理程序的优缺点及适用范围

(一) 汇总记账凭证账务处理程序的优点

汇总记账凭证账务处理程序定期根据记账凭证编制汇总记账凭证并据以登记总账，相应减少了登记总账的工作量，提高了会计核算的工作效率。由于汇总记账凭证是按会计科目的对应关系进行归类汇总编制的，因而能够明确反映科目之间的对应关系，便于了解经济业务的来龙去脉，克服了科目汇总表账务处理程序的不足。

(二) 汇总记账凭证账务处理程序的缺点

在汇总记账凭证账务处理程序下，企业按贷方科目编制汇总转账凭证，而不是按经济业务的性质归类汇总，不利于日常核算工作的合理分工。当转账凭证较多时，编制汇总记账凭证的工作量较大。

(三) 汇总记账凭证账务处理程序的适用范围

汇总记账凭证账务处理程序主要适用于生产经营规模较大，处理会计凭证较多的单位。

本章小结

会计账务处理程序是指会计凭证、会计账簿、会计报表和记账程序相互结合的方式，是加工会计信息的步骤和方法。各单位应根据本单位规模的大小、业务特点等科学合理地选择账务处理程序，这对于保证会计信息质量、提高会计工作效率有重要意义。

记账凭证账务处理程序的特点是根据记账凭证逐笔登记总分类账，它是最基本的一种账务处理程序，主要适用于生产经营规模较小、经济业务较简单的企业。科目汇总表账务处理程序的特点是定期将记账凭证汇总编制科目汇总表，根据科目汇总表登记总分类账。其优点是简化了总分类账的登记工作，科目汇总表起到了试算平衡的作用；缺点是科目汇总表的编制工作量大，且不能反映账户之间的对应关系。这种方法主要适用于业务量较大的单位。汇总记账凭证账务处理程序的特点是定期将记账凭证汇总编制汇总记账凭证，并根据汇总记账凭证登记总分类账。其优点是不仅简化了总分类账的登记工作，而且能反映账户之间的对应关系；缺点是编制汇总记账凭证的工作量大。这种方法适用于规模较大、收付款业务较多的企业。

本章实训

模块一：知识理解

一、简答题

1. 什么是账务处理程序？主要有哪几种形式？
2. 简述记账凭证账务处理程序的特点、核算步骤、优缺点和适用范围。
3. 简述科目汇总表账务处理程序的特点、核算步骤、优缺点和适用范围。
4. 简述汇总记账凭证账务处理程序的特点、核算步骤、优缺点和适用范围。

二、判断题（正确的画“√”，错误的画“×”）

1. 任何会计账务处理程序的第一步都是将所有的原始凭证汇总编制成汇总原始凭证。（　　）
2. 科目汇总表不仅可以起到试算平衡的作用，而且可以反映账户之间的对应关系。（　　）
3. 汇总记账凭证必须按月填制，每月填制一次。（　　）
4. 记账凭证账务处理程序是适合于任何一种企业的会计账务处理程序。（　　）
5. 在汇总记账凭证账务处理程序下，为了便于编制汇总转账凭证，要求所有转账凭证的科目对应关系只能是一借一贷或一借多贷。（　　）
6. 各种会计账务处理程序的区别主要表现在登记总账的依据和方法不同。（　　）
7. 汇总记账凭证可以明确反映账户之间的对应关系。（　　）
8. 记账凭证账务处理程序是其他账务处理程序的基础。（　　）
9. 汇总记账凭证账务处理程序适用于规模大、经济业务较多的单位。（　　）
10. 汇总转账凭证按借方科目分别设置，按其对应的贷方科目归类汇总。（　　）

三、单项选择题

1. 各种会计账务处理程序的根本区别在于（　　）不同。

   A. 记账凭证的种类和格式　　B. 登记总账的直接依据

   C. 登记明细账的依据　　D. 原始凭证的种类和格式

2. 在各种会计账务处理程序中，相同的是（　　）。

   A. 登记总账的依据　　B. 登记明细账的依据

   C. 账务处理的程序　　D. 优缺点及适应范围

3. 科目汇总表账务处理程序的优点是（　　）。

   A. 便于分析经济业务的来龙去脉　　B. 便于查对账目

   C. 可以减少登记总账的工作量　　D. 总分类账的记录较为详细

4. 会计账务处理程序中最基本的账务处理程序是（　　）。

   A. 记账凭证账务处理程序　　B. 科目汇总表账务处理程序

   C. 汇总记账凭证账务处理程序　　D. 日记总账账务处理程序

5. 直接根据记账凭证逐笔登记总分类账的会计账务处理程序是（　　）。

A. 科目汇总表账务处理程序　　B. 汇总记账凭证账务处理程序

C. 记账凭证账务处理程序　　D. 日记总账账务处理程序

6. 汇总记账凭证账务处理程序下，总分类账账页的格式一般采用（　　）。

A. 数量金额式　　B. 三栏式

C. 两栏式　　D. 多栏式

7. 科目汇总表汇总的是（　　）。

A. 全部科目的借方发生额　　B. 全部科目的贷方发生额

C. 全部科目的借贷余额　　D. 全部科目的借贷发生额

8. 记账凭证账务处理程序与科目汇总表账务处理程序的主要区别在于（　　）。

A. 编制记账凭证的依据不同　　B. 登记日记账和明细账的依据不同

C. 登记总账的依据不同　　D. 编制会计报表的依据不同

9. 汇总记账凭证的主要缺点是（　　）。

A. 登记总账的工作量大　　B. 不利于人员分工

C. 体现不了账户的对应关系　　D. 明细账与总账无法核对

10. 科目汇总表账务处理程序的主要缺点是（　　）。

A. 加大了登记总账的工作量　　B. 据此登账容易产生错误

C. 不便于查对账目　　D. 具有试算平衡的作用

四、多项选择题

1. 登记总分类账的依据可以是（　　）。

A. 记账凭证　　B. 汇总记账凭证

C. 科目汇总表　　D. 原始凭证汇总表

2. 汇总记账凭证账务处理程序的优点有（　　）。

A. 减少登记总分类账的工作量　　B. 便于核对账目

C. 反映经济业务的来龙去脉　　D. 反映科目的对应关系

3. 在各种会计账务处理程序中，能减少登记总账工作量的是（　　）。

A. 记账凭证账务处理程序　　B. 科目汇总表账务处理程序

C. 汇总记账凭证账务处理程序　　D. 日记总账账务处理程序

4. 科目汇总表的特点有（　　）。

A. 按总账科目归类汇总编制　　B. 根据原始凭证归类编制

C. 反映汇总总账科目的发生额　　D. 可起到试算平衡的作用

5. 会计账务处理程序规定了（　　）。

A. 账簿组织及登记方法　　B. 会计报表的编制步骤和方法

C. 记账程序和方法　　D. 凭证组织及填制方法

6. 记账凭证账务处理程序需要设置的凭证有（　　）。

A. 收款凭证　　B. 汇总转账凭证

C. 付款凭证　　D. 转账凭证

7. 记账凭证账务处理程序、科目汇总表账务处理程序、汇总记账凭证账务处理程序登记总账的直接依据分别是（　　）。

A. 科目汇总表　　B. 记账凭证

C. 汇总记账凭证　　D. 明细账

8. 以记账凭证为依据，按有关科目的贷方设置，按借方科目归类汇总的有(　　　　)。

A. 汇总收款凭证　　B. 汇总付款凭证

C. 汇总转账凭证　　D. 科目汇总表

9. 记账凭证账务处理程序中，明细分类账设置的格式有（　　　　）。

A. 多栏式　　B. 数量金额式

C. 三栏式　　D. 二栏式

10. 会计账务处理程序也称（　　　　）。

A. 会计核算方法　　B. 会计分析方法

C. 会计核算组织程序　　D. 会计核算形式

模块二：技能训练

实训一：练习科目汇总表的编制

【资料】东方厂20××年1月份1～15日发生下列经济业务：

（1）1日，从银行提取现金1 000元备用。

（2）2日，从华方厂购进材料一批，货款10 000元，增值税进项税额1 700元，材料已验收入库，款项尚未支付。

（3）2日，销售给阳光公司A产品一批，货款为30 000元，增值税销项税额5 100元，款项已收存入银行。

（4）3日，厂部的王林出差，借支差旅费500元，以现金付讫。

（5）4日，车间领用甲材料一批，其中用于A产品生产3 000元，用于车间一般消耗500元。

（6）5日，销售给华远公司A产品一批，货款为20 000元，增值税销项税额3 400元，款项尚未收到。

（7）5日，从江南公司购进乙材料一批，货款8 000元，增值税进项税额1 360元，款项尚未支付。

（8）7日，以银行存款11 700元，偿还前欠华方厂的购料款。

（9）8日，接银行通知，阳光公司汇来前欠货款35 100元，已收妥入账。

（10）10日，领用乙材料一批，其中A产品生产领用5 000元，厂部领用300元。

（11）13日，以银行存款9 360元，偿还前欠江南公司购料款。

（12）15日，接银行通知，华远公司汇来前欠货款23 400元，已收妥入账。

要求：

（1）根据以上经济业务编制记账凭证；

（2）根据所编记账凭证编制科目汇总表。

科目汇总表

20××年　　月　　日至　　日　　　　　　　　汇字第　号

会计科目	本期借方发生额	本期贷方发生额
合　计		

实训二：练习汇总付款凭证和汇总转账凭证的编制

【资料】沿用实训一的资料。

要求：编制银行存款汇总付款凭证和原材料科目的汇总转账凭证。

汇总付款凭证

贷方科目：银行存款　　　　20××年　月　　　　汇付字第　号

<table>
<tr><th rowspan="2">借方科目</th><th colspan="3">金　额</th><th colspan="2">总账页数</th></tr>
<tr><th>1～15 日
付款凭证
第　号至　号</th><th>16～31 日
付款凭证
第　号至　号</th><th>合计</th><th>借方</th><th>贷方</th></tr>
<tr><td></td><td></td><td></td><td></td><td></td><td></td></tr>
<tr><td></td><td></td><td></td><td></td><td></td><td></td></tr>
<tr><td></td><td></td><td></td><td></td><td></td><td></td></tr>
<tr><td></td><td></td><td></td><td></td><td></td><td></td></tr>
<tr><td>合　计</td><td></td><td></td><td></td><td></td><td></td></tr>
</table>

汇总转账凭证

贷方科目：原材料　　　　20××年　月　　　　汇转字第　号

借方科目	金额			总账页数	
	1～15 日 转账凭证 第　号至　号	16～31 日 转账凭证 第　号至　号	合计	借方	贷方
合　　计					

模块三：思维拓展

【资料】某大型企业为了降低会计信息的提供成本，采用定期汇总登记（先对记账凭证进行汇总，再根据汇总的记账凭证登记总账）的方法登记总账。

问题：你认为该企业的这种做法正确吗？

推荐阅读

http://www.chinaacc.com

http://www.asc.net.cn

http://www.casc.gov.cn

第九章　财务报表

☞ 学习目标

（一）知识目标

1. 了解财务报表的意义、作用、种类和编制要求；
2. 重点掌握资产负债表和利润表的意义、结构与格式、编制方法；
3. 理解现金流量表、所有者权益变动表的意义、结构与格式；
4. 熟悉财务报表附注的主要内容。

（二）技能目标

1. 能熟练运用企业资产负债表的各种编制方法；
2. 能熟练编制企业的利润表。

☞ 引导案例

案例一：F 公司负责招聘的王先生对前来应聘会计一职的小林提出了下列问题："资产负债表、利润表和现金流量表是企业对外报送的三张主要会计报表，它们反映的内容是什么？主要起什么作用？"小林完整、准确的回答令王先生十分满意。

◈ **问题：**

你能回答王先生提出的问题吗？

案例二：暑假期间大方同学来到 G 公司实习。今天的实习任务是协助李会计编制公司 6 月末的资产负债表。大方遇到了以下问题，请你帮助解答。

◈ **问题：**

（1）"在途物资"账户和"委托加工物资"账户的期末余额应该填入哪个项目？

（2）为什么根据"长期借款"账户的期末余额填列的"长期借款"项目的金额，李会计说是错误的，其原因可能是什么？

案例三：二月初的某一天，凯达公司的总经理想要了解本公司上年度经营成果的总括情况，工作不久的张会计立刻高兴地将上年 12 月 31 日的资产负债表呈送给总经理，请其过目。没想到，总经理一看报表的名称，脸色顿变。张会计仔细一瞧，糟糕！拿错了！于是，很快就从办公室拿来了另一张表。这次，总经理笑着点头了。

◈ **问题：**

为什么送资产负债表是错的？后来送去的应当是什么会计报表？

第一节　财务报表概述

财务会计的基本职能是向与企业有利害关系的各个方面及其他相关机构提供与决策相关的会计信息，这些信息使用者包括股东、债权人、政府管理机构、税务部门等。因此，一定时期终了后，企业必须对会计核算工作进行总结，以便向这些信息使用者提供企业的财务信息。企业的会计信息主要是反映企业财务状况、经营成果和现金流量等方面的信息，其载体即为财务报表。

一、财务报表的定义与种类

（一）财务报表的定义

财务报表是根据日常会计资料归集、加工、汇总而成的，用以总括反映企业某一特定日期的财务状况和某一会计期间的经营成果及现金流量情况的书面文件。《企业会计准则第30号——财务报表列报》规定："财务报表是对企业财务状况、经营成果和现金流量的结构性表述。"它至少应当包括下列组成部分：

（1）资产负债表；

（2）利润表；

（3）现金流量表；

（4）所有者权益（或股东权益）变动表；

（5）附注。

（二）财务报表的种类

企业财务报表可以根据需要，按照不同的标准进行分类。主要的分类方法有以下几种：

1. 按反映的经济内容分类

财务报表按照所反映经济内容的不同，可分为反映企业财务状况的报表和反映企业经营成果的报表。财务状况报表是反映企业在某一特定日期资产、负债、所有者权益和经营资金来源与运用情况的报表，如资产负债表、所有者权益变动表和现金流量表。经营成果报表是反映企业在某一期间内收入实现、成本消耗和利润形成及其分配情况的报表，如利润表。

2. 按资金的运动状态分类

财务报表按照资金运动状态的不同，可分为静态报表和动态报表。静态报表是综合反映企业一定时点资金的存在（即资产情况）和资金的取得（即负债、所有者权益情况）的报表，如资产负债表。这类报表的特点是反映某一特定日期的情况，一般根据账簿余额填列。动态报表是综合反映企业一定时期内资金的循环与周转情况的报表，如利润表、现金流量表、所有者权益变动表。这类报表的特点是反映某一段时间内的资金变化情况，一般根据账簿的发生额填列。

3. 按编制的时间分类

财务报表按编制时间的不同，可分为中期报表和年度报表。中期报表是以短于一个完整会计年度的报告期间为基础编制的财务报表，包括月报、季报和半年报。年度报表简称年报，又称决算报表，是在年度终了时编制的财务报表。在我国，月报通常包括资产负债表和利润表；中期报表通常包括资产负债表、利润表和现金流量表；而年报除上述三种报表外，还包括所有者权益（或股东权益，后同）变动表及相关附注。

4. 按编制的主体分类

财务报表按编制主体的不同，可分为个别财务报表和合并财务报表。个别财务报表是由企业在自身会计核算基础上对账簿记录进行加工而编制的财务报表。它主要是用来反映企业自身的财务状况、经营成果和现金流量的情况。合并财务报表是以母公司和子公司组成的企业集团为会计主体，根据母公司及其所属子公司的财务报表，由母公司编制的综合反映企业集团财务状况、经营成果和现金流量的财务报表。

除此之外，财务报表按所服务对象的不同，可分为对内报表和对外报表；按编制单位不同，可分为基层报表和汇总报表。

二、财务报表的构成

按照规定，企业的财务报表至少应当包括资产负债表、利润表、现金流量表、所有者权益变动表和附注。

1. 资产负债表

资产负债表是反映企业在某一特定日期财务状况的报表。企业编制资产负债表的目的是通过如实反映企业的资产、负债和所有者权益的金额及其结构，帮助报表使用者评价企业资产的质量、短期偿债能力、长期偿债能力和利润分配能力等。

2. 利润表

利润表是反映企业在一定会计期间经营成果的财务报表。企业编制利润表的目的是通过如实反映企业实现的收入、发生的费用以及应计入当期利润的利得、损失等金额及其结构，帮助报表使用者分析评价企业的盈利能力等。

3. 现金流量表

现金流量表是反映企业在一定会计期间现金和现金等价物流入和流出情况的财务报表。企业编制现金流量表的目的是通过如实反映企业各项活动的现金流入、流出情况，帮助报表使用者评价企业的现金流和资金周转情况。

4. 所有者权益变动表

所有者权益变动表是反映企业在一定会计期间所有者权益的各项目增减变动情况的报表。其目的是使报表使用者能够准确理解所有者权益增减变动的根源。

5. 附注

附注是对财务报表中列示项目所作的进一步说明以及对未能在报表项目中列示项目的说明等。它有利于帮助报表使用者更加全面、系统地了解企业的财务状况、经营成果和现金流量，以便作出更加科学合理的决策。

三、编制财务报表的基本要求

为了保证会计信息的质量，使报表使用者能清楚地了解到企业的财务状况、经营成果和现金流量等情况，企业编制财务报表的总体要求是：真实可靠、相关可比、全面完整、便于理解和编制及时。

根据《企业会计准则第30号——财务报表列报》中的规定，企业编制财务报表应遵循以下要求：

（1）企业应当以持续经营为基础，根据实际发生的交易和事项，按照规定进行确认和计量，在此基础上编制财务报表。

（2）财务报表项目的列报应当在各个会计期间保持一致，不得随意变更，以增强财务报表的可比性，例如固定资产折旧方法、存货发出计价方法等必须前后各期保持一致。当情况发生变化使得会计方法变更成为合理和必要时，可以变更会计方法，但应在会计报表附注中说明变更的原因和变动后对相关项目的影响。

（3）性质或功能不同的项目，应当在财务报表中单独列报，不具有重要性的项目除外。

（4）财务报表中的资产项目和负债项目的金额、收入项目和费用项目的金额不得相互抵消，其他会计准则另有规定者除外。

（5）当期财务报表的列报，至少应当提供所有列报项目上一可比会计期间的比较数据，以及与理解当期财务报表相关的说明，其他会计准则另有规定者除外。

（6）企业应当在财务报表的显著位置披露下列各项：编报企业的名称；资产负债表日或财务报表涵盖的会计期间；人民币金额单位；财务报表是合并财务报表的，应当予以标明。

（7）企业至少应当按年编制财务报表。年度财务报表涵盖的期间短于一年的，应当披露年度财务报表的涵盖期间，以及短于一年的原因。

第二节　资产负债表

一、资产负债表的内容与格式

（一）资产负债表的含义及作用

资产负债表是反映企业在某一特定日期（月末、季末、年末）财务状况的报表。它是根据“资产＝负债＋所有者权益”这一会计平衡等式，按照一定的分类标准和次序，把企业在某一特定日期的资产、负债和所有者权益项目予以适当排列后编制而成的。

通过资产负债表，可以全面了解企业资产的构成及其状况，分析企业在某一日期所拥有的经济资源及其分布情况；可以了解企业某一日期的负债总额及其结构，分析企业目前和未来需要支付的债务数额；可以了解企业所有者权益的情况，了解企业现有的投资者在企业资产总额中所占的份额，进而帮助报表使用者进行投资决策。

（二）资产负债表的内容

资产负债表反映的是资产、负债、所有者权益的总体规模和结构。可以反映企业有多少资产，在这些资产中，流动资产、长期股权投资、固定资产、无形资产等各有多少；流动资产中，货币资金、应收款项、存货各有多少，等等。可以反映企业有多少负债，在这些负债中，流动负债、长期负债各有多少，等等。可以反映所有者权益有多少，其中实收资本、资本公积、盈余公积和未分配利润各有多少，等等。

资产负债表通常按资产类、负债类、所有者权益类分别项目列示。其中，资产按流动性大小进行列示，具体分为流动资产和非流动资产；负债也按流动性大小进行列示，具体分为流动负债和非流动负债；所有者权益根据其形成来源的不同，按实收资本（或股本）、资本公积、盈余公积和未分配利润等项目分别列示。

（三）资产负债表的组成内容及表格格式

1. 资产负债表的组成内容

资产负债表由表首和正表两部分组成。其中，表首部分列示报表的名称、编制单位、编制日期、报表日期和货币名称等内容；正表是资产负债表的主体，列示了企业财务状况的各个项目，如货币资金、应收账款、存货、固定资产等。

2. 资产负债表正表的格式

目前，国际上流行的资产负债表格式主要有账户式和报告式两种。

（1）账户式资产负债表。账户式资产负债表又称为平衡式资产负债表，它是左右结构，根据"资产 = 负债 + 所有者权益"这一会计等式，左方列示资产项目，右方列示权益项目，即负债和所有者权益，并且左右两方数额保持平衡。账户式资产负债表使资产和权益间的平衡关系一目了然，便于资产和负债的相互比较，有利于对企业偿债能力进行分析。在我国，资产负债表采用账户式，其格式如表 9 - 1 所示。

表 9 - 1　账户式资产负债表

编制单位：　　　　　　　　　　　年　月　日　　　　　　　　　　　单位：元

资　　产	行次	年末数	年初数	负债和所有者权益	行次	年末数	年初数
流动资产：				流动负债：			
货币资金				短期借款			
……				……			
……				流动负债合计			
……				非流动负债：			
……				长期借款			
流动资产合计				……			
非流动资产：				非流动负债合计			
可供出售金融资产				负债合计			
……				所有者权益：			
……				实收资本			
……				……			
非流动资产合计				所有者权益合计			
资产合计				负债和所有者权益合计			

（2）报告式资产负债表。报告式资产负债表又称垂直式资产负债表，它是上下结构，根据"资产 = 负债 + 所有者权益"这一会计等式，将资产、负债、所有者权益项目自上而

下垂直排列。报告式资产负债表便于列示不同时期的经济指标，以便对企业不同时期的财务状况进行比较分析。其格式如表 9－2 所示：

表 9－2　报告式资产负债表

编制单位：　　　　　　　　　　　　年　　月　　日　　　　　　　　　　单位：元

项目	金额
资产	
流动资产	
……	
资产总计	
负债	
流动负债	
……	
负债总计	
所有者权益	
实收资本	
……	
所有者权益总计	

二、资产负债表的编制方法

根据有关规定，企业编制的年度、半年度会计报表至少应反映相连续的两个会计期间的比较数据，即本期“期末数”与“年初数”（上一会计期间期末数）。这种形式的资产负债表称为“比较资产负债表”。“年初数”与“期末数”的基本填列方法如下：

（一）“年初数”的填列方法

“年初数”栏内各项数字，应根据上年末资产负债表上的“期末数”栏内所列数字填列。如果本年度资产负债表规定的各项目的名称和内容与上年不一致，则应先对上年末资产负债表各项目的名称和数字按照本年度的规定进行调整，再填入本年度报表的“年初数”栏内。

（二）“期末数”的填列方法

“期末数”是指某一会计期末的数字，即月末、季末、半年末或年末的数字。概括来说，资产负债表各项目“期末数”栏内的数据来源，主要通过以下几种方式取得：

（1）根据总账账户期末余额直接填列。例如，“应收票据”、“应收股利”、“交易性金融资产”、“可供出售金融资产”、“短期借款”、“应付票据”、“应付职工薪酬”、“应交税费”、“应付利息”、“应付股利”、“其他应付款”、“实收资本（或股本）”、“资本公积”、“盈余公积”等项目都根据其总账账户的期末余额直接填列。

（2）根据若干总账账户期末余额计算填列。例如，“货币资金”项目需要根据“库存现金”、“银行存款”和“其他货币资金”三个科目的余额合计数计算填列。再如，“存货”项目应根据“在途物资”、“材料采购”、“原材料”、“库存商品”、“周转材料”（包装物、低值易耗品）、“委托加工物资”、“生产成本”等科目的期末余额合计数，减去“存货跌价准备”科目期末余额后的金额填列，对于材料采用计划成本法核算或库存商品采用售价金额法核算的企业，还应加或减“材料成本差异”、“商品进销差价”科目余额。

（3）根据有关明细账户期末余额计算填列。这种方法主要是针对“应收账款”、“预收账款”、“应付账款”和“预付账款”四个项目而言。因为在企业实际的核算中，当预收和预付账款业务不多时，可以不设置“预收账款”和“预付账款”科目，而将它们分别计入“应收账款”科目的贷方和“应付账款”科目的借方，这样就不能单纯地以“应收账款”和“应付账款”科目的期末余额直接填列这些项目，而应分别各个明细科目具体分析填列。例如，“应付账款”项目应根据“应付账款”、“预付账款”所属相关明细科目的期末贷方余额计算填列。

（4）根据总账账户及其所属明细账户期末余额分析填列。有些项目，既不能按总账科目余额直接或计算填列，也不能按照明细科目余额直接或计算填列，而需要在分析总账科目和明细科目余额后再计算填列。例如，“长期借款”项目就是根据“长期借款”的期末余额减去长期借款中一年内到期的长期借款部分后的金额填列。

（5）根据总账科目余额减去其备抵项目后的净额填列。例如，“无形资产”项目应根据“无形资产”科目期末余额减去“无形资产减值准备”备抵科目余额后的净额填列；“长期股权投资”科目应根据其期末余额减去“长期股权投资减值准备”科目余额后的净额填列。

三、资产负债表的编制举例

【例9-1】南方股份有限公司为增值税一般纳税人，假设该公司20××年12月31日有关科目资料如表9-3所示。其余有关资料如下：

（1）长期借款中于一年内到期的借款数额为100 000元。

（2）“应收账款”账户的有关明细账户余额如下：

“应收账款——A公司”借方余额700 000元；

“应收账款——B公司”借方余额500 000元；

“应收账款——C公司”贷方余额200 000元；

“坏账准备——应收账款”贷方余额6 000元。

（3）“预付账款”账户的有关明细账户余额如下：

“预付账款——甲公司”借方余额60 000元；

“预付账款——乙公司”贷方余额10 000元。

表 9－3　南方公司 20××年 12 月 31 日有关账户余额表

单位：元

账户名称	借方余额	贷方余额
库存现金	20 000	
银行存款	1 800 000	
其他货币资金	80 000	
应收票据	150 000	
应收账款	1 000 000	
坏账准备		6 000
应收股利	8 000	
预付账款	50 000	
其他应收款	2 000	
在途物资	85 000	
原材料	270 000	
库存商品	400 000	
生产成本	60 000	
长期股权投资	500 000	
长期股权投资减值准备		4 000
固定资产	1 500 000	
累计折旧		50 000
在建工程	300 000	
无形资产	800 000	
短期借款		100 000
应付票据		400 000
应付账款		1 200 000
预收账款		20 000
其他应付款		5 000
应付职工薪酬		100 000
应付股利		8 000
应交税费		155 000
长期借款		500 000
实收资本		3 000 000
资本公积		500 000
盈余公积		200 000
利润分配		777 000
合　计	7 025 000	7 025 000

现将上述资料进行归纳分析后填入资产负债表，具体如下所示：

（1）将“库存现金”、“银行存款”、“其他货币资金”科目余额合并列入货币资金项目，共计 1 900 000 元（20 000 + 1 800 000 + 80 000）。

（2）将坏账准备项目 6 000 元从应收账款项目中减去，并将应收账款明细账中的贷方余额 200 000 元列入预收账款项目。计算得到应收账款项目的金额为 1 194 000 元（700 000 + 500 000 − 6 000）；预收账款项目为 220 000 元（20 000 + 200 000）。

（3）将预付账款明细账中的贷方余额 10 000 元列入应付账款项目。计算分析得到预付账款项目的金额为 60 000 元；应付账款项目为 1 210 000 元（1 200 000 + 10 000）。

（4）将“在途物资”、“原材料”、“库存商品”、“生产成本”等其他存货账户余额合并为存货项目填列，共计 815 000 元（85 000 + 270 000 + 400 000 + 60 000）。

（5）将“长期股权投资减值准备”4 000 元从“长期股权投资”账户中减去，计算得到长期股权投资项目的金额为 496 000 元（500 000 − 4 000）。

（6）将累计折旧项目从固定资产项目中减去，计算得到固定资产项目为 1 450 000 元（1 500 000 − 50 000）。

（7）将长期借款中于一年内到期的借款 100 000 元列入一年内到期的非流动负债项目，并将其从“长期借款”账户减去，计算得到长期借款项目为 400 000 元（500 000 − 100 000）。

根据上述资料，编制该公司 20××年 12 月 31 日的资产负债表，如表 9－4 所示：

表 9－4 资产负债表

会企 01 表

编制单位：南方股份有限公司　　20××年 12 月 31 日　　单位：元

资　产	行次	年末数	年初数	负债和所有者权益	行次	年末数	年初数
流动资产：				流动负债：			
货币资金		1 900 000		短期借款		100 000	
交易性金融资产		—		交易性金融负债		—	
应收票据		150 000		应付票据		400 000	
应收账款		1 194 000		应付账款		1 210 000	
预付账款		60 000		预收账款		220 000	
应收利息		—		应付职工薪酬		100 000	
应收股利		8 000		应交税费		155 000	
其他应收款		2 000		应付利息		—	
存货		815 000		应付股利		8 000	
其中：消耗性生物资产		—		其他应付款		5 000	
一年内到期的非流动资产		—		一年内到期的非流动负债		100 000	

（续上表）

资　　产	行次	年末数	年初数	负债和所有者权益	行次	年末数	年初数
其他流动资产		—		其他流动负债		—	
流动资产合计		4 129 000		流动负债合计		2 298 000	
非流动资产：				非流动负债：			
可供出售金融资产		—		长期借款		400 000	
持有至到期投资		—		应付债券		—	
长期应收款		—		长期应付款		—	
长期股权投资		496 000		专项应付款		—	
投资性房地产		—		预计负债		—	
固定资产		1 450 000		递延所得税负债		—	
在建工程		300 000		其他非流动负债		—	
工程物资		—		非流动负债合计		400 000	
固定资产清理		—		负债合计		2 698 000	
生产性生物资产		—		所有者权益：			
油气资产		—		实收资本		3 000 000	
无形资产		800 000		资本公积		500 000	
开发支出		—		减：库存股		—	
商誉		—		盈余公积		200 000	
长期待摊费用		—		未分配利润		777 000	
递延所得税资产		—		所有者权益合计		4 477 000	
其他非流动资产		—					
非流动资产合计		3 046 000					
资产合计		7 175 000		负债和所有者权益合计		7 175 000	

第三节　利润表

一、利润表的内容与格式

（一）利润表的含义

利润表又称损益表、收益表，是反映企业在一定会计期间经营成果的财务报表。它把企业一定期间的收入与费用进行配比，计算出企业一定时期的净利润（或净亏损）。通过它可以分析企业的获利能力及利润的未来发展趋势，评价企业的经营效率和经营成果，评估投资的价值和报酬，进而衡量企业在经营管理上的绩效。

（二）利润表的内容

利润表是根据"收入－费用＝利润"这一会计等式编制的，主要提供有关企业经营成果方面的信息。利润表可以反映企业在一定会计期间收入实现、费用耗费的情况，如实现的营业收入有多少，耗费的营业成本有多少等，最终反映企业生产经营活动的成果，也就是利润的实现情况。

（三）利润表的格式

利润表由表首和正表两部分组成。其中，表首部分列示报表名称、编制单位名称、编制日期和货币名称等内容；正表是利润表的主体，该部分反映了形成经营成果的各个项目和计算过程。利润表的格式主要有两种：单步式和多步式。

1. 单步式利润表

单步式利润表是将本期各项收入和各项成本、费用的合计数相抵后，一次计算求出本期最终损益的表式。这种表的格式比较简单，便于编制，但是缺少利润构成情况的详细资料，不利于企业不同期间利润表与行业间利润表的纵向和横向的分析比较。其格式如表 9－5 所示：

表 9－5　单步式利润表

编制单位：　　　　年　月　　　　单位：元

项　目	报告期金额	本年累计金额
收入		
营业收入		
……		
收入合计		
费用		
营业成本		
……		
费用合计		
利润（或亏损）总额		

2. 多步式利润表

多步式利润表也称逐步报告式利润表，是按照企业利润的构成内容，将收入、费用按不同性质归类后，分层次、分步骤地逐步逐项计算编制而成的。这种格式注重收入与费用配比的层次性，得出一些中间性的利润数据，与单步式利润表相比，能提供更为丰富的数据资料。报表使用者通过它可以从不同损益类别中了解企业经营成果的不同来源，既有利于分析企业的生产经营状况，又有利于对利润表进行横向和纵向比较。

我国会计准则明确规定应采用多步式利润表。其格式如表 9－6 所示：

表9－6　多步式利润表

编制单位：　　　　　　　　　　　　　　　年　月　　　　　　　　　　　　　　单位：元

项　　目	行次	本月数	本年累计数
一、营业收入	1		
减：营业成本	2		
营业税金及附加	3		
销售费用	4		
管理费用	5		
财务费用	6		
资产减值损失	7		
加：公允价值变动损益	8		
投资收益	9		
其中：对联营企业和合营企业的投资	10		
二、营业利润（亏损以“－”号填列）	11		
加：营业外收入	12		
减：营业外支出	13		
三、利润总额	14		
减：所得税费用	15		
四、净利润（净亏损以“－”号填列）	16		
五、每股收益	17		
（一）基本每股收益	18		
（二）稀释每股收益	19		

二、利润表的编制方法

（一）“本月数”和“本年累计数”的基本填列方法

1. “本月数”的基本填列方法

“本月数”栏反映各项目的本月实际发生额，根据各有关账户的本月发生额填列。

（1）根据有关账户的发生额计算填列。例如，“营业收入”项目应根据“主营业务收入”和“其他业务收入”账户发生额分析加总填列。

（2）根据有关账户的发生额直接填列。如“营业税金及附加”、“销售费用”、“管理费用”、“财务费用”、“投资收益”、“营业外收入”、“营业外支出”、“所得税费用”等项目。

2. “本年累计数”的基本填列方法

“本年累计数”栏反映各项目自年初起至本月末止的累计实际发生数。将上月利润表的“本年累计数”栏的数字加上本月利润表的“本月数”栏的数字，可以得出各项目的本月利润表的“本年累计数”，然后填入相应的项目内。

（二）表中各项目“本月数”的具体填列方法

（1）“营业收入”项目。“营业收入”项目反映企业经营主要业务和其他业务所确认的收入总额。本项目应根据“主营业务收入”和“其他业务收入”科目的发生额分析填列。

（2）“营业成本”项目。“营业成本”项目反映企业经营主要业务和其他业务所发生的成本总额。本项目应根据“主营业务成本”和“其他业务成本”科目的发生额分析填列。

（3）“营业税金及附加”项目。“营业税金及附加”项目反映企业经营业务应负担的消费税、营业税、城市建设维护税、资源税、土地增值税和教育费附加等。本项目应根据“营业税金及附加”科目的发生额分析填列。

（4）“销售费用”项目。“销售费用”项目反映企业在销售商品过程中发生的包装费、广告费等费用和为销售本企业商品而专设的销售机构的职工薪酬、业务费等经营费用。本项目应根据“销售费用”科目的发生额分析填列。

（5）“管理费用”项目。“管理费用”项目反映企业为组织和管理生产经营发生的管理费用。本项目应根据“管理费用”科目的发生额分析填列。

（6）“财务费用”项目。“财务费用”项目反映企业为筹集生产经营所需资金等而发生的筹资费用。本项目应根据“财务费用”科目的发生额分析填列。

（7）“资产减值损失”项目。“资产减值损失”项目反映企业各项资产发生的减值损失。本项目应根据“资产减值损失”科目的发生额分析填列。

（8）“公允价值变动损益”项目。“公允价值变动损益”项目反映企业应当计入当期损益的资产或负债的公允价值变动收益。本项目应根据“公允价值变动损益”科目的发生额分析填列，如为净损失，本项目以“－”号填列。

（9）“投资收益”项目。“投资收益”项目反映企业以各种方式对外投资所取得的收益。本项目应根据“投资收益”科目的发生额分析填列。如为投资损失，本项目以“－”号填列。

（10）“营业利润”项目。“营业利润”项目反映企业实现的营业利润。如为亏损，本项目以“－”号填列。

（11）“营业外收入”项目。“营业外收入”项目反映企业发生的与经营业务无直接关系的各项收入。本项目应根据“营业外收入”科目的发生额分析填列。

（12）“营业外支出”项目。“营业外支出”项目反映企业发生的与经营业务无直接关系的各项支出。本项目应根据“营业外支出”科目的发生额分析填列。

（13）“利润总额”项目。“利润总额”项目反映企业实现的利润。如为亏损，本项目以“－”号填列。

（14）“所得税费用”项目。“所得税费用”项目反映企业应从当期利润总额中扣除的所得税费用。本项目应根据“所得税费用”科目的发生额分析填列。

（15）“净利润”项目。“净利润”项目反映企业实现的净利润。如为亏损，本项目以“－”号填列。

三、利润表的编制举例

【例9－2】南方股份有限公司为增值税一般纳税人，假设该公司20××年12月有关损益类账户的发生额如表9－7所示：

表9－7　利润表有关科目累计发生额

账户名称	借方发生额（元）	贷方发生额（元）
主营业务收入		12 500 000
其他业务收入		250 000
投资收益		10 000
营业外收入		250 000
主营业务成本	8 500 000	
其他业务成本	160 000	
营业税金及附加	550 000	
销售费用	500 000	
管理费用	1 100 000	
财务费用	1 000 000	
营业外支出	100 000	
所得税费用	275 000	

根据上述资料，计算各项目内容如下：

营业收入＝12 500 000＋250 000＝12 750 000（元）

营业成本＝8 500 000＋160 000＝8 660 000（元）

营业利润＝12 750 000－8 660 000－550 000－500 000－1 100 000－1 000 000＋10 000＝950 000（元）

利润总额＝950 000＋250 000－100 000＝1 100 000（元）

净利润＝1 100 000－275 000＝825 000（元）

现编制利润表，如表9－8所示：

表9－8　利润表

会企02表

编制单位：南方股份有限公司　　　　20××年12月　　　　单位：元

项　目	本月数	本年累计数
一、营业收入	12 750 000	140 250 000
减：营业成本	8 660 000	95 260 000
营业税金及附加	550 000	6 050 000
销售费用	500 000	5 500 000
管理费用	1 100 000	12 100 000
财务费用	1 000 000	6 000 000
资产减值损失	—	—
加：公允价值变动损益	—	—
投资收益	10 000	100 000

（续上表）

项　目	本月数	本年累计数
其中：对联营企业和合营企业的投资	—	—
二、营业利润（亏损以“－”号填列）	950 000	15 440 000
加：营业外收入	250 000	500 000
减：营业外支出	100 000	400 000
三、利润总额	1 100 000	15 540 000
减：所得税费用	275 000	3 885 000
四、净利润（净亏损以“－”号填列）	825 000	11 655 000
五、每股收益		
（一）基本每股收益		
（二）稀释每股收益		

第四节　现金流量表及所有者权益变动表

一、现金流量表

（一）现金流量表的含义与作用

1. 现金流量表的含义

现金流量表是反映企业一定时期内经营活动、投资活动和筹资活动对其现金及现金等价物所产生影响的财务报表，用来揭示企业经营活动、投资活动和筹资活动所引起的各种现金流入、流出与净流量的情况。

2. 现金流量表的作用

企业编制现金流量表的目的是为财务报表使用者提供企业在一定时期内现金及现金等价物流入、流出与净流量的情况，以便报表使用者能够更好地了解和评价企业获取现金及现金等价物的能力，并据以预测未来的现金流量。现金流量表的作用主要有以下几个方面：

（1）现金流量表能够反映企业现金流入和流出的原因，现金流量表将现金流量划分为经营活动、投资活动和筹资活动三个方面的现金流量，并按照流入现金和流出现金项目分别反映。如企业当期从银行借入200万元，偿还利息1万元，在现金流量表的筹资活动产生的现金流量中分别反映借款200万元，支付利息1万元。因此，通过现金流量表能够反映企业现金流入与流出的原因，即现金是从哪里来的，又流到哪里去了。这些信息是资产负债表和利润表所不能提供的。

（2）现金流量表可以提供企业收益质量方面的相关信息。利润表所列示的利润，反映了企业在一定期间的经营成果。但是，净利润是根据权责发生制原则计算出来的，它含有销售已经实现、但尚未收到货款的销售收入，不能体现企业已确认的收入中哪些是已经收到货款的，哪些是尚未收到货款的，这将不利于企业对现金的充分利用——有些企业虽然有很高的净利润，但还是由于资金周转问题而破产、倒闭。现金流量表中经营活动产生的现金流量是根据收付实现制原则计算得出的，通过将它和净利润进行比较，可以判断企业收益的质量，从而提高企业现金的利用效率。

（3）现金流量表能够反映企业偿还债务和支付股利的能力。企业在一定期间获得了利润并不代表企业真正具有偿还或支付能力。在某些情况下，虽然企业利润表反映的经营业绩很可观，但企业仍然遭受财务困难，不能偿还到期债务；还有些企业虽然利润表上反映的经营成果并不可观，但却有足够的偿债能力。现金流量表可以帮助投资者、债权人等了解企业获得现金的能力和现金偿付的能力，为投资提供有用的信息，也使有限的资源流向最能产生效益的地方。

（4）现金流量表能够反映企业未来获取现金的能力。现金流量表反映了企业一定期间内现金流入与流出的整体情况，说明企业现金从哪里来，又到哪里去了。现金流量表中的经营活动产生的现金流量，代表企业运用经济资源创造现金流量的能力，便于投资者分析企业一定期间内产生的净利润与经营活动产生的现金流量的差异；投资活动产生的现金流量，代表企业运用资金产生现金流量的能力；筹资活动产生的现金流量，代表企业筹资获得现金流量的能力。通过现金流量表及其他财务信息，可以分析企业未来获取现金的能力。

（二）现金流量表的内容与格式

1. 现金流量表的内容

（1）现金的内容。现金流量表中使用的“现金”概念，包括库存现金、银行存款和其他货币资金；而“现金等价物”主要是指企业持有的、能随时转换为已知金额现金的有价证券。企业应当根据具体情况确定现金等价物的具体范围，按照一致性原则的要求确定划分标准。

（2）经营活动产生的现金流量。对企业而言，经营活动的业务主要包括购买原材料、对原材料进行加工生产产品、进行产品销售。经营活动过程中既有现金的增加，也有现金的减少。

经营活动产生的现金流入主要包括销售商品、提供劳务收到的现金以及收到的税费返还。

经营活动产生的现金流出主要包括购买原材料支付的现金，支付的工资、广告费、办公费等，这些都是经营活动产生的现金流出。较之于投资、筹资活动所产生的现金流量，对企业而言，经营活动所产生的现金流量更为重要。

（3）投资活动产生的现金流量。投资活动中的投资是广义的概念，既包括对外投资也包括对内投资。对外投资主要是指包括现金等价物在内的投资和处置活动；对内投资主要是指企业长期资产的购建和处置活动。

投资活动产生的现金流入主要包括投资股票收到的股利、投资债券收到的利息、收回投资收到的现金以及处置长期资产收到的现金。如公司购买国债每年收到的利息收入，国债到期收回本金时收到的现金。

投资活动产生的现金流出主要包括购买股票、债券等付出的现金，购买厂房和设备等支付的现金。

（4）筹资活动产生的现金流量。筹资活动是指企业筹集资金的活动。企业资金来源有两个，即吸收投资者的投入和向银行等金融机构借入的款项。所以，企业的筹资活动具体指企业吸收投资者投资、发行股票、向银行借款和发行企业债券，以及支付股利、偿还利息和到期偿还本金等活动。

筹资活动产生的现金流入包括企业收到投资者投入的资金、向银行借入的借款到账。例如，企业发行股票筹集资金，购买股票的投资者通过证券公司支付的投资款划到企业账上，形成现金流入。

筹资活动产生的现金流出包括企业向投资者支付利息、支付股利以及到期偿还债务本金。如企业每年向股东支付现金股利的现金流出。

2. 现金流量表的格式

现金流量表分为主表和补充资料，其主表的基本格式如表9－9所示：

表9－9　现金流量表

单位：元

项　　目	本期金额	上期金额
一、经营活动产生的现金流量：		
销售商品、提供劳务收到的现金		
收到的税费返还		
收到其他与经营活动有关的现金		
经营活动现金流入小计		
购买商品、接受劳务支付的现金		
支付给职工以及为职工支付的现金		
支付的各项税费		
支付其他与经营活动有关的现金		
经营活动现金流出小计		
经营活动产生的现金流量净额		
二、投资活动产生的现金流量：		
收回投资收到的现金		
取得投资收益收到的现金		
处置固定资产、无形资产和其他长期资产收回的现金净额		
处置子公司及其他营业单位收到的现金净额		
收到其他与投资活动有关的现金		
投资活动现金流入小计		
购建固定资产、无形资产和其他长期资产支付的现金		
投资支付的现金		
取得子公司及其他营业单位支付的现金		
支付其他与投资活动有关的现金		
投资活动现金流出小计		
投资活动产生的现金流量净额		

（续上表）

项　　目	本期金额	上期金额
三、筹资活动产生的现金流量：		
吸收投资收到的现金		
取得借款收到的现金		
收到其他与筹资活动有关的现金		
筹资活动现金流入小计		
偿还债务支付的现金		
分配股利、利润或偿付利息支付的现金		
支付其他与筹资活动有关的现金		
筹资活动现金流出小计		
筹资活动产生的现金流量净额		
四、汇率变动对现金及现金等价物的影响		
五、现金及现金等价物净增加额		
加：期初现金及现金等价物余额		
六、期末现金及现金等价物余额		

二、所有者权益变动表

（一）所有者权益变动表的含义与作用

所有者权益变动表是反映构成所有者权益的各组成部分当期增减变动情况的报表。

所有者权益变动表不仅包括所有者权益总量的增减变动，还包括所有者权益增减变动的重要结构性信息，特别是反映直接计入所有者权益的利得和损失，让报表使用者能够准确理解所有者权益增减变动的情况。通过该报表，使用者可以了解企业在某一会计年度所有者权益中实收资本（或股本）、资本公积、盈余公积和未分配利润等项目增减变动的情况，分析其变动原因及预测未来的变动趋势。

（二）所有者权益变动表的项目内容

根据《企业会计准则第 30 号——财务报表列报》中的规定，企业编制所有者权益变动表至少应当单独列示下列信息：

（1）净利润；

（2）直接计入所有者权益的利得和损失项目及其总额；

（3）会计政策变更和差错更正的累计影响金额；

（4）所有者投入的资本和向所有者分配的利润；

（5）按照规定提取的盈余公积；

（6）实收资本（或股本）、资本公积、盈余公积、未分配利润的期初和期末余额及其调节情况。

第五节　财务报表附注

一、财务报表附注的定义

附注是财务报表不可或缺的组成部分，是对在资产负债表、利润表、现金流量表和所有者权益变动表等报表中列示项目所作的文字描述或明细资料，以及对未能在这些报表中列示项目的说明等。

二、财务报表附注的内容

根据《企业会计准则第30号——财务报表列报》中的规定，企业财务报表附注一般应当按照下列顺序披露：

（1）财务报表的编制基础；

（2）遵循企业会计准则的声明；

（3）重要会计政策的说明；

（4）重要会计估计的说明；

（5）会计政策和会计估计变更以及差错更正的说明；

（6）对已在资产负债表、利润表、现金流量表和所有者权益变动表中列示的重要项目的进一步说明；

（7）或有和承诺事项、关联方关系及其交易等需要说明的事项；

（8）其他内容：

①在资产负债表日后、财务报表批准报出日前提议或宣布发放的股利总额和每股股利金额；

②其他信息：企业注册地、组织形式和总部地址，企业的业务性质和主要经营活动，母公司以及集团最终母公司的名称。

本章小结

编制财务报表的最终目的是向企业财务报表使用者提供对作出决策有用的信息，通过信息使用者的合理决策，促使有限的社会资源流入到效益高的企业，实现社会资源的合理配置。本章主要阐述了财务报表的意义、作用、种类和编制要求。重点介绍了资产负债表、利润表、现金流量表和所有者权益变动表的作用、结构、格式与编制方法；简要介绍了一般企业报表附注包括的主要内容。

本章实训

模块一：知识理解

一、简答题

1. 什么是财务报表？具体包括哪些内容？

2. 财务报表的种类如何划分？具体包括哪些？

3. 什么是资产负债表？资产负债表能够提供哪些经济信息？如何编制？

4. 什么是利润表？利润表能够提供哪些经济信息？如何编制？

5. 什么是现金流量表？作用有哪些？

二、判断题（正确的画“√”，错误的画“×”）

1. 财务报表是综合反映企业资产、负债、所有者权益的情况及一定时期的经营成果和现金流量的书面文件。（　　）

2. 资产负债表是反映企业在某一特定日期全部资产、负债和所有者权益情况的报表，应按月编制。（　　）

3. 目前国际上比较普遍的利润表格式主要有多步式和单步式两种，为简明清晰起见，我国企业采用的是单步式利润表格式。（　　）

4. 资产负债表左方反映资产，右方反映负债，左右两边的金额应相等。（　　）

5. 资产负债表属于静态报表，利润表属于动态报表。（　　）

6. 利润表是依据“资产＝负债＋所有者权益”这一会计等式设计的。（　　）

7. 中期财务报表是指半年度财务报表。（　　）

8. 资产负债表中“货币资金”项目应根据银行存款日记账余额填列。（　　）

9. 所有者权益变动表是反映企业在一定期间内所有者权益变动情况的报表，是资产负债表的附表。（　　）

10. 现金流量表是反映企业一定时期内经营活动、投资活动和筹资活动对其现金及现金等价物所产生影响的财务报表，属于动态报表。（　　）

三、单项选择题

1. 财务报表编制的依据是（　　）。

A. 原始凭证　　B. 记账凭证

C. 科目汇总表　　D. 账簿记录

2. 按照经济业务内容分类，资产负债表属于（　　）。

A. 财务状况报表　　B. 经营成果报表

C. 费用成本报表　　D. 对外报表

3. 资产负债表是根据（　　）会计等式编制的。

A. 资金占用＝资金来源

B. 资产＝负债＋所有者权益

C. 资金占用＋费用成本＝资金来源＋收入

D. 收入 - 费用 = 利润

4. 在填列资产负债表各项目时，（　　）。

A. 都可以按账户的余额直接填列

B. 必须对账户发生额进行分析才能填列

C. 大多数项目可以直接根据账户余额填列，少数项目需要根据账户余额分析计算后填列

D. 大多数项目可以直接根据账户余额填列，少数项目需要根据账户发生额分析计算后填列

5. 资产负债表的项目中需要根据几个总账账户汇总填列的是（　　）。

A. 固定资产　　B. 货币资金

C. 累计折旧　　D. 应交税费

6. 利润表中的“净利润”是企业的利润总额扣除（　　）后的净额。

A. 应付股利　　B. 盈余公积

C. 所得税费用　　D. 营业利润

7. 利润表通常把利润分解为（　　）。

A. 营业利润、利润总额、净利润　　B. 毛利、营业利润、利润总额

C. 营业收入、营业利润、净利润　　D. 毛利、营业利润、应税利润额

8. 以下不包括在资产负债表“存货”项目的有（　　）。

A. 在途物资　　B. 生产成本

C. 原材料　　D. 固定资产

9. 下列各会计报表中，属于静态报表的是（　　）。

A. 资产负债表　　B. 利润表

C. 现金流量表　　D. 所有者权益变动表

10. “预收账款”账户明细账中若有借方余额，应将其记入资产负债表中的（　　）项目。

A. 应收账款　　B. 预付账款

C. 其他应收款　　D. 应付账款

四、多项选择题

1. 根据《企业会计准则第 30 号——财务报表列表》的规定，财务报表至少应当包括（　　）。

A. 资产负债表　　B. 利润表

C. 现金流量表　　D. 所有者权益变动表　　E. 附注

2. 企业的下列报表中，属于对外报表的有（　　）。

A. 资产负债表　　B. 利润表

C. 现金流量表　　D. 制造成本表

3. 财务报表按其编报时间不同可分为（　　）。

A. 资产负债表　　B. 利润表

C. 年度财务报表　　D. 中期财务报表

4. 按照财务报表编制主体的不同，会计报表可分为（　　）。

A. 个别财务报表　　B. 合并财务报表

C. 中期财务报表　　D. 单位财务报表

5. 下列资产中，属于流动资产的有（　　）。

A. 交易性金融资产　　B. 货币资金

C. 商誉　　D. 一年内到期的非流动资产

6. 利润表是（　　）。

A. 反映经营成果的报表　　B. 动态报表

C. 静态报表　　D. 反映财务状况的报表

7. 在资产负债表中，根据有关科目余额减去其备抵科目余额后的净额填列的项目有（　　）。

A. 无形资产　　B. 固定资产

C. 应收票据　　D. 长期股权投资

8. 下列科目中，影响利润表中的营业利润的有（　　）。

A. 主营业务收入　　B. 投资收益

C. 公允价值变动损益　　D. 营业外收入

9. 资产负债表的左方结构中包括（　　）等项目。

A. 流动资产和固定资产　　B. 流动资产和流动负债

C. 长期投资和长期负债　　D. 无形资产和其他资产

10. 利润表中的营业收入项目，包括下列（　　）的金额。

A. 营业外收入　　B. 其他业务收入

C. 投资收益　　D. 主营业务收入

模块二：技能训练

实训一：练习资产负债表的编制

【资料】大海公司20××年末部分账户余额如下表所示：

大海公司20××年末部分账户余额

单位：万元

账　户	期末余额	账　户	期末余额
库存现金	5	生产成本	50
银行存款	100	持有至到期投资 其中：一年内到期的投资	20 8
其他货币资金	15	短期借款	30
应收账款（总账） ——甲公司（明细借方余额） ——乙公司（明细借方余额） ——丙公司（明细贷方余额）	50 22 35 7	应付账款（总账） ——X公司（明细贷方余额） ——Y公司（明细借方余额）	80 90 10
预收账款（总账） ——A公司（明细借方余额） ——B公司（明细贷方余额）	20 25 25	预付账款（总账） ——C公司（明细贷方余额） ——D公司（明细贷方余额） ——E公司（明细借方余额）	25 16 12 3

（续上表）

账　户	期末余额	账　户	期末余额
坏账准备（贷方余额） ——应收账款	1	长期借款 其中：一年内到期的借款	40 15
原材料	180	实收资本	500
库存商品	260	资本公积	60
在途物资	40	利润分配（借方余额）	8

要求：根据上述资料填列资产负债表中的有关项目。

资产负债表项目	计算过程及结果
货币资金	
应收账款	
预付账款	
存货	
一年内到期的非流动资产	
持有至到期投资	
短期借款	
应付账款	
预收账款	
一年内到期的非流动负债	
长期借款	
实收资本	
资本公积	
未分配利润	

实训二：练习利润表的编制

【资料一】滨海公司20××年损益类账户本年累计数金额如下表所示：

损益类账户本年累计数

单位：元

账户名称	借方发生额	贷方发生额
主营业务收入		8 500 000
主营业务成本	5 500 000	
其他业务收入		650 000
其他业务成本	500 000	
营业税金及附加	100 000	
销售费用	300 000	
管理费用	500 000	
财务费用	150 000	

（续上表）

账户名称	借方发生额	贷方发生额
资产减值损失	5 000	
公允价值变动损益		4 000
投资收益		20 000
营业外收入		8 000
营业外支出	15 000	
所得税费用	528 000	

要求：根据上述资料编制滨海公司20××年度利润表。

利润表

单位：元

项　目	本期金额	上期金额（略）
一、营业收入		
减：营业成本		
营业税金及附加		
销售费用		
管理费用		
财务费用		
资产减值损失		
加：公允价值变动损益（损失以“－”号填列）		
投资收益（损失以“－”号填列）		
其中：对联营企业和合营企业的投资收益		
二、营业利润（亏损以“－”号填列）		
加：营业外收入		
减：营业外支出		
其中：非流动资产处置损失		
三、利润总额（亏损以“－”号填列）		
减：所得税费用		
四、净利润（亏损以“－”号填列）		
五、每股收益		
（一）基本每股收益		
（二）稀释每股收益		

【资料二】华光公司为增值税一般纳税人，增值税税率为17%，20××年1月份发生如下经济业务：

（1）销售甲产品1 000件，每件售价为100元，货款已通过银行收讫。

（2）同城销售给红星工厂乙产品800件，每件售价为80元，但货款尚未收到。

（3）结转已售甲、乙产品的生产成本。其中，甲产品生产成本为75 000元，乙产品生产成本为48 000元。

（4）以银行存款支付本月销售甲、乙两种产品的费用2 000元。

（5）以现金800元支付厂部的办公费。

（6）用银行存款支付行政办公楼全年的租赁费4 800元。

（7）摊销应由本月负担的预付的办公楼租金400元。

（8）根据规定计算应缴纳城市维护建设税9 850元。

（9）没收某单位逾期未退回的包装物押金6 020元。

（10）根据上述有关经济业务，结转本期的损益类账户。

（11）根据本期实现的利润总额，按25%的税率计算应交所得税。

要求：

（1）根据上述经济业务编制相应的会计分录。

（2）编制该企业的利润表。

实训三：练习资产负债表和利润表的编制

【资料】同方股份有限公司为增值税一般纳税人，20××年12月1日有关账户余额如下：

账户余额表

单位：元

会计科目	借方	贷方	会计科目	借方	贷方
库存现金	4 500		短期借款		1 520 000
银行存款	600 000		应付账款		465 300
应收账款	200 000		应交税费		50 000
其他应收款	800		应付票据		70 000
原材料	900 000		实收资本		2 000 000
库存商品	600 000		资本公积		300 000
生产成本	300 000		盈余公积		150 000
固定资产	3 000 000		本年利润		300 000
累计折旧		1 000 000	利润分配	250 000	

该企业12月份发生下列经济业务：

（1）向A厂购入甲材料1 000千克，每千克20元，增值税税率为17%，货款及税款以商业汇票付讫，另用现金支付材料运杂费1 000元。

（2）将上述材料按实际成本转账。

（3）从仓库领用甲材料直接用于生产产品，其中A产品耗用8 000元，B产品耗用6 000元。

（4）结算本月应付工资15 000元，其中：生产A产品工人工资6 000元，生产B产品工人工资4 000元，车间管理人员工资2 000元，行政管理人员工资3 000元。

（5）从银行提取现金16 000元，准备发放工资。

（6）以现金16 000元发放职工工资。

（7）月末计提固定资产折旧费，其中：车间使用的固定资产折旧6 000元，管理部门使用的固定资产折旧2 000元。

（8）用转账支票支付本月的短期借款利息600元。

（9）车间管理人员出差回来报销差旅费1 000元，原预支800元。

（10）将“制造费用”总额如数转入“生产成本”账户，并按生产工人工资的比例摊配计入A、B两种产品中。

（11）结转A、B两种完工产品的实际生产成本。

（12）向甲公司销售A产品一批，价款400 000元，增值税税率为17%，货款及税款已收到并存入银行。

（13）以现金支票支付销售产品过程中的广告费2 400元。

（14）按规定计算本月已销A产品应交纳的消费税，按销售收入的10%计算。

（15）结转已售A产品的实际成本200 000元。

（16）出售一批闲置的材料，价款20 000元，增值税税率为17%，款项已存入银行，该材料购进时，实际成本为12 000元。

（17）期末盘点发现多出材料1 000元，经查属于收发计量错误造成。

（18）结转本月各项收入、费用至“本年利润”账户。

（19）按利润总额的25%计算应交所得税，并结转本年利润。

（20）按净利润的10%提取法定盈余公积金，并按净利润的10%向投资者分配股利。

要求：

（1）根据上述经济业务编制相应的会计分录。

（2）编制该企业的资产负债表和利润表。

模块三：思维拓展

【资料】A企业按其预计营业额计算的业务招待费应列支10万元，否则其超支额须列入应纳税所得额中计算缴纳所得税。该企业在当年的5月底业务招待费实际支出额已达9万元。为了达到少交税的目的，将招待费压缩到10万元以内，经理和会计人员商定，以报销劳保用品为名套取现金，用于业务招待费支出。会计人员随即从某劳保用品商店取得几张空白发票，自行编造填列有关数据，共计16万元。会计人员依据这些伪造的发票，作了借记“制造费用”科目，贷记“银行存款”科目的会计处理。套取的现金16万元全部以个人名义存储，专门用于业务招待费的支出。

问题：清查人员对上述违法行为应怎样进行查处？

推荐阅读

http://www.snai.edu/

http://www.nai.edu.cn/

http://www.cicpa.org.cn/

http://www.e521.com/

http://www.chinaacc.com/

第十章　会计工作的组织

☞ 学习目标

（一）知识目标

1. 了解组织会计工作的内容、意义和要求；
2. 熟悉会计机构的设置和会计岗位职责；
3. 熟悉会计人员的职责与权限；
4. 掌握会计人员工作交接的要求；
5. 掌握会计档案的管理要求。

（二）技能目标

在实践中能结合单位的实际情况合理组织会计工作。

☞ 引导案例

陈晓毕业后到了一家大型企业做会计，其工作内容是负责往来核算，之后也做过成本核算、总账等岗位的工作。5 年后，陈晓离开企业，和朋友共同投资 50 万元成立了一家公司。

◈ 问题：

（1）你觉得陈晓应如何组织新公司的会计工作？

（2）陈晓能把之前企业的做法照搬到新公司吗？

第一节　组织会计工作的意义和要求

一、组织会计工作的意义

会计工作是一项复杂、细致、综合性的经济管理工作。会计工作组织包括会计机构的设置、会计人员的配备、会计法规的制定与执行和会计档案的保管等内容。科学地组织会计工作对于完成会计职能、实现会计目标、发挥会计在经济管理中的作用，具有十分重要的意义。

（1）有利于保证会计工作的质量，提高会计工作的效率 。经济活动是错综复杂的，会计通过确认、计量、记录、分类、汇总、整理、报告等专门方法，经过从填制凭证到登记账簿，再到编制报表等一系列程序对经济活动进行连续、系统的反映，为经营管理提供会计信息。在各个程序之间、各种手续之间，一环扣一环，相互联系，紧密结合，任何一个环节出现问题，都会影响整个会计核算的质量。科学地组织会计工作，通过建立工作制度和办事程序，将生产经营各环节有机地联系起来，实现各环节间的互相配合、互相牵制，能够防止会计差错的发生，保证会计工作的质量，提高会计工作的效率。

（2）有利于促进会计工作与其他经济管理工作互相协调。会计工作既独立于其他经济管理工作，又与它们存在着众多联系，包括与国家财政、税收、金融等工作的联系，以及与单位内部计划、统计等工作的联系。会计工作必须服从国家的宏观经济政策，与之保持口径一致。单位内部，会计工作在促进其他经济管理工作的同时，也需要其他经济管理部门的配合和支持，会计部门与计划统计、生产、营销等部门的互相配合，有利于计划指标的制定、实施、分析和考核，有利于各部门间的相互促进，充分发挥会计工作的作用。

（3）有利于贯彻执行国家的方针、政策、法令和制度，维护财经纪律。随着经济的迅猛发展和全球经济一体化，经济生活发生了很大的变化，会计政策、法规和制度不断地颁布和更新，新出现的经济活动对会计工作提出了更高的要求。会计工作是一项政策性很强的工作，科学地组织会计工作，对于认真贯彻执行国家的方针、政策、法令和制度，发挥会计监督的作用，具有重要意义。

二、组织会计工作的要求

（1）按照国家的统一要求组织会计工作。各单位应按照会计法、会计准则以及会计制度处理各项经济业务，为有关各方提供真实可靠的会计信息。只有按照国家的统一要求组织会计工作，才能发挥会计工作在维护社会主义市场经济秩序，加强经济管理，提高经济效益中的作用。

（2）根据各单位经营管理特点来组织会计工作。各个单位之间由于行业、规模和经营方式不同，其经济业务的内容和数量会有很大区别，企业应根据自身的特点和内部管理的需要，确定本单位的会计制度，对会计机构的设置和会计人员的配备作出切合实际的安排。

（3）保证工作质量，讲求工作效率，节约工作时间和费用。科学的会计工作，应该在保证会计工作质量的前提下，避免重复劳动、无效劳动，力求以最少的人力、物力，取得最好的工作效果。

第二节　会计法规

会计法规是国家管理会计工作的法律、条例、规则、章程、制度等的总称。它以会计理论为指导，将会计工作所应遵循的各项原则和方法用法规的形式肯定下来，保证会计工作的正常进行。

按照法规之间的相互关系，我国目前的会计法规可分为三个层次：第一层次是《会计法》，它是会计工作最高层次的规范；第二层次是会计准则；第三层次是各单位根据自身实际情况制定的内部会计制度。

一、会计法

《会计法》是我国会计工作的根本法，是会计法律制度中层次最高的法律规范，是制定其他会计法规的依据，是指导会计工作的最高准则。

《会计法》的立法宗旨是规范会计行为，保证会计资料真实、完整，加强经济管理和财务管理，提高经济效益，维护社会主义市场经济秩序。《会计法》包括了总则、会计核算、公司和企业会计核算的特别规定、会计监督、会计机构和会计人员、法律责任和附则七章内容。

二、会计准则

会计准则是会计人员从事会计工作的规范和指南，它规范每一具体项目或业务的确认、计量和报告，是处理会计业务、评价企业会计质量的准绳。我国的企业会计准则包括基本准则和具体准则两部分内容。

1. 基本准则

基本准则是为进行会计核算工作而作出的原则性规定，是具体准则的制定依据，是会计实务中出现的、具体准则尚未规范的新问题的会计处理依据。基本准则在1992年发布的《企业会计准则》的基础上，借鉴国际惯例，结合我国的实际情况，在2006年进行了重大修订和调整。修订后的《企业会计准则——基本准则》主要包括以下内容：

（1）关于财务报告目标。明确了我国财务报告的目标是向财务报告使用者提供决策有用的信息，并反映企业管理层受托责任的履行情况。

（2）关于会计基本假设。强调了企业会计确认、计量和报告应当以会计主体、持续经营、会计分期和货币计量为会计基本假设。

（3）关于会计基础。企业会计确认、计量和报告应当以权责发生制为基础。

（4）关于会计信息质量要求。建立了企业会计信息质量要求体系，规定企业财务报告中提供的会计信息应当满足会计信息质量要求。

（5）关于会计要素分类及其确认、计量原则。将会计要素分为资产、负债、所有者权益、收入、费用和利润六个要素，同时对各要素进行严格定义。会计要素在计量时可选择历史成本、重置成本、可变现净值、现值和公允价值等计量属性。

（6）关于财务报告。明确了财务报告的基本概念、应当包括的主要内容和应反映信息的基本要求等。

2. 具体准则

具体准则是按照基本准则的内容、要求，针对各项经济业务作出的具体规定。它的特点是操作性强，可据以直接组织经济业务的核算。具体准则分为一般业务准则、特殊行业的特定业务准则和报告准则三类，2006年我国发布了38项具体准则。

三、单位内部会计制度

单位内部会计制度是各单位根据国家会计法规的规定，结合本单位经营管理特点和要求制定的规范单位内部会计工作的制度和办法。《会计法》和会计准则等法规是从全国会计工作的总体要求出发制定的，不可能对不同地区、不同行业、不同单位的会计工作作出具体规定，各单位建立的内部会计制度，将国家会计法规具体化、个性化，使会计管理工作渗透到经营管理的各个环节、各个方面，是贯彻国家会计法规的重要基础和保证。

第三节　会计机构

会计机构是指各单位根据工作需要设置的专门负责办理会计业务，进行会计核算，实行会计监督的职能部门。建立和健全会计机构，是做好会计工作、充分发挥会计职能作用的重要保证。

一、会计机构的设置

《会计法》规定："各单位应依据会计业务的需要，设置会计机构，或者在有关机构中设置会计人员并指定会计主管人员；不具备设置条件的，应当委托经批准设立从事会计代理记账业务的中介机构代理记账。"

每个单位应根据自身情况自行决定是否设置会计机构，决定的因素主要包括单位规模的大小、经济业务的繁简和单位经营管理的需要。一般来说，实行企业化管理的事业单位和集团公司、股份有限公司、有限责任公司等应当单独设置会计机构，会计业务较多的行政单位、社会团体和其他经济组织也应单独设置会计机构。

对于规模很小、人员不多、经济业务简单的单位，可以不单独设置会计机构，而将会计职能并入其他职能部门，并在有关机构中设置会计人员、指定会计主管人员。指定会计主管人员的目的是强化责任制度，防止出现会计工作无人管理的局面。

对于不具备设置会计机构条件的单位，应当委托经批准设立从事会计代理记账业务的中介机构代理记账，以保证单位会计工作的正常有序进行。代理记账是指经依法批准设立的从事会计代理记账业务的中介机构代理他人进行会计核算并收取一定劳务报酬的行为。

二、会计工作岗位的设置及岗位责任

会计工作岗位的设置是指在单位会计机构内部根据会计业务的工作量和会计人员的配备情况进行的分工。

每个单位应根据会计业务需要设置会计工作岗位，《会计基础工作规范》对会计工作岗位设置的基本原则作出了规定：第一，会计工作岗位可以一人一岗、一人多岗或者一岗多人，但应当符合内部控制制度的要求，出纳人员不得兼管稽核、会计档案保管和收入、费用、债权债务账目的登记工作，做到"账、钱、物"分管。第二，会计人员的工作岗位应当有计划地进行轮换，以促进会计人员对业务的全面熟悉，不断提高业务素质。

会计工作岗位一般可分为：会计机构负责人或会计主管人员、出纳、财产物资核算岗位、工资核算岗位、成本费用核算岗位、财务成果核算岗位、资金核算岗位、往来核算岗位、总账报表岗位、稽核岗位、档案管理岗位等。

各岗位职责如下：

(1) 会计机构负责人或会计主管人员负责领导单位财务会计工作，组织制定、执行单位的财务会计制度，编制单位的各项财务、成本计划，进行财务成本分析，参与生产经营决策，审查对外报送的财务会计报告。

(2) 出纳负责办理现金收付和结算业务，登记现金和银行存款日记账，保管库存现金和各种有价证券，保管有关印章、空白收据和空白支票。

(3) 财产物资核算岗位负责拟定财产物资的核算与管理办法，审查汇编财产物资的采购计划，负责财产物资的明细分类核算，参与财产物资的清查盘点。

(4) 工资核算岗位负责审核发放工资和进行工资核算。

(5) 成本费用核算岗位负责拟定成本核算办法，制订成本费用计划，进行成本费用明细分类核算，编制成本费用报表并进行分析。

(6) 财务成果核算岗位负责编制收入、利润计划，进行收入、利润的明细分类核算。

(7) 资金核算岗位负责拟定资金管理和核算办法，编制资金收支计划，进行资金调度，负责资金筹集和各项投资的明细分类核算。

(8) 往来核算岗位负责建立往来款项结算手续制度，办理往来款项的结算业务，对往来款项结算业务进行明细分类核算。

(9) 总账报表岗位负责登记总账，编制资产负债表、利润表和现金流量表等有关财务会计报表，管理会计凭证和财务会计报表。

(10) 稽核岗位负责审查财务成本计划和各项财务收支，复核会计凭证和财务会计报表。

(11) 档案管理岗位负责会计档案的归档、整理、保管、查阅和移交工作。

三、会计工作的组织形式

会计工作的组织形式一般分为集中核算和非集中核算两种。

集中核算就是将企业的会计工作主要集中在企业会计机构内进行。企业内部的各部门、各单位一般不进行单独核算，只负责对发生的经济业务进行原始记录，填制原始凭证和汇总原始凭证，为企业会计部门进行总分类核算和明细分类核算提供资料。企业会计机构对定期报送的原始凭证进行审核，填制记账凭证，登记账簿并编制会计报表。在这种组织形式下，企业一般可集中设置一个会计机构，配备专职的会计人员进行工作。

非集中核算又称为分散核算，就是将企业的会计工作分散在内部各部门、各单位进行。在企业会计机构的指导下，各部门完成凭证整理、明细核算的工作，但总分类核算、会计报表编制和不宜分散核算的工作，如货币资金收付、对外往来结算等，仍由企业会计机构集中办理。如在工业企业里，车间设置成本明细账登记发生的材料、人工和制造费用等生产成本并计算出完工产品的车间成本，厂部会计部门根据车间报送的资料进行产品成本的总分类核算。在这种组织形式下，企业除了要设置总的会计机构外，还要在其他部门设置会计分支机构，比如大型工业企业，在厂部设财务处，在车间设财务组。

实行集中核算，可以减少核算层次，有利于分工协作、精简人员、提高会计工作的效率，但不利于企业内部各有关部门及时利用核算资料进行分析和考核。因此，集中核算形式适用于那些规模小、部门机构设置简单的企业。实行非集中核算，可使企业内部各部门能够及时了解本部门的经济活动情况，有利于及时分析、解决问题，但这种形式会增加企业核算层次和会计人员数量，从而增加核算成本。该形式一般适用于规模较大、业务较为复杂的企业。

对于一个企业而言，实行集中核算还是非集中核算是相对的。在实际工作中，企业可以单一地选用集中核算或非集中核算形式，也可以二者兼而有之，即对某些业务采用集中核算而对另外的业务采用非集中核算。但是，无论采用哪种形式，企业采购物资、销售商品、结算债权债务和货币资金往来等业务都应由企业会计机构集中办理。

第四节　会计人员

会计人员是从事会计工作、处理会计业务、完成会计任务的人员。各单位应根据会计工作的需要配备适当数量的会计人员，保证会计职能的充分发挥。

一、会计人员从业资格

《会计法》规定："从事会计工作的人员，必须取得会计从业资格证书。"会计从业资格证书是证明能够从事会计工作的合法凭证，是进入会计岗位的准入证。会计从业资格证书一经取得，在全国范围内有效。

国家实行会计从业资格考试制度。符合遵守会计和其他财经法律法规、具备良好的道德品质和会计专业基础知识、技能的人员都可申请参加会计从业资格考试。

二、会计人员的职责

根据《会计法》的规定，会计人员的主要职责是：

（1）进行会计核算。会计人员要以实际发生的经济业务为依据，通过填制和审核凭证、登记账簿、成本计算、财产清查和编制会计报表等会计核算方法，如实反映单位的财务状况、经营成果和现金流量情况。

（2）实行会计监督。各单位的会计机构、会计人员对本单位实行会计监督。会计人员对不真实、不合法的原始凭证，不予受理；对记载不准确、不完整的原始凭证，予以退回，要求更正补充；发现账簿记录与实物、款项不符的时候，应当按照有关规定进行处理；无权自行处理的，应当立即向本单位行政领导人报告，请求查明原因，及时作出处理。

（3）拟订本单位办理会计事务的具体办法。各单位应当根据国家会计法律、法规、规章、制度的规定，结合本单位经营管理和业务管理的特点和要求，制定出适合本单位处理会计事项的具体办法，如会计人员岗位责任制度、稽核制度、财产清查制度、财务收支审批制度和成本核算制度等。

（4）参与拟定经济计划、业务计划，考核、分析预算、财务计划的执行情况。会计人员应当积极参与本单位经济计划、业务计划的制订工作，给予会计专业方面的意见和建议，发挥参谋助手的作用。定期检查、分析财务计划、预算的执行情况，挖掘增收节支的潜力，考核资金使用效果，揭露经营管理中的问题，及时向领导提出建议。

（5）办理其他会计事务。

三、会计人员的权限

为了保障会计人员顺利地履行自己的职责，《会计法》赋予他们相应的、必要的权限，主要有以下几个方面：

（1）会计人员有权要求本单位有关部门、人员遵守国家财经纪律和财务会计制度，认真执行计划、预算，对于违法违规的情况，会计人员有权拒绝付款、拒绝报销和拒绝执行，并向本单位领导或上级机关、财政部门报告。

（2）会计人员有权参与本单位编制计划、制定定额、签订经济合同，参加有关的生产、经营管理会议。领导人和有关部门对会计人员提出的有关财务开支和经济效果方面的问题和意见，要认真考虑，合理的意见要加以采纳。

（3）会计人员有权监督、检查本单位有关部门的财务收支、资金使用和财产保管、收发、计量、检验等情况。

各级领导和有关人员要支持会计人员行使工作权限。本单位领导人、上级机关和财政部门对会计人员反映的有关损害国家利益、违反财经纪律等问题，要认真及时地调查处理。如果反映的情况属实，领导人和上级机关不及时采取措施加以纠正，由领导人和上级机关负责。如果有人对会计人员坚持原则、反映情况进行刁难、阻挠或打击报复，上级机关要查明情况，严肃处理；情节严重的，要给以党纪国法制裁。

四、会计人员的工作交接

会计人员工作交接是指会计人员因调动或其他原因离职，将本人经管的会计工作全部交给接替人员，并与接管人员办理交接手续的一种工作程序。会计人员工作交接是会计工作中的一项重要内容，做好会计交接工作，可以使会计工作前后衔接，保证会计工作连续进行，可以防止因会计人员的更换而出现账目不清、财务混乱等现象，并有利于分清移交人员和接管人员的责任。

《会计法》以及其他有关会计法规、规章对会计工作交接作出了原则性规定及具体要求：

（1）交接前的准备工作。会计人员在办理会计工作交接前，对已经受理的经济业务尚未填制会计凭证的，应当填制完毕；尚未登记的账目应当登记完毕，结出余额，并在最后一笔余额后加盖经办人印章；整理好应该移交的各项资料，对未了事项和遗留问题要写出书面说明材料；编制移交清册，列明应该移交的会计凭证、会计账簿、财务会计报告、公章、现金、有价证券、支票簿、发票、文件、其他会计资料和物品等内容；实行会计电算化的单位，从事该项工作的移交人员应在移交清册上列明会计软件及密码、会计软件数据盘、磁带等内容。

（2）移交点收。会计人员在离职前，必须将其经管的会计工作全部向接管人员移交清楚，接管人员应认真按照移交清册逐项点收。

（3）专人负责监交。为了明确责任，会计人员办理工作交接时，必须有专人负责监交以保证双方都按照国家有关规定认真办理交接手续。对监交的具体要求是：一般会计人员办理交接手续，由会计机构负责人（会计主管人员）监交；会计机构负责人（会计主管人员）办理交接手续，由单位负责人监交，必要时主管单位可以派人会同监交。

（4）交接后的有关事宜。会计工作交接完毕后，交接双方和监交人在移交清册上签名或盖章，作为交接双方明确责任的证明；接管人员应继续使用移交前的账簿，不得擅自另立账簿，以保证会计记录前后衔接，内容完整；移交清册一式三份，交接双方各持一份，存档一份。

第五节　会计档案管理

会计档案是指会计凭证、会计账簿和财务会计报告等会计核算专业资料，是记录和反映单位经济业务的重要史料和证据。会计档案为制订经济计划、进行可行性研究、作出经济决策提供可靠的数据和可比性资料。通过会计档案，可以了解单位每项经济业务的来龙去脉；可以检查单位遵守财经纪律的情况；可以为国家、单位提供详尽的经济资料，为国家制定宏观经济政策及单位作出经济决策提供参考。

一、会计档案的分类

会计档案具体包括：

（1）会计凭证类。会计凭证类包括原始凭证、记账凭证、汇总凭证及其他会计凭证。

（2）会计账簿类。会计账簿类包括总账、日记账、明细账、固定资产卡片、辅助账簿及其他会计账簿。

（3）财务报告类。财务报告类包括月度、季度、年度财务报告，含会计报表、附表、附注及文字说明，其他财务报告。

（4）其他类。其他类包括银行存款余额调节表、银行对账单、其他应当保存的会计核算专业资料、会计档案移交清册、会计档案保管清册、会计档案销毁清册。

二、会计档案的立卷与归档

各单位每年形成的会计档案应当由会计机构按照归档要求对其整理立卷、装订成册、编制会计档案保管清册。当年形成的会计档案，在会计年度终了后，可暂由会计机构保管一年，期满之后，由会计机构编制移交清册，移交本单位档案机构统一保管。未设立档案机构的，应当在会计机构内部指定专人保管。出纳人员不得兼管会计档案。

移交本单位档案机构保管的会计档案，原则上应当保持原卷册的封装。个别需要拆封重新整理的，档案机构应当会同会计机构和经办人员共同拆封整理，以分清责任。

三、会计档案的保管与调阅

会计档案的重要程度不同，其保管期限也有所不同。根据《会计档案管理办法》的规定，会计档案保管期限分为永久和定期两类。会计档案的定期保管期限分为3年、5年、10年、15年和25年五种。会计档案的保管期限是从会计年度终了后的第一天算起。目前企业和其他组织的会计档案保管期限如表10－1所示：

表 10－1　企业和其他组织会计档案保管期限表

序号	档案名称	保管期限	备　注
一	会计凭证类		
1	原始凭证	15 年	
2	记账凭证	15 年	
3	汇总凭证	15 年	
二	会计账簿类		
4	总账	15 年	包括日记总账
5	明细账	15 年	
6	日记账	15 年	现金和银行存款日记账保管 25 年
7	固定资产卡片		固定资产报废清理后保管 5 年
8	辅助账簿	15 年	
三	财务报告类		包括各级主管部门汇总财务报告
9	月、季度财务报告	3 年	包括文字分析
10	年度财务报告（决算）	永久	包括文字分析
四	其他类		
11	会计移交清册	15 年	
12	会计档案保管清册	永久	
13	会计档案销毁清册	永久	
14	银行存款余额调节表	5 年	
15	银行对账单	5 年	

各单位保存的会计档案不得借出，如有特殊需要，经本单位负责人批准，可以提供查阅或者复制，并办理登记手续。查阅或者复制会计档案的人员，严禁在会计档案上涂画、拆封和抽换。各单位应当建立健全会计档案查阅、复制登记制度。

四、会计档案的销毁

保管期满的会计档案，可以按照以下程序销毁：

（1）由本单位档案机构会同会计机构提出销毁意见，编制会计档案销毁清册，列明销毁会计档案的名称、卷号、册数、起止年度和档案编号、应保管期限、已保管期限、销毁时间等内容。

（2）单位负责人在会计档案销毁清册上签署意见。

（3）销毁会计档案时，应当由档案机构和会计机构共同派员监销。国家机关销毁会计档案时，应当由同级财政部门、审计部门派员参加监销。财政部门销毁会计档案时，应当由同级审计部门派员参加监销。

（4）监销人在销毁会计档案前，应当按照会计档案销毁清册所列内容清点核对所要销毁的会计档案。销毁后，应当在会计档案销毁清册上签名盖章，并将监销情况报告本单位负责人。

但是，保管期满但未结清的债权债务原始凭证和涉及其他未了事项的原始凭证，不得销毁，应当单独抽出立卷，保管到未了事项完结时为止，单独抽出立卷的会计档案，应当在会计档案销毁清册和会计档案保管清册中列明。另外，正在建设期间的建设单位，其保管期满的会计档案也不得销毁。

本章小结

本章阐述了有关会计工作的组织问题。会计工作的组织就是根据会计工作的特点，设置会计机构、配备会计人员、制定与执行会计法规、保管会计档案。科学地组织会计工作对发挥会计职能具有重要意义。

会计机构是专门负责办理会计业务、进行会计核算、实行会计监督的职能部门。各单位原则上应单独设置会计机构，不具备单独设置会计机构条件的，应在有关机构中设置专职会计人员或采用代理记账。

会计人员是从事会计工作、处理会计业务、完成会计任务的人员，各单位应根据会计工作需要配备适当数量的会计人员。《会计法》对会计人员的从业资格、职责和权限有明确的规定。

会计法规是组织和进行会计工作所遵循的规范，包括会计法、会计准则和会计制度。

会计档案是会计凭证、会计账簿和财务会计报告等会计核算专业资料，是记录和反映单位经济业务的重要史料和证据。各单位应建立会计档案的立卷、归档、保管、调阅和销毁等管理制度。

本章实训

模块一：知识理解

一、简答题

1. 科学组织会计工作的意义是什么？
2. 会计人员的主要职责是什么？会计人员的主要权限是什么？
3. 会计机构的设置有什么要求？
4. 什么是集中核算？什么是非集中核算？
5. 什么是会计档案？

二、判断题（正确的画“√”，错误的画“×”）

1. 一般来说，凡实行独立核算的大、中型企业，都要单独设置会计机构。（　　）
2. 银行存款余额调节表也属于会计档案。（　　）
3. 会计档案保管期限届满后，会计人员便可销毁会计档案。（　　）
4. 非集中核算可使企业内部各部门能够及时了解本部门的经济活动情况，有利于及时发现问题、解决问题。（　　）
5. 当出纳因公出差不在时，为了不影响工作，由会计暂时代替出纳工作。（　　）
6. 正在项目建设期间的建设单位，其保管期满的会计档案不得销毁。（　　）
7. 对未取得会计证的人员，不得从事会计工作。（　　）
8. 会计档案的原件不得借出，如有特殊情况，必须经上级主管单位或单位领导、会计

主管批准，办理登记手续后方可借出。（ ）

9. 企业采用集中核算还是非集中核算应视具体情况而定，但只能作出单一选择。（ ）

10. 不具备会计机构设置条件的单位，可以委托会计师事务所代理记账。（ ）

三、单项选择题

1. 会计人员的职责不包括（ ）。

A. 进行会计核算　　B. 实行会计监督

C. 编制预算　　D. 决定经营方针

2. 会计人员对不真实、不合法的原始凭证（ ）。

A. 予以退回　　B. 更正补充

C. 不予受理　　D. 无权自行处理

3. 从事会计工作的人员必须取得（ ）。

A. 会计从业资格证　　B. 大专学历证书

C. 初级会计职称证书　　D. 会计技能证书

4. 会计人员因调动或离职，必须与（ ）办理交接手续。

A. 接管人员　　B. 单位负责人

C. 会计主管　　D. 会计机构负责人

5. 企业年度会计报表的保管期限为（ ）。

A. 5 年　　B. 15 年

C. 25 年　　D. 永久

6. 集中核算和非集中核算，在一个企业里（ ）。

A. 可同时采用　　B. 可分别采用

C. 既可同时采用，又可分别采用　　D. 不能同时采用

7. 当前，我国会计法规体系的第一层次是（ ）。

A.《会计法》　　B.《企业会计准则》

C.《企业财务通则》　　D.《企业会计制度》

8. 在规模较小、业务简单、不具备单独设置会计机构条件的单位，应（ ）。

A. 不设置专职会计人员　　B. 由有关机构人员监管会计工作

C. 在有关机构配备专职会计人员　　D. 委托会计师事务所代理记账

9. 企业的现金日记账和银行存款日记账的保管期限为（ ）。

A. 15 年　　B. 3 年

C. 25 年　　D. 永久

10. 会计准则分为（ ）。

A. 宏观准则和微观准则　　B. 计划准则和预算准则

C. 基本准则和具体准则　　D. 会计准则和财务通则

四、多项选择题

1. 下列工作中，会计人员有权参与的是（ ）。

A. 编制计划、制定定额　　B. 参加有关生产的会议

C. 参加有关业务会议　　D. 监督、检查本单位有关部门的财务收支

2. 下列属于会计档案的是（ ）。

A. 会计凭证　　B. 会计账簿

C. 会计报表　　D. 银行对账单

3. 会计工作的组织形式通常分为（　　　　）。

A. 统一核算　　B. 集中核算

C. 非集中核算　　D. 科目汇总表核算

4. 会计工作岗位，可以（　　　　）。

A. 一人一岗　　B. 一人多岗

C. 一岗多人　　D. 出纳兼会计档案保管工作

5. 下列各项中属于会计人员主要职责的有（　　　　）。

A. 进行会计核算　　B. 实行会计监督

C. 编制预算和财务计划　　D. 决定企业生产规模

6. 下列会计档案应保管 15 年的有（　　　　）。

A. 总账　　B. 明细账

C. 原始凭证　　D. 现金日记账

7. 科学地组织企业的会计工作，能够（　　　　）。

A. 提高会计工作的效率

B. 提高会计工作的质量

C. 确保会计工作与其他经济管理工作协调一致

D. 取代企业计划、统计等部门的工作

8. 会计工作的组织主要包括（　　　　）。

A. 会计机构的设置　　B. 会计人员的配备

C. 会计法规、制度的制定与执行　　D. 会计档案的保管

9. 我国会计法规和制度体系由（　　　　）三个层次构成。

A. 《会计法》　　B. 会计准则

C. 会计制度　　D. 会计假设

10. 无论采用集中核算还是非集中核算，（　　　　）都应由厂部财务会计部门集中办理。

A. 企业对外的现金往来　　B. 企业所有会计报表的编制

C. 物资购销　　D. 债权债务的结算

模块二：思维拓展

【资料一】海丰公司的出纳小李因身体原因辞职，由于比较突然，公司一时找不到合适的人担任出纳，财务科负责人便让曾经做过出纳工作的会计档案保管员黄某兼任出纳工作。

问题：你认为公司的做法正确吗？

【资料二】明月公司出纳员小王在审查原始凭证时，发现业务员李某提供的住宿费发票大小写金额不一致、张某提供的购买办公用品的发票是伪造的发票。

问题：你认为小王应如何处理？

推荐阅读

http://www.chinaacc.com

http://www.asc.net.cn

http://www.casc.gov.cn

参考文献

[1] 财政部会计资格评价中心. 初级会计实务. 北京：中国财政经济出版社，2011

[2] 陈炳辉，王慧. 实用会计学基础. 北京：中国金融出版社，2010

[3] 陈炳辉，甘敏. 实用会计学基础习题集. 北京：中国金融出版社，2010

[4] 陈国辉，迟旭升. 基础会计. 大连：东北财经大学出版社，2009

[5] 陈文铭. 基础会计习题与案例. 大连：东北财经大学出版社，2009

[6] 李海波. 新编会计学原理. 上海：立信会计出版社，2007

[7] 新世纪高职高专教材编审委员会. 新编基础会计. 大连：大连理工大学出版社，2010

[8] 新企业会计准则重点难点解析编写组. 新企业会计准则重点难点解析. 北京：企业管理出版社，2006

[9] 杨淑媛，姜旭宏. 会计学. 北京：清华大学出版社，2008

[10] 郭丽华. 基础会计. 成都：西南财经大学出版社，2008

[11] 戚素文. 基础会计实务. 北京：清华大学出版社，2009

[12] 何淑辉. 基础会计. 北京：科学出版社，2007

[13] 常庆森，焦桂芳. 基础会计. 北京：机械工业出版社，2007

[14] 王俊生. 基础会计学. 北京：中国财政经济出版社，2008

[15] 朱小平，徐泓. 初级会计学. 北京：中国人民大学出版社，2009